John A. Witmer

Immanuel – wahrer Mensch und wahrer Gott

Eine umfassende Darstellung der Person Jesu

Zum Gedenken an meine Eltern,

Albert F. und Mary E. Witmer,

die mich bereits vor meiner Geburt

dem Dienst Gottes weihten

und mich durch Erziehung und persönliches Beispiel

im Kindesalter von zwölf Jahren zum rettenden Glauben

an den Herrn Jesus Christus führten

JOHN A.
WITMER

IMMANUEL
WAHRER MENSCH UND WAHRER GOTT

Eine umfassende Darstellung der Person Jesu

Bibelzitate nach der Revidierten Elberfelder Übersetzung
R. Brockhaus Verlag, Wuppertal und Zürich

Witmer, John A.
Immanuel – wahrer Mensch und wahrer Gott
Eine umfassende Darstellung der Person Jesu

ISBN 978-3-89436-494-6

Titel des amerikanischen Originals:
Immanuel
Experiencing Jesus as Man and God

Übersetzung: Peter Schäfer von Reetnitz, Hünfeld
Satz: Enns Schrift & Bild, Bielefeld
Umschlaggestaltung: Werbestudio 71A, Wuppertal
Druck: Ebner & Spiegel, Ulm

Printed in Germany

Inhalt

Vorwort

Eine der tiefschürfendsten, kenntnisreichsten Bibelbetrachtungen, die jemals gehalten wurde, fand auf einer staubigen Straße zwischen Jerusalem und Emmaus statt. Zwei entmutigte Jünger begegneten auf ihrem Heimweg dem auferstandenen Jesus, aber sie erkannten ihn nicht. Verunsichert und aufgerieben durch die jüngsten Ereignisse in Jerusalem, waren sie in eine »Glaubenskrise« geraten bei dem Versuch, ihre Erfahrung mit ihrem Glauben in Übereinstimmung zu bringen.

Jesus verstand ihre Verwirrung ... und er bot ihnen tragfähige Antworten aus dem Wort Gottes. *»Und von Mose und von allen Propheten anfangend, erklärte er ihnen in allen Schriften das, was ihn betraf«* (Lk 24,27). Die Bibel hatte die Antworten auf die Fragen der Jünger, und ihre Antworten verwiesen auf Person und Werk Jesu Christi.

Jesus Christus ... Sohn Gottes ... Messias ... Heiland ... das Wort ... Sohn des Menschen ... König der Könige und Herr der Herren ... die zweite Person der Gottheit ist eindeutig die Hauptfigur in Gottes Erlösungsdrama. Sein erstes Kommen war so bedeutsam, dass es für den größten Teil der Welt zum Wendepunkt der Geschichte wurde. Und doch wissen viele Christen tragischerweise nur ganz wenig von dem, was die Bibel über unseren Herrn und Heiland lehrt.

John Witmer hat uns allen damit einen großen Dienst erwiesen, dass er die biblische Lehre über Jesus Christus herausgearbeitet hat. Er hat wie ein sorgfältiger Archäologe das Wort Gottes durchgraben und die Reichtümer über Jesus Christus zutage gefördert, die in ihm verborgen sind. Wie man Schätze bei Licht betrachtet, so lässt er die zahlreichen Facetten der Person und des Werkes Christi in ihrer ganzen Schönheit aufleuchten.

Wo war der Sohn Gottes vor seiner Geburt in Bethlehem? Welche Rolle spielte Gottes Sohn im Alten Testament? Was macht er jetzt? Was wird seine Aufgabe in der Zukunft sein? Witmer spricht diese und zahlreiche weitere Fragen an, indem er uns an das Wort Gottes zurückführt, um zuverlässige Antworten zu erhalten. So, wie es Jesus auf der Straße nach Emmaus mit den Jüngern machte, nimmt Witmer uns in diesem Buch an die Hand, um *»in allen Schriften das, was ihn* [Jesus] *betraf«* zu erklären.

Lesen Sie dieses Buch sorgfältig und betend, wenn Sie sich den größten Gewinn daraus wünschen. Schlagen Sie die entsprechenden Verse in Ihrer Bibel nach und lassen Sie das ganze Wort Gottes seine Schätze vor Ihrem Blick entfalten. Wenn Sie das tun, dann werden Sie reagieren wie die Jünger auf dem Weg nach Emmaus: *»Brannte nicht unser Herz in uns, wie er auf dem Weg zu uns redete und wie er uns die Schriften öffnete?«* (Lk 24,32). Und Sie werden aus dieser Betrachtung tiefere Liebe für unseren Herrn und Heiland Jesus Christus schöpfen.

Charles R. Swindoll
Herausgeber

Einleitung

Unser Herr Jesus Christus ist die wichtigste und bedeutendste Persönlichkeit, die jemals die kosmische Bühne betreten und sich mit den Menschen identifiziert hat. Dieser Dienst auf der Erde war seine Aufgabe, nicht die Gottes, des Vaters, noch Gottes, des Heiligen Geistes, die gemeinsam mit dem Herrn Jesus – der auch »Immanuel« genannt wird, das bedeutet: »Gott mit uns« (Mt 1,23; Jes 7,14) – die ewige dreieine Gottheit bilden. Diese Betonung der Wichtigkeit des Herrn Jesus ist Teil des ewigen Plans der Dreieinheit mit dieser Schöpfung: von ihrem Anfang – der Erschaffung der Engel – bis zu ihrer Vollendung – der Erschaffung neuer Himmel und einer neuen Erde (Offb 21,1). Es ist Gottes erklärte Absicht, dass *»er* [Jesus] *in allem den Vorrang habe; denn es gefiel der ganzen Fülle, in ihm zu wohnen und durch ihn alles mit sich zu versöhnen – indem er Frieden gemacht hat durch das Blut seines Kreuzes –, durch ihn, sei es, was auf der Erde oder was in den Himmeln ist«* (Kol 1,18-19; siehe 1Kor 15,27-28). Ebenso wünscht Gott, der Vater, dass der Herr Jesus Christus und sein Opfertod für Christen das Zentrum des Glaubens bilden und absolute Verbindlichkeit für sie haben.

Es ist daher wichtig, dass wir uns ganz aus der Nähe ansehen, was die Bibel über die Person und das Werk unseres Herrn Jesus Christus lehrt. Das betrifft die ganze Heilige Schrift, das Alte Testament wie das Neue, denn der Engel erklärte dem Apostel Johannes: *»Das Zeugnis Jesu ist der Geist der Weissagung«* (Offb 19,10). Viele Schriftstellen machen deutlich, dass die Existenz und der Dienst unseres Herrn Jesus Christus nicht erst mit seiner Geburt auf dieser Erde begannen – als Baby der Jungfrau Maria in

Bethlehem (z.B. Joh 1,14-15.30; 17,5; Gal 4,4; Phil 2,7). Er existiert von Ewigkeit her als das Wort (Joh 1,1-2), die zweite Person des dreieinen Gottes, und er war bereits vor seiner Menschwerdung im Alten Testament tätig, diente und offenbarte sich.

Unsere Analyse der biblischen Lehre über Person und Werk Jesu Christi gliedert sich in vier Hauptteile: Das Wort Gottes vor seiner Menschwerdung; der menschgewordene Sohn Gottes; der verherrlichte Christus Gottes und der herrschende König Gottes. In seiner vorgeburtlichen Existenz und dem damit verbundenen Dienst wird er *»das Wort«* genannt (Joh 1,1.14; 1Jo 1,1; Offb 19,13). In seinem irdischen Leben und Dienst wird er verschiedentlich *»der Sohn Gottes«* genannt (z.B.: Mt 3,17; 14,33; 16,16; 17,5; Mk 1,1; 3,11; 5,7; Lk 1,32.35; Joh 1,34.49; 11,27; 17,1; Röm 1,3-4; 8,3; 1Kor 1,9; 2Kor 1,19; Gal 4,4; 1Thes 1,10; Hebr 1,2-3; 4,14; 10,29; 1Jo 3,8.23; 4,9-10.14; 5,9-13.20; 2Jo 3; Offb 2,18). In seinem gegenwärtigen Dienst sitzt er als der verherrlichte Christus zur Rechten Gottes im Himmel (Ps 110,1; Mt 22,44; 26,64; Mk 12,36; 14,62; 16,19; Lk 20,42; 22,69; Apg 2,33-36; 5,31; 7,55-56; Röm 8,34; Eph 1,20; Kol 3,1; Hebr 1,3.13; 8,1; 10,12; 12,2; 1Petr 3,22). In seinem künftigen Dienst wird er auf der Erde als *»König der Könige und Herr der Herren«* herrschen (Offb 19,16) – über das Tausendjährige Reich des Friedens und der Gerechtigkeit, auf dem Thron seines Vaters David (Lk 1,32-33). Diese vier Gliederungsblöcke umfassen die Person und das Werk Christi von der Ewigkeit vor der Schöpfung durch alle Zeiten der Schöpfung hindurch bis in die künftige Ewigkeit. Dieser Gegenstand der Betrachtung ist so weitreichend und so wunderbar, dass er jeden veranlassen sollte, sich in demütiger Verehrung und Anbetung vor dem Herrn Jesus Christus zu beugen.

In Kolosser 1,15-20 finden wir die wunderbare Essenz der ganzen Christologie – eine klar geordnete Erörterung der Person und des Werkes Christi. Offensichtlich werden nicht alle vier Gliederungsteile unseres Gegenstandes in diesen wenigen Versen angesprochen, aber es wird sein umfassender Wirkungskreis umrissen – von seiner Teilhabe an der kosmischen Schöpfung als *»das Bild des unsichtbaren Gottes«* bis hin zur schließlichen Versöhnung aller Dinge mit Gott, *»indem er Frieden gemacht hat durch das Blut seines Kreuzes … sei es, was auf der Erde oder was in den Himmeln ist.«* Das heißt, dass sich am Ende sogar Satan und seine dämonischen Heerscharen gemeinsam mit allen nicht bußfertigen Menschen unterwerfen und zu dem Bekenntnis gezwungen sein werden, *»dass Jesus Christus Herr ist, zur Ehre Gottes, des Vaters«* (Phil 2,11). Das beinhaltet das Urteil der ewigen Qual im Feuersee für Satan und seine Horden (Offb 20,20; 19,20) und für alle nicht wiedergeborenen Menschen (Offb 20,11-15).

Teil 1

Das Wort Gottes vor seiner Menschwerdung

1. Kapitel

Das Wort Gottes ist Teil der dreieinen Gottheit

Wenn wir von dem Herrn Jesus Christus vor seiner Menschwerdung sprechen, benutzen wir den Titel *das Wort*, denn die Bibel verwendet ihn mit diesem Bezug in Johannes 1,1-5. In Vers 14 wird die Identität des Wortes mit Jesus Christus festgestellt: *»Das Wort wurde Fleisch und wohnte unter uns, und wir haben seine Herrlichkeit angeschaut, eine Herrlichkeit als eines Eingeborenen vom – Vater, voller Gnade und Wahrheit.«* Tatsächlich kann uns Johannes 1,1-5 als Schlüsselstelle dienen – für den ersten Gliederungsblock unserer Betrachtung von Person und Werk Jesu. Die fünf Verse belegen seine ewige Existenz, seine Identität mit und Beziehung zu Gott, seine Teilhabe am Schöpfungswerk der Trinität und seine enge Verbindung mit der Menschheit als Quelle ihres Lebens (*»und das Leben war das Licht der Menschen«*, Vers 4). Interessanterweise ist der Apostel Johannes der einzige biblische Autor, der den Titel *das Wort* für Christus verwendet (Joh 1,1.14; 1Jo 1,1; Offb 19,13).

Durch die Jahrhunderte hindurch haben sich Bibelgelehrte gefragt, warum Johannes diesen Titel gebraucht – besonders, weil er ihn ohne weitere Erklärung einführt und einfach feststellt: *»Im Anfang war das Wort.«* Von manches wurde dies damit erklärt, dass die Bedeutung des Titels seinen Lesern wohlbekannt gewesen sei. Sie meinen, Johannes sei Jude und mit dem Alten

Testament vertraut gewesen, und habe so Kenntnis erlangt von der darin allmählich zunehmenden Personifizierung des *»Wortes des Herrn«* (Ps 33,4.6; siehe Ps 107,20; 119,89.105; 147,15.18) und der Weisheit Gottes (Hi 28,12-28; Spr 1,2-33; 8,1–9,6). Diese biblische Personifizierung der Weisheit Gottes wird durch zwei der apokryphen Bücher des Alten Testamentes fortgeführt und hervorgehoben: *Jesus Sirach* und *Weisheit Salomos*.

Zahlreiche Gelehrte bringen den Gebrauch dieses Titels *das Wort* bei Johannes in Verbindung mit Auftreten dieses Begriffs in der religiösen Philosophie der blühenden jüdischen Siedlung in Alexandria, die in den Jahren 40-50 n.Chr. in erster Linie durch Philo repräsentiert wurde. Dieser verband seine jüdischen Überzeugungen mit starken Einflüssen aus der griechischen Philosophie zu einer irreführenden Lehre des *logos* (dieser griechische Begriff kann als »Wort« übersetzt werden), die Gott und einen Mittler zwischen Gott und Menschheit beinhaltet. Im Wesentlichen personifiziert Philo den göttlichen *logos*, weist es jedoch zurück, ihn auch als Gott zu verehren, da Gott für die Juden im absoluten Sinn Einer ist. Bromiley schließt seine Ausarbeitung über Philo mit den Worten: »Der Logos scheint ein zweckmäßiges Bindeglied zwischen dem Schöpfergott und der Welt zu sein, die er gemacht hat.«[1]

Die Lehre über den *logos*, die Philo übernahm und seinen Zwecken anpasste, geht bis auf Heraklit zurück (ca. 525-475 v.Chr.). Heraklit erachtete das Gesetz des Wandels als das einzige Prinzip, das sich niemals wandelt. Darin sah er das Eine, den *logos*.[2] Dieses kosmische Prinzip des *logos* wurde von den Stoikern (200-100 v.Chr.), den Angehörigen einer philosophischen Schule, übernommen. Sie identifizierten Zeus als den universellen ›Logos‹ – er ist Vernunft, er ändert niemals seinen Sinn, und er durchdringt alle Dinge mit Funken göttlichen Feuers, die *logoi* genannt werden und die Entwicklung aller Dinge lenken.[3] Aber abgesehen von der Verwendung desselben griechischen Wortes und einiger oberflächlicher Ähnlichkeiten passt der alexandrinische jüdische Hellenismus, wie er von Philo vertreten wird, nicht zu der Offenbarung, die uns der Apostel Johannes am Beginn seines Evangeliums mitteilt. Die Vorstellung des *logos* in der griechischen Philosophie hat nichts zu tun mit der Offenbarung Christi als ewiges Wort Gottes und als Inkarnation Gottes, und auch nicht mit seinem Dienst in Vergangenheit, Gegenwart und Zukunft.

Tatsächlich bezeichnet der allgemein übliche griechische Begriff *logos* sowohl eine Vorstellung, eine Idee oder einen Gedankengang, als auch das gesprochene oder geschriebene Wort, das Ideen, Vorstellungen oder Gedankengängen Ausdruck verleiht und sie anderen mitteilt oder offenbart. Der Gedankengang bleibt unsichtbar und unbekannt, bis er hörbar oder sichtbar durch das Wort (*logos*) ausgedrückt wird. Das ist die exakte, die wunderbare Beziehung zwischen der ersten und der zweiten Person der Gottheit (Joh 14,8-11; Kol 1,15; Hebr 1,3a). Und das ist ganz ohne Zweifel auch der Grund, der Johannes veranlasste, Christus als *das Wort* zu bezeichnen.

Philipp Schoff schrieb: »Johannes (und nur er allein) nennt Jesus den ›Logos‹ Gottes, das heißt die Verkörperung Gottes und das Werkzeug all seiner Offenbarungen. Wie sich die menschliche Vernunft, wie sich menschliche Gedanken im Wort ausdrücken, und wie das Wort das Werkzeug ist, unsere Gedanken anderen Menschen bekannt zu machen, so stellt sich Gott in und durch Christus als das verkörperte Wort sich selbst und der Welt vor ... ›Logos‹ bezeichnet die metaphysische und intellektuelle Beziehung ... zwischen dem Christus und Gott.«[4]

Das Wort Gottes in Ewigkeit bei Gott, dem Vater und Gott, dem Heiligen Geist

Die erste Offenbarung die der Apostel Johannes hinsichtlich des *Wortes* empfing, ist eine Proklamation seiner ewigen Existenz – *»Im Anfang war das Wort«* (Joh 1,1a). Diese Feststellung wird offenbar in der Absicht getroffen, den Leser oder Hörer an den ersten Satz der Bibel zu erinnern: *»Im Anfang schuf Gott die Himmel und die Erde«* (1Mo 1,1). Zum Teil wegen dieser Ähnlichkeit sprach Lewis Sperry Chafer vom Evangelium des Johannes als dem theologischen Anfang des Neuen Testaments. Johannes wertete das Wort *Anfang* in den beiden Schriftstellen zweifellos als Hinweis auf denselben Ausgangspunkt.

Ob man nun hinsichtlich dieser Gleichstellung des Anfangs mit Johannes übereinstimmt, oder an welchem Punkt man den von ihm genannten Anfang auch ansetzen mag – an diesem Punkt *»war das Wort«* (Joh 1,1). Das Wort entstand nicht zu dieser Zeit, und der Sohn Gottes entstand nicht vor dieser Zeit – er *war* einfach bereits, ewig existent als Gott selbst. Mit dem Verstand kann man einen Punkt setzen, der den Anfang der Zeit bestimmt und den Anfang von allem außer Gott. An diesem Punkt war *das Wort* bereits da. Mit anderen Worten: der Sohn Gottes war schon immer. Johannes gebrauchte die Zeitform der unvollendeten Vergangenheit für das griechische Wort, das hier mit »sein« übersetzt wird. Das signalisiert die zum erwähnten Zeitpunkt vorhandene, in diesem Fall ewige Existenz. Um diese Wahrheit zu unterstreichen, stellt Johannes gleich darauf weiter fest: *»Dieses* [Wort] *war im Anfang bei Gott«* (Joh 1,2). Er bestätigt dadurch, dass das Wort genauso ewig ist wie Gott.

Obgleich zahlreiche Schriftstellen von der Präexistenz Jesu vor seiner Fleischwerdung sprechen (z.B.: Joh 1,14; 3,13.17; 17,5; Gal 4,4; Kol 1,15-17.19; Hebr 1,6; 10,5; 1Jo 1,2), lehren sie nicht automatisch auch seine ewige Existenz. Die Zeugen Jehovas und auch einige andere Sektierer lehren, dass Jesus bereits vor seiner Fleischwerdung existierte, aber sie leugnen seine ewige Existenz, indem sie lehren, er sei die erste Schöpfung Gottes gewesen. Nur wenige Schriftstellen außer denen in Johannes 1 lehren das ewige Sein des Wortes Gottes, und die meisten von ihnen folgern es nur. Am eindeutigsten ist Jesu persönliche Aussage: *»Wahrlich, wahrlich, ich sage euch: Ehe Abraham war, bin ich«* (Joh 8,58). Um bloße Präexistenz für sich in Anspruch zu nehmen, hätte Jesus gesagt: *»Ehe Abraham geboren war, war ich.«* Stattdessen benutzte er den Bundesnamen Gottes in Israel – *»Ich bin«* (2Mo 3,14) – und behauptete damit ewige Existenz. Darüber hinaus bestätigen Schriftstellen, die die Göttlichkeit Jesu mit der Göttlichkeit des Vaters gleichsetzen (z.B. Phil 2,6; Kol 1,15.19; 2,9; Hebr 1,3), durch Schlussfolgerung die ewige Existenz Jesu aufgrund des ewigen Seins Gottes.

Unser begrenzter Verstand hat vergleichsweise geringe Schwierigkeiten damit, sich eine Ewigkeit vorzustellen, die sich ohne Ende in die Zukunft hinein erstreckt. Menschen, die an den Herrn Jesus Christus gläubig geworden sind, haben ewiges Leben empfangen (Joh 3,16.36). Das bedeutet in erster Linie geistliches Leben, eine Lebensqualität – das Leben Gottes, von ihm gegeben (Joh 17,3). Aber ewiges Leben wird auch für immer andauern; es wird niemals enden (Joh 6,50-51; 10,28; Offb 22,5). Die Heilige Schrift macht auch deutlich, dass alle nicht wiedergeborenen Menschen ebenso für immer existieren werden, aber in ewiger Qual und nicht in ewigem, erfüllendem Leben. Sie werden im Feuersee ewig von Gott getrennt sein (Mt 25,41.46; Offb 20,10-15). Das ist der Schrecken: zu sterben, ohne an den Herrn Jesus Christus geglaubt und das Heil und das ewige Leben empfangen zu haben, die von der Gnade Gottes für jeden bereitgestellt worden sind. Das Wissen um diese ewige Pein, die jeden nicht Wiedergeborenen erwartet, sollte alle Christen zur intensiven persönlichen Evangelisation und zu stärkerer

Unterstützung evangelistischer und missionarischer Dienste anspornen.

Es ist allerdings für Menschen ungleich schwieriger, sich den hinter uns liegenden Teil der Ewigkeit vorzustellen – eine Existenz, die sich ohne Anfang aus der Vergangenheit her erstreckt. Aber das trifft auf Gott zu (5Mo 33,27; Ps 41,14; 90,2; Jes 44,6; 48,12; 57,15; Röm 1,20) und nach Johannes ebenso auf das Wort. Es ist diese Tatsache seiner eigenen Existenz, die der Herr Jesus, das fleischgewordene Wort, über sich selbst äußerte, als er den mit ihm diskutierenden Juden sagte: »*Wahrlich, wahrlich, ich sage euch: Ehe Abraham war, bin ich*« (Joh 8,58). Durch diese Feststellung beanspruchte Jesus für sich selbst genau das, was Gott für sich geltend gemacht hatte, als er zu Mose sagte: »*Ich bin, der ich bin. … So sollst du zu den Söhnen Israel sagen: ›Ich bin‹ hat mich zu euch gesandt*« (2Mo 3,14). Die Juden begriffen, was Jesus da beanspruchte, denn »*da hoben sie Steine auf, um sie auf ihn zu werfen*« (Joh 8,59). Sie hielten ihn der Lästerung für schuldig.

Logik – manche mögen es vielleicht auch »gesunder Menschenverstand« nennen – setzt voraus, dass ewige Existenz und selbständiges Dasein auf jemanden oder etwas zutreffen. Es ist undenkbar, dass alles, einschließlich Gott, plötzlich einfach so aus dem Nichts ins Dasein gehüpft sein könnte. In der Vergangenheit haben weltliche Wissenschaftler die Materie für ewig gehalten. Durch die Kernspaltung und durch andere Entdeckungen hinsichtlich der Materie sahen sich weltliche Wissenschaftler in jüngerer Zeit veranlasst, auch der Energie ewiges Dasein zuzuschreiben. Allerdings spricht das naturwissenschaftliche Entropiegesetz – das Prinzip, dass die Menge an verfügbarer Energie in einem geschlossenen System wie unserem Universum fortlaufend abnimmt – gegen eine ewige Energie. Über die Jahre haben christliche Wissenschaftler in Opposition zum atheistischen Weltbild für die ewige Existenz Gottes argumentiert. In jüngster Zeit haben sie die neuesten wissenschaftlichen Erkenntnisse herangezogen, um ihrem Beharren darauf Nachdruck zu verleihen, dass Gott der Ewige sein muss.

Logik setzt auch voraus, dass das Einfache und weniger Komplexe durch Komplexeres verursacht wird, nicht umgekehrt. Das, was Leben und Persönlichkeit besitzt, ist komplexer als das, was unbelebt und unpersönlich ist. Daher können Leben und Persönlichkeit logischerweise nicht durch Materie oder Energie verursacht worden sein. Der ewige, aus sich selbst existierende Gott der Bibel ist daher die einzig logische Erklärung aller Dinge – er muss der Ewige, der aus sich selbst Existierende sein. Der Apostel Johannes führt aus, dass dieses ewige Dasein und diese Selbstexistenz dem Herrn Jesus Christus, dem Wort, zu eigen sind.

Die Gleichheit des Wortes Gottes in der Gemeinschaft mit Gott, dem Vater, und Gott, dem Heiligen Geist

Johannes' zweite Feststellung über das Wort in Johannes 1,1 lautet: *»Das Wort war bei Gott.«* Die meisten Ausleger stimmen darin überein, dass das Wort in seiner ewigen Existenz in unablässiger Verbindung und Gemeinschaft mit Gott stand. Das Verb »war« wiederholt die Zeitform der unvollendeten Vergangenheit des griechischen Verbs, das bereits im ersten Teilsatz dieses Verses benutzt und mit »sein« übersetzt wurde. Darüber hinaus merkt eine Reihe von Bibellehrern an, dass die mit »bei« übersetzte griechische Präposition die beiden beteiligten Personen in einer engen Gleichheitsbeziehung in Augenhöhe beschreibt. Das trifft immer dann zu, wenn sie wie hier im Griechischen gemeinsam mit der Akkusativform des Bezugswortes erscheint (siehe 1Jo 1,2; 2,1). Marvin Vincent fasst die Bedeutung von Johannes Feststellung folgendermaßen zusammen: »Das göttliche Wort hielt sich nicht nur von aller Ewigkeit her bei dem Vater auf, sondern stand in einer lebendigen, tätigen Gemeinschaftsbeziehung mit ihm.«[5]

Die dritte Aussage des Apostels Johannes in Johannes 1,1 hebt darüber hinaus die Gleichheit des Wortes mit Gott, dem Vater, und Gott, dem Heiligen Geist, hervor: *»… und das Wort war Gott.«* Weil das mit »Gott« übersetzte griechische Wort (*theos*) im griechischen Text keinen bestimmten Artikel aufweist, übersetzen Zeugen Jehovas diesen Satzteil so: »... und das Wort war ein Gott.« Sie glauben zwar, dass Jesus ein göttliches Wesen ist, nicht aber vollkommen und wahrhaft Gott. Dies ist eine moderne Form der antiken Häresie des Arianismus und eigentlich eine Neuauflage von Philos Irrtum. Sie wird von Gelehrten des Griechischen wie Henry Alford und A. T. Robertson als grammatisch nicht vertretbar verworfen. Diese Sprachkenner lenken die Aufmerksamkeit auf die Parallelkonstruktion in Jesu Bemerkung gegenüber der samaritischen Frau am Brunnen von Sychar: *»Gott ist Geist, und die ihn anbeten, müssen in Geist und Wahrheit anbeten«* (Joh 4,24). Eine weitere Parallelkonstruktion finden wir in Johannes 1,49 wo es heißt: *»… du bist der König Israels.«* Auch hier steht das mit »König« übersetzte Wort ohne den bestimmten Artikel, wird aber richtig mit »der König« übersetzt. Hinsichtlich dieser Konstruktion stellt E. C. Colwell (in dem, was man »Colwells Regel« nennt) fest: »Bestimmte Prädikatsnomen[6], die dem Verb vorausgehen, haben üblicherweise keinen Artikel ... ein Prädikatsnominativ, der dem Verb vorausgeht, kann nicht als unbestimmtes oder ›qualitatives‹ Nomen übersetzt werden, nur weil der Artikel fehlt. Wenn der Kontext nahelegt, dass das Prädikat bestimmt ist, sollte es als bestimmtes Nomen übersetzt werden.«[7]

Das Wort *logos*, das bei allen drei Vorkommen in Johannes 1,1 mit dem bestimmten Artikel steht, ist zweifellos das Subjekt der ersten beiden Versteile. Es ist offensichtlich auch als Subjekt des dritten Versteils gedacht, auch wenn es im griechischen Satzbau dem mit »Gott« übersetzten Wort (*theos*) folgt. Robertson hat hervorgehoben, dass im Griechischen die erste Position des Satzes oftmals vom Prädikat besetzt wird, »einfach deshalb, weil in der Regel das Prädikat der wichtigste Satzteil ist.«[8] In unserem Fall ist die Tatsache, dass das Wort Gott ist, am wichtigsten. Die erste Position im Satz oder Satzglied wird verschiedentlich auch zum Zweck der Betonung besetzt, was in unserem Beispiel möglicherweise auch eine Rolle spielt. Johannes wollte seinen Lesern ganz unzweifelhaft zur Kenntnis bringen, dass das Wort wahrhaftig Gott ist.

Hätte sowohl mit *theos* als auch mit *logos* der bestimmte Artikel gestanden (»der Gott war das Wort«), dann hätte das bedeutet, dass die Gesamtheit dessen, was Gott ausmacht, in dem *Wort* Ausdruck gefunden hätte. Damit wäre die Lehre der Trinität, der Dreieinheit Gottes, geleugnet und die antike Häresie des *Sabellianismus* gestützt worden; eine Form des modalistischen Monarchianismus (siehe Seite 127 f). Damit wäre auch die persönliche Eigenständigkeit des Wortes und die Beziehung zwischen dem *logos* und Gott, dem Vater, geleugnet worden, die im zweiten Versteil und im Vers 2 festgestellt wurde. Der Versteil sagt so, wie Johannes es geschrieben hat, aus, dass das *Wort* (*logos*) den Charakter Gottes (*theos*) besitzt und dass es in Sein und Wesen Gott ist.

Tenney schrieb: »Die drei Aussagen in Vers 1 stellen drei verschiedene Aspekte der Natur des *Wortes* heraus. Die erste spricht von seiner Präexistenz, die zweite von seiner persönlichen Eigenständigkeit und die dritte von seiner Gottheit.«[9] Dann, in Vers 2, wiederholt der Apostel Johannes in seinem charakteristischen Stil zwei Gedanken aus dem ersten Vers, um sie zu betonen – die ewige Existenz des Wortes und seine ewige Beziehung der Gemeinschaft und der Gleichheit auf Augenhöhe mit Gott. Richtig übersetzt und ausgelegt, tragen diese beiden Verse zu der Erkenntnis, der Entwicklung und der Formulierung der biblischen und christlichen Lehre der Trinität bei. Das ist die Lehre, dass der eine ewige Gott der Bibel eine Trinität von Personen ist – Vater, Sohn (oder Wort) und Heiliger Geist.

Die Lehre von der Trinität, der Dreieinheit Gottes, ist biblisch – nicht in dem Sinn, dass sie in irgendeinem Vers der Heiligen Schrift wörtlich Ausdruck fände. Sie ist es vielmehr in dem Sinn, dass die reichhaltigen biblischen Belege wie auch in der vorliegenden Passage geradezu zwingen, sie zu erkennen und zu formulieren. In dieser Hinsicht bietet 1. Johannes 5,7 in der Form, wie es der *Textus Receptus* wiedergibt (*»Denn drei sind, die Zeugnis geben im Himmel: der Vater, das Wort und der Heilige Geist; und diese drei sind Eins«*)[10] eine ausgezeichnete Darstellung der Lehre von der Trinität. Allerdings wird diese Formulierung von keiner der frühen griechischen Handschriften gestützt und war daher vermutlich in dem von Johannes geschriebenen Originalbrief nicht enthalten, sondern wurde später eingefügt.

Einerseits lehrt die Bibel unmissverständlich, dass *ein* Gott ist (5Mo 6,4; 4,35.39; Röm 3,30; 1Kor 8,4.6; Eph 4,6; 1Tim 2,5). Sie lehrt aber auch ebenso klar, dass drei Personen – Gott, der Vater, Gott, der Sohn, und Gott, der Heilige Geist – die Attribute Gottes besitzen und anwenden, dass sie die Privilegien Gottes wie Sündenvergebung und die Annahme von Anbetung in Anspruch nehmen und dass sie eindeutig als Gott identifiziert sind. So stellt die Bibel Gott, den Vater, Gott, den Sohn, und Gott, den Heiligen Geist, nebeneinander als wesensgleich und jeden von ihnen als ewigen Gott vor, die gemeinsam der eine Gott sind. Und doch ist jeder von ihnen als eigenständige Person mit den anderen in Gemeinschaft tätig. Jesus brachte es in der Säulenhalle Salomos gegenüber den Juden im Tempel folgendermaßen zum Ausdruck: *»Ich und der Vater sind eins«* (Joh 10,30). Er beanspruchte hier nicht nur einfache Einigkeit hinsichtlich gemeinsamer Ziele oder Absichten, sondern Einheit des Wesens, was die Juden auch klar erkannten (Joh 10,33). Später brachte Jesus eine persönliche Wechselbeziehung mit Gott, dem Vater, zum Ausdruck, wie wir es in seinem Vollbringen der Werke Gottes sehen (Joh 10,37-38).

Andere trinitarische Schriftstellen beinhalten die Taufformel, die der auferstandene Jesus Christus seinen Jüngern bei ihrer Bevollmächtigung vor seiner Himmelfahrt auftrug: »*Geht nun hin und macht alle Nationen zu Jüngern, indem ihr diese tauft auf den Namen* [Einzahl!] *des Vaters und des Sohnes und des Heiligen Geistes*« (Mt 28,19). Die drei Personen der dreieinen Gottheit werden in der Ankündigung des Engels Gabriel an die Jungfrau Maria genannt (Lk 1,35); sie sind beteiligt an der Taufe Jesu durch Johannes den Täufer (Mt 3,16-17) und in der Rede Jesu an seine Jünger im Obersaal am Abend seiner Gefangennahme (Joh 14–16). Die drei Personen der Gottheit werden in der Segnung von 2. Korinther 13,13 zusammengefasst, in der Einführung in 1. Petrus 1,2 und in den Erörterungen in 1. Korinther 12,4-6 und Epheser 4,4-6. Einige alttestamentliche Andeutungen der Trinität finden sich im aaronitischen Segen der Söhne Israels (4Mo 6,24-26), in der Segnung der Söhne Josephs durch Jakob (1Mo 48,15-16) und im dreifachen Heilig in Jesaja 6,3. Letzteres könnte allerdings auch eine hebräische Formel darstellen, mit der die Heiligkeit Gottes besonders betont werden soll. Es könnten noch viele weitere biblische Belege angeführt werden, die die Lehre von der Trinität stützen.

Die Formulierung der Lehre von der Trinität ist einfach: »Wir verehren den einen Gott in der Dreieinheit, und die Dreieinheit in der Einheit, ohne Vermengung der Personen und ohne Trennung der Wesenheit« (Athanasisches Glaubensbekenntnis).[11] Aber ihr Verständnis und ihre Erklärung sind schwierig, ja, im letztgültigen Sinne nahezu unmöglich, denn sie ist absolut einzigartig und überschreitet jede menschlich-irdische Erfahrung. Es sind viele Bilder möglich, die das Begreifen der Trinität fördern. Zum Beispiel das des menschlichen Individuums, das aus Leib, Seele und Geist besteht. (Andere glauben allerdings, dass die Bibel lehre, der Mensch bestehe nur aus zwei Teilen – der materiellen und der immateriellen Substanz.) Manche ziehen die Darstellung eines Eies vor, das aus Schale, Eiweiß und Dotter besteht. Diese Illustration fällt allerdings in sich zusammen, denn jeder Teil des Eies ist eben nur dieser Teil des Eies und nicht das ganze Ei. Jede der drei Personen der Trinität ist aber vollständig Gott und gleichzeitig eine von den beiden anderen Personen individuell zu unterscheidende eigenständige Person. Eine der Natur der Sache vielleicht am nächsten kommende Illustration der Trinität könnte möglicherweise das Licht bieten, das immer zur gleichen Zeit aus drei voneinander völlig unabhängigen Existenzformen (Wellenstrahlung, Partikelstrahlung, substanzlose Materie/Photonen) besteht, die doch gemeinsam das eine Licht bilden. Dieses Bild scheint angemessen, da die Bibel feststellt: *»Gott ist Licht«* (1Jo 1,5), aber am Ende fällt auch diese Illustration logischerweise in sich zusammen.

In einer abschließenden Analyse erweisen sich alle Bilder der Trinität, die wir uns ausdenken können, als unangemessen. Sie sind nicht in der Lage, diese einzigartige Wirklichkeit in ihrer Fülle zu erklären. Bernhard von Clairvaux schrieb: »Wie kann Mehrheit in Einheit bestehen oder Einheit in Mehrheit? Die Tatsache in Frage zu stellen, ist Leichtsinn; sie zu glauben, ist Gottesfurcht; sie zu kennen, ist Leben und ewiges Leben.«[12] Der puritanische Geistliche John Arrowsmith sagte: »Die Trinität ist ein Geheimnis, das mein Glaube als geoffenbartes Wort Gottes annimmt, aber mein Verstand kann es nicht begreifen.«[13] Dieses Buch ist nicht der Ort, eine eingehende Untersuchung darüber anzustellen. Aber ich muss zugeben: Sooft ich auch die Lehre von der Trinität so klar, wie es mir nur möglich war, gelehrt habe, so musste ich doch jedes Mal am Ende des Kurses vor mir selbst und vor der Klasse bekennen, dass ich sie nicht im Sinn ihrer ganzen Bedeutungstiefe erfasst hatte – obwohl ich sie doch von ganzem Herzen glaubte und auch angemessen zu erklären versuchte. Ich finde Trost in der Jonathan Edwards, einem anderen puritanischen Geistlichen, zugeschriebenen überspitzten Bemerkung hinsichtlich der Trinität: »Wer sie leugnet, wird seine Seele verlieren; und wer sich allzu sehr darum bemüht, sie zu verstehen, wird seinen Verstand verlieren.«

Das Wort handelt zusammen mit Gott, dem Vater, und Gott, dem Heiligen Geist

Bei der Erschaffung aller Dinge

Der Apostel Johannes schloss seinen Offenbarungen hinsichtlich der Person des *Wortes* und seiner ewigen Beziehung und Identifizierung mit Gott (Joh 1,1-2) eine Offenbarung über die Beteiligung des *Wortes* an der Schöpfung an. Er schrieb: *»Alles wurde durch dasselbe, und ohne dasselbe wurde auch nicht eines, das geworden ist«* (Joh 1,3). Das stützt die Vorstellung, dass der *»Anfang«* in den vorangegangenen Versen 1-2 mit dem *»Anfang«* in 1. Mose 1,1 identisch ist. Hier spiegelt die Zeitform des griechischen Verbs, das mit »wurde« übersetzt ist (wörtlicher »kam ins Dasein«), den Schöpfungsprozess in all seiner Vielschichtigkeit und in seinem fortschreitenden Verlauf wider. Die Worte *»durch dasselbe«* kennzeichnen den Ausführenden einer Handlung. Die sich daran anschließende Feststellung – *»ohne dasselbe wurde auch nicht eines, das geworden ist«* – ist mehr als nur eine bekräftigende hebräische Antithese (die Wiederholung desselben Gedankens in einer negativen Formulierung). Es ist eine ausdrückliche Zurückweisung der antiken gnostischen Häresie von der Ewigkeit der Materie und von der Beteiligung der Engel beziehungsweise der Notwendigkeit langer Zeiträume am Schöpfungsprozess.

Johannes' Darstellung von unserem Herrn Jesus Christus als dem *Wort*, das an der Schöpfung aller Dinge beteiligt ist, wird von anderen Schriftstellen gestützt. An späterer Stelle dieses Kapitels schrieb Johannes: *»Die Welt wurde durch ihn«* (Joh 1,10). Der Apostel Paulus erklärte: *»Denn in ihm ist alles in den Himmeln und auf der Erde geschaffen worden, das Sichtbare und das Unsichtbare, es seien Throne oder Herrschaften oder Gewalten oder Mächte: alles ist durch ihn und für ihn geschaffen«* (Kol 1,16). Ähnlich äußert sich auch der Schreiber des Hebräerbriefes, und beschreibt den Sohn als Erben Gottes, *»durch den er auch die Welten gemacht hat«* (Hebr 1,2).

An anderen Stellen der Heiligen Schrift wird die Schöpfung Gott zugeschrieben (1Mo 1,1–2,4; 2Mo 20,11; Hi 38,4; Ps 90,2; Jes 44,24; Apg 14,15; Röm 1,20; Hebr 11,3; Offb 10,6), worunter in den meisten Fällen Gott, der Vater, zu verstehen ist. In einigen wenigen Schriftstellen wird Gott, der Heilige Geist, am Schöpfungswerk beteiligt (1Mo 1,2; Hi 33,4; Ps 104,30). Ferner wird in mindestens zwei Versen vom Wort Gottes gesagt, es sei Gottes Schöpfungswerkzeug (Ps 33,6; Hebr 11,3). Verschiedentlich wird die Schöpfung auch als Ergebnis von Gottes Reden dargestellt (1Mo 1,3.6.9.11.14.20.24.26; Ps 33,9). In Sprüche 8,27-31 wird die Weisheit Gottes personifiziert und von ihr gesagt, sie sei an der Schöpfung beteiligt. An anderer Stelle wird auch die Weisheit als ein Instrument Gottes bei der Schöpfung genannt (Ps 136,5; Spr 3,19; Jer 10,12; 51,15). Der Punkt ist, dass die Heilige Schrift Gott, den Vater, das Wort Gottes – den Herrn Jesus Christus – und den Heiligen Geist als Beteiligte an Gottes Schöpfungswerk vorstellt, ohne *das Wort* oder den Heiligen Geist besonders als Glieder der dreieinen Gottheit zu identifizieren. Sie müssen es aber sein, denn die Schöpfung ist Gottes Werk! Der Vers des Alten Testaments, der vielleicht am besten die Trinität im Schöpfungswerk deutlich macht, ist 1. Mose 1,26: *»Lasst uns Menschen machen in unserm Bild, uns ähnlich!«* Bei dieser Textstelle ist erstens festzuhalten, dass Gott zitiert wird, wie er zu sich selbst spricht; dies stärkt die Vorstellung von der Beteiligung der

Trinität an der Schöpfung (siehe 1Mo 3,22; 11,7; Jes 6,8). Zweitens werden hier die Mehrzahlpronomen »uns« und »unser« verwendet. Viele Gelehrte des Alten Testaments halten dies für ein Beispiel des *pluralis majestatis*, aber im Licht anderer biblischer Belege können diese Personalpronomen ebensogut Gottes Existenz als eine Trinität von Personen zum Ausdruck bringen.

Ein neutestamentlicher Vers, der vielleicht am besten die Beziehung zwischen den Personen der Gottheit in Gottes Schöpfungswerk wiedergibt, ist 1. Korinther 8,6. Dort betont der Apostel Paulus, dass der dreieine Gott der Bibel, den die Christen verehren, der einzig wahre Gott ist – im Gegensatz zu den durch Götzenbilder repräsentierten falschen Göttern, die die Heiden verehren. In ihm sind *»ein Gott, der Vater, von dem alle Dinge sind und wir auf ihn hin, und ein Herr, Jesus Christus, durch den alle Dinge sind und wir durch ihn.«* Hier wird Gott, der Vater, als die primäre Quelle und als das Ziel aller Dinge vorgestellt und Jesus Christus, *das Wort*, als der Handelnde in aller Schöpfung. Dieser Vers ist einer der deutlichsten bei der Darlegung der Wechselbeziehung zwischen Gott, dem Vater, und Gott, dem Sohn, im Schöpfungswerk. Er stellt das vor, was die Theologen als »Haushaltsordnung« der dreieinen Gottheit bezeichnen – das Zusammenwirken der drei Personen der Trinität bei der Ausführung aller Werke Gottes. Zusammengefasst lässt sich sagen: Die Schöpfung ist von Gott, dem Vater, durch den Herrn Jesus Christus (*das Wort*) mit Hilfe des Heiligen Geistes Gottes.

Die Aussage, dass Jesus Christus der untergeordnet Handelnde in Gottes Schöpfungswerk sein soll, ist angemessen. Als *das Wort* ist er jene Person der Gottheit, die Gott offenbart und ihn erkennbar macht. Gerade so, wie ein Wort Ausdruck der Gedanken eines Menschen ist, so ist *das Wort* Gottes Ausdruck und seine Selbstoffenbarung. Da die Heilige Schrift deutlich macht, dass die Schöpfung ein Mittel der Selbstoffenbarung Gottes ist (Ps 19,1-6; Röm 1,19-20), scheint es nur passend, dass das Wort

Gottes daran beteiligt ist. Gleicherweise ist es – wie in den Kapiteln Römer 4–7 betrachtet – angemessen zu sagen, dass *das Wort* jene Person der Gottheit ist, die als Herr Jesus Christus Fleisch wurde (Joh 1,14).

Bei der Erhaltung aller Dinge

Die Bibel macht auch deutlich, dass Gott in Beziehung auf seine Schöpfung kein auf unbestimmte Zeit verreister Hausherr ist. Er hat das Universum nicht geschaffen, um es dann dem willkürlichen Ablauf der in ihm angelegten Naturgesetze zu überlassen. Diese Haltung wird im Allgemeinen mit dem *Deismus* in Verbindung gebracht, einer Sicht, die im siebzehnten und achtzehnten Jahrhundert in England und Westeuropa eine gewisse Bedeutung erlangt hat. Das ist auch die Position der weltlichen Wissenschaft mit ihrer Entdeckung vermeintlich absolut gültiger, unverletzlicher Gesetze, die den Ablauf des Universums kontrollieren. Ganz im Gegensatz dazu machte Gott in seinen Botschaften an Hiob deutlich, dass er die uneingeschränkte Kontrolle über seine gesamte Schöpfung und über alle ihre Geschöpfe in Händen hält (Hi 38–41). Dazu schrieb der Apostel Paulus: *»Alles besteht durch ihn«* (Kol 1,17). Gleicherweise stellt der Schreiber des Hebräerbriefes fest, dass der Sohn Gottes *»alle Dinge durch das Wort seiner Macht trägt«* (Hebr 1,3). Der Apostel Johannes hatte ohne Zweifel die Erhaltung der Schöpfung im Sinn, als er über das Wort Gottes schrieb: *»In ihm war Leben, und das Leben war das Licht der Menschen«* (Joh 1,4). Robertson kommt richtigerweise zu dem Schluss: »Die Beständigkeit des Universums ruht also weit mehr auf Christus als auf Gesetzen der Gravitation. Es ist ein christozentrisches Universum ... Christus ist die lenkende und die erhaltende Kraft in der Natur.«[14]

Zusammenfassung

Die biblische Wahrheit, dass Jesus Christus bereits existierte, bevor er in dem Kind Jesus Fleisch wurde, wird in einer Vielzahl von Schriftstellen bezeugt (Joh 1,14-15.18.30; 3,13; 6,62; Phil 2,5-6). Jesus selbst bat Gott, den Vater: *»Verherrliche du, Vater, mich bei dir selbst mit der Herrlichkeit, die ich bei dir hatte, ehe die Welt war«* (Joh 17,5). Allerdings identifiziert nur der Apostel Johannes den noch nicht Fleisch gewordenen Christus mit dem ewigen Wort, das in alle Ewigkeit in vertrauter Beziehung mit Gott steht und als Gott identifiziert ist. Daraus entspringt die Lehre von dem einen Gott der Bibel, der aus einer Dreiheit von Personen besteht. Das wiederum führt – ebenso wie die Offenbarung der Beteiligung des ewigen Wortes an der Erschaffung aller Dinge durch den Apostel Johannes – zu einer Betrachtung der Beziehungen zwischen den drei Personen der dreieinen Gottheit. Gott, der Vater, Gott, der Sohn (oder *das Wort*) und Gott, der Heilige Geist, wirken zusammen in allem Handeln Gottes – einschließlich der Erschaffung aller Dinge und ihrer anschließenden Erhaltung.

2. Kapitel

Der Dienst des Wortes Gottes vor seiner Menschwerdung

Der Dienst des Herrn Jesus Christus als ewiges Wort Gottes begann vor seiner Menschwerdung mit seiner Beteiligung am Schöpfungswerk der dreieinen Gottheit, wie wir im vorangegangenen Kapitel gesehen haben (1Mo 1,1–2,3; Joh 1,2; Kol 1,16). Und dieser Dienst setzte sich fort in seiner Mitwirkung an der Erhaltung der Ordnung und Vorhersagbarkeit des von ihm erschaffenen Kosmos, die die Menschen beobachten und beschreiben können (Kol 1,17). War aber sein Dienst auf diese beiden Handlungsfelder beschränkt, ehe er in Bethlehem als Kind auf die Welt kam? Seine Bestimmung als Wort Gottes impliziert noch etwas anderes. Sie deutet sichtbaren Ausdruck und sichtbare Erscheinungsform sowie hörbare Ansprache und Offenbarung an. Seine Identität als *das Wort* bedeutet, dass er ein selbständiger Teil der Gottheit sein musste, um ins Fleisch kommen zu können. Es bedeutet aber gleichzeitig auch, dass er jener Teil der Gottheit ist, der sich im Alten Testament sichtbar und redend manifestierte. Manche Textbelege stützen diesen Schluss, während andere hier weniger deutlich sprechen.

DER DIENST DES WORTES ALS »ENGEL DES HERRN«

Eine Kette von Beweisen für den Dienst des Wortes Gottes vor seiner Menschwerdung bilden die Erscheinungen des »Engels des Herrn« im Alten Testament. Das hier mit »Engel« übersetzte hebräische Wort bezeichnet eine Person, die als Stellvertreter oder Repräsentant und als Bote gesandt ist. Das deutsche Wort *Engel* ist praktisch eine Lautumschreibung des griechischen Wortes *angelos*. Gott gebrauchte Angehörige seiner himmlischen Heerscharen als seine Repräsentanten und Boten: zum Beispiel Gabriel (Dan 8,15-26; 9,11-27; Lk 1,19-20.26-37) und andere, nicht namentlich genannte Engel, wie die beiden an Jesu Grab (Lk 24,4-7) und die beiden bei Christi Himmelfahrt (Apg 1,10-11). Der »Engel des Herrn« allerdings, der sich im Alten Testament offenbarte, ist ein einzigartiger Repräsentant und Bote Gottes, wie wir noch sehen werden. Er ist eine Klasse für sich.

Das kann leicht gezeigt werden, wenn wir die im Alten Testament berichteten Erscheinungen des »Engels des Herrn« einmal näher betrachten. Zuerst zeigte er sich gegenüber Hagar, der ägyptischen Magd Sarais. Sarai gab Hagar ihrem Ehemann, Abram, als Nebenfrau, da sie selbst unfruchtbar war (1Mo 16,1-3). Als Hagar schwanger wurde, verachtete sie ihre Herrin, die sie streng behandelte. Daraufhin floh Hagar aus dem Haushalt (1Mo 16,4-6). *»Der Engel des Herrn fand sie an einer Wasserquelle in der Wüste«* (1Mo 16,7), wie Mose berichtet. Der Engel wies sie an, zu Sarai zurückzukehren und ihr zu gehorchen. Er erklärte ihr, dass sie einen Sohn gebären werde, dem viele Nachkommen folgen würden; sie solle ihn Ismael nennen (1Mo 16,9-12). Hagar nannte den, der ihr erschienen war: *»Du bist der Gott, der mich sieht«* (1Mo 16,13; Schlachter'2000[1]). Manche sagen, es sei ein Fehler gewesen, dass sie diese Person für Gott hielt. Man muss dabei aber bedenken, dass Mose, der Autor des Buches, unter der Inspiration des Heiligen Geistes schrieb: »*Sie nannte den Namen des Herrn, der zu ihr geredet hatte*« (1Mo 16,13).

Das mit »Herr« übersetzte hebräische Wort wird in verschiedenen älteren deutschen Übersetzungen (z.B. Elberf'1891) mit *Jehova* wiedergegeben, ein Versuch, das hebräische Wort JHWH zu übertragen – das vierbuchstabige Wort, dem man die Bezeichnung *Tetragramm* gegeben hat. Eine bessere Übertragung ist *Jahwe*. Wenn die Juden beim Lesen des Alten Testamentes auf das Tetragramm stießen, dann weigerten sie sich, es auszusprechen. Dies geschah aus ehrfurchtsvollem Respekt vor Gott, und um zu garantieren, dass sie »*den Namen des Herrn*« nicht lästerten (3Mo 24,16), eine Sünde, die mit dem Tod zu bestrafen war. Statt dessen lasen sie angesichts dieser vier Buchstaben je nach dem Zusammenhang entweder *adonai* (»Herr«) oder *elohim* (»Gott«). Als die jüdischen Schriftgelehrten ihre Abschriften fertigten, fügten sie den Konsonanten des hebräischen Wortes Gottes Zeichen für die Vokale hinzu. Diese Vokale finden sich in der englischen (und deutschen) Fehlschreibung Jehova wieder. Die Lesart *Jahwe* spiegelt genauer die hebräischen Konsonantenzeichen.

Ein weiterer Beleg für den sorgfältigen Umgang mit dem Namen Jahwe (Herr) ist die in Jesaja 42,8 von Gott berichtete Feststellung: »*Ich bin der Herr, das ist mein Name; und ich will meine Ehre keinem anderen geben, noch meinen Ruhm den Götzen*« (Jes 43,3.15; Schlachter'2000[2]). Im Licht dieser Mentalität scheint es auf den ersten Blick ein Fehler Hagars gewesen zu sein, einen Angehörigen der himmlischen Heerscharen Gottes, ein geschaffenes Geistwesen, als Jahwe zu identifizieren. In Wirklichkeit jedoch zeigt es an, dass der »Engel des Herrn« eben derselbe Jahwe ist.

Die Fakten, die im Zusammenhang mit dem Erscheinen des »Engels des Herrn« bei Hagar stehen, finden Wiederholung in vielen seiner anderen Erscheinungen. Das wird zum Beispiel durch sein Erscheinen bei Abraham bestätigt (dessen Name in 1. Mose 17,5 von Abram in Abraham verändert wurde), als der bereit war, seinen einzigen Sohn und Erben Isaak zu opfern, wie Gott es angeordnet hatte (1Mo 22,1-10). Als sich Abraham mit dem Messer in der zum Stoß erhobenen Hand über Isaak auf dem Altar beugte, rief der »Engel des Herrn« Abraham zu, seine Hand zurückzuhalten (1Mo 22,11-12), und zeigte ihm ein stellvertretendes Opfer in Form eines Widders, der sich in einem Dickicht verfangen hatte (V. 13). Abraham erkannte in dem »Engel des Herrn«, der zu ihm sprach, den Herrn selbst, denn er *»gab diesem Ort den Namen ›der Herr wird ersehen‹«* (1Mo 22,14). Der Text sagt, dass die nachfolgende Bundesverheißung, die der »Engel des Herrn« ausgesprochen hatte, eine Erklärung des Herrn selbst war (1Mo 22,15-18).

Mose wusste, dass der Engel, der mit Hagar sprach, Gott selbst war, wie er in 1. Mose 16,13 schrieb. Er wusste es aufgrund seiner eigenen persönlichen Erfahrung am brennenden Dornbusch: *»Da erschien ihm der Engel des Herrn in einer Feuerflamme mitten aus einem Dornbusch«* (2Mo 3,2). Der Bericht fährt dann allerdings fort: *»Als aber der Herr* [nicht mehr »der Engel des Herrn«] *sah, dass er herzutrat, um zu sehen, da rief ihm Gott mitten aus dem Dornbusch zu«* (V. 4) und wies ihn an, seine Sandalen auszuziehen, denn *»die Stätte, auf der du stehst, ist heiliger Boden«* (V. 5). Dann stellt sich Gott selbst Mose als *»der Gott deines Vaters, der Gott Abrahams, der Gott Isaaks und der Gott Jakobs«* vor (V. 6). Später identifizierte sich Gott selbst als *»Ich bin, der ich bin«*, und wies Mose an, den Juden in Ägypten zu sagen: *»›Ich bin‹ hat mich zu euch gesandt«* (V. 14). Der Name »Ich bin« ist sprachlich eng verwandt mit *Jahwe*.

Während der Zeit der Theokratie, als Gott sein Volk Israel regierte und es durch unabhängig erwählte Richter vor seinen Feinden und Bedrückern rettete (Ri 2,16-19), erschien der »Engel des Herrn« mindestens zwei Richtern, um sie zu ihrem Dienst zu berufen. Das eine Mal erschien er Gideon, als der in einer Weinkelter heimlich Weizen drosch, um ihn vor den Midianitern zu verbergen (Ri 6,11). Nachdem er diese Person zuerst als »Engel des Herrn« bezeichnet hat, nennt ihn der Autor des Richterbuches (nach dem jüdischen Talmud der Prophet Samuel) »den Herrn« (Ri 6,14.16-17.23.25), wie zuvor auch Gideon (V. 15). Indem er den »Engel des Herrn« ganz ohne Zweifel mit dem Herrn selbst gleichsetzte, erbat Gideon die Erlaubnis, ihm eine Gabe herauszubringen und ihm vorzusetzen (Ri 6,18). Als Gideon mit einem jungen Ziegenböckchen und ungesäuertem Brot zurückkam, ordnete der Engel an, dass er seine Gabe auf einem Felsen als Opfer vorbereiten solle. Dann berührte er dieses Opfer mit einem Stab, und aus dem Felsen kam Feuer hervor und verzehrte das Opfer, und der Engel verschwand (Ri 6,19-21). Als ihm klar wurde, dass er wahrhaftig den »Engel des Herrn« gesehen und mit ihm gesprochen hatte, fürchtete Gideon, sterben zu müssen (Ri 6,22). Als Reaktion auf die Friedenszusage des Herrn baute Gideon *»dem Herrn dort einen Altar und nannte ihn: Jahwe-Schalom«* (Ri 6,24), das heißt: *»Der Herr ist Friede.«*

In Vorbereitung der Geburt und des Dienstes Simsons erschien der »Engel des Herrn« zunächst der unfruchtbaren Frau Manoachs und kündigte ihr an, dass sie schwanger sein und einen Sohn gebären werde: *»Ein Nasiräer Gottes soll der Junge sein von Mutterleib an«* (Ri 13,5). Als die Frau ihrem Mann Bericht erstattete, betete Manoach um Rückkehr des Engels, damit er ihnen weitere Aufschlüsse gebe, und Gott erfüllte sein Anliegen (Ri 13,8-14). Als Manoach dem Herrn in Reaktion auf die Botschaft des Engels ein Brandopfer darbrachte, stieg der Engel in der Flamme des Opfers auf dem Altar zum Himmel auf (Ri 13,19-21). *»Ganz sicher müssen wir jetzt sterben«*, sagte Manoach zu seiner Frau, *»denn wir haben Gott gesehen«* (V. 22). Manoachs Frau, theologisch verständiger, entgegnete ihm: *»Wenn es dem Herrn gefallen hätte, uns zu töten, so hätte er aus unserer Hand nicht Brandopfer und Speisopfer angenommen, und er hätte uns nicht dies alles sehen lassen und uns jetzt nicht so etwas hören lassen«* (Ri 13,23).

Bedeutsam an den Erscheinungen des Engels des Herrn bei Gideon und bei Manoach und seiner Ehefrau ist neben seiner Identität als der Herr selbst, die Gideon und den Eltern Simsons deutlich wird, die Annahme ihrer Verehrung in Form von Opfergaben. Die geschaffenen Engel Gottes weisen ausdrücklich die Annahme jeder Verehrung zurück. Sie sagen zu den Menschen, die ihnen Verehrung entgegenbringen wollen: *»Tu es nicht! … Bete Gott an!«* (Offb 19,10; 22,8). Die Annahme von Anbetung durch den »Engel des Herrn« ist ein weiterer Beweis dafür, dass er der Herr selbst ist, das noch nicht menschgewordene Wort Gottes.

Der »Engel des Herrn« findet auch bei einer Reihe weiterer Ereignisse im Alten Testament Erwähnung. Eines dieser Ereignisse ist, als er Bileams Esel (4Mo 22,22-27) und dann Bileam selbst erschien (V. 31-35). Hier besteht die einzig mögliche Grundlage für eine derartige Identifizierung darin, den Befehl des »Engels des Herrn« an Bileam: *»Nur das, was ich dir sagen werde, sollst du reden!«* (V. 35) zu Bileams Aussage gegenüber Balak in Beziehung zu setzen: *»Das Wort, das Gott mir in den Mund legt, das werde ich reden«* (V. 38). Weitere mögliche, aber nicht eindeutige Belege könnte man in Moses Worten finden: *»Da öffnete der Herr den Mund der Eselin«* (V. 28) und *»da enthüllte der Herr die Augen Bileams«* (V. 31).

Weitere Erscheinungen des »Engels des Herrn« sind sein offenes Auftreten und seine Botschaft an *»alle Söhne Israels«* (Ri 2,1-5); sein Erscheinen bei Elia, als der vor Isebel in die Wüste floh (1Kö 19,5-7); sein Befehl an Elia, den Boten Ahasjas (2Kö 1,3) und Ahasja selbst (V. 15) entgegenzutreten; sein Gericht am Lager der assyrischen Soldaten bei der Belagerung Jerusalems (2Kö 19,35) als Reaktion auf König Hiskias Gebet (V. 15-19); sein Erscheinen bei König David (1Chr 21,16) und seine Botschaft an den Propheten Gad (V. 18), als Gott Israel für Davids eigenmächtige Volkszählung richtete.

Der »Engel des Herrn« wird verschiedentlich auch in den Visionen erwähnt, über die Sacharja in seinem prophetischen Buch berichtet. Beispielsweise ist der »Engel des Herrn« der *»Mann, der auf einem roten Pferd ritt«* (Sach 1,8), wie die Verse 11 und 12 deutlich machen. In der Vision in Kapitel 3 sehen wir Joschua, den Hohenpriester Israels, *»der vor dem Engel des Herrn stand; und der Satan stand zu seiner Rechten, um ihn anzuklagen«* (Sach 3,1). Dann identifizierte Sacharja den »Engel des Herrn« als *»den Herrn«* selbst und zitiert ihn, wie er zu Satan spricht: *»Der Herr* [mit Bezug auf Gott, den Vater] *schelte dich, du Satan«* (V. 2; Schlachter'2000). Joschuas schmutzige Kleider und sein Turban wurden gewechselt, *»und der Engel des Herrn stand dabei«* (V. 5), *»und der Engel des Herrn bezeugte dem Joschua«* (V. 6).

Dieser Rückblick auf den vorgeburtlichen Dienst des Wortes Gottes als »Engel des Herrn« ruft uns einige Beobachtungen ins Gedächtnis zurück. Von größter Wichtigkeit ist dabei die Tatsache, dass sein Dienst in erster Linie den Führern des auserwählten Volkes Gottes galt – Abraham, Mose, Gideon, den Eltern Simsons, David, Elia und Sacharja. Diese Erscheinungen galten auch dem Schutz und der Unterstützung Israels; das verdeutlicht seine Erscheinung bei Bileam und seinem Esel und sein Todesurteil über die assyrische Armee. Sogar das Todesgericht über Israel wegen Davids hochmütig unternommener Volkszählung kam schließlich König und Volk zugute.

Gleichzeitig ist es interessant, vielleicht sogar bemerkenswert, dass der »Engel des Herrn« bei seinen ersten beiden Erscheinungen »um einer trost- und friedlosen Person willen vor menschliche Augen trat, die nicht gerade in die Hauptlinie des abrahamitischen Bundes integriert war«[3], nämlich Hagar. Das beleuchtet ganz gewiss Gottes Sorge um alle unterdrückten, bedürftigen, tyrannisierten und verarmten Menschen ungeachtet ihrer Rasse, und offenbart seine grenzenlose Gnade, Barmherzigkeit und seinen unendlichen Trost. Diese göttlichen Eigenschaften zeigen sich auch in der Bereitstellung eines stellvertretenden Opfers für Isaak durch den Engel des Herrn und in seiner Versorgung des ängstlichen, verstörten Elia mit Nahrung, Ermutigung und Führung.

Es ist an dieser Stelle wichtig hervorzuheben, dass die Verteidigung des Hohenpriesters Joschua durch den »Engel des Herrn« gegen die Angriffe Satans in Sacharjas Vision den gegenwärtigen Dienst des verherrlichten Herrn Jesus Christus prophetisch vor Augen führt – unser *»Fürsprecher bei dem Vater«* (1Jo 2,1), *»wenn jemand* [ein Gläubiger] *sündigt.«* Gleicherweise illustriert das stellvertretende Opfer für Isaak, das vom Engel des Herrn bereitgestellt wurde, prophetisch das Opfer des menschgewordenen Christus, des *»eingeborenen Sohnes Gottes«* (Joh 3,16.18) als unseres Stellvertreters – *»des Gerechten für die Ungerechten«* (1Petr 3,18; siehe Hebr 9,26.28).

Der Dienst des Wortes als »Engel Gottes«

Ähnlich dem vorgeburtlichen Dienst des Wortes Gottes als »Engel des Herrn« sind einige wenige Ereignisse, in denen es als »Engel Gottes« bezeichnet wird. Das erste dieser Ereignisse ist eine weitere Erscheinung zur Tröstung, Ermutigung und Offenbarung bei Hagar (1Mo 21,14-21). Zum zweiten Mal forderte Sara Abraham auf, Hagar wegzuschicken – diesmal, weil Ismael sie und Isaak verspottet hatte (V. 9-10). Brot und Wasser, die Abraham Hagar mitgegeben hatte, waren in der Wüste bald verzehrt, und Hagar ließ ihren Sohn zum Sterben unter einem Busch liegen, während sie ein Stück weiter ging, damit sie seinen Tod nicht mitansehen musste (V. 14-16).

Der Engel Gottes erschien Hagar und teilte ihr mit, dass Gott ihre Not kannte (1Mo 21,17-18). *»Und Gott öffnete ihre Augen, und sie sah einen Wasserbrunnen«* (V. 19), der eine lebenspendende Erfrischung bereithielt. Diese Schlussfolgerung ist zwar nicht unangreifbar, aber hier scheint der Engel Gottes mit Gott identisch zu sein. Der Bericht fügt hinzu: *»Gott aber war mit dem Jungen, und er wurde groß«* (V. 20).

Die Identität des »Engels Gottes« mit Gott wird deutlicher in dem Bericht über seine Erscheinung bei Jakob, während dessen Aufenthalt bei Laban in Haran (1Mo 31,11). Der »Engel Gottes« sagte Jakob: *»Ich bin der Gott von Bethel, wo du einen Gedenkstein gesalbt, wo du mir ein Gelübde abgelegt hast«* (V. 13). In dem Traum auf dem Weg nach Haran hatte der Herr zu Jakob gesprochen und gesagt: *»Ich bin der Herr, der Gott deines Vaters Abraham und der Gott Isaaks«* (1Mo 28,13). Als Jakob aus seinem Traum erwachte, sagte er: *»Fürwahr, der Herr ist an dieser Stätte«* (V. 16), und: *»Dies ist nichts anderes als das Haus Gottes«* (V. 17). Am Morgen richtete er einen Stein zum Denkmal auf. Er salbte ihn mit Öl und nannte den Ort Bethel (V. 19), das bedeutet »Haus Gottes«.

Der Engel Gottes wird in dem Bericht über den Auszug Israels aus Ägypten unter der Führerschaft Moses wieder erwähnt. Als die Israeliten von den Ägyptern verfolgt und durch das Rote Meer auf ihrem Weiterzug aufgehalten wurden, brach *»der Engel Gottes, der vor dem Heer Israels herzog, auf und trat hinter sie; und die Wolkensäule vor ihnen brach auf und stellte sich hinter sie«* (2Mo 14,19). Hier wird die Wolkensäule mit dem Engel Gottes gleichgesetzt, denn zuvor lesen wir: *»Der Herr aber zog vor ihnen her, bei Tag in einer Wolkensäule, um sie auf dem Weg zu führen, und bei Nacht in einer Feuersäule, um ihnen zu leuchten«* (2Mo 13,21). So scheint der »Engel Gottes« mit dem Herrn selbst identisch zu sein.

Der Dienst des Wortes in anderen alttestamentlichen Gotteserscheinungen

Die Erscheinungen des Wortes Gottes als »Engel Gottes« vor seiner Menschwerdung nennt man *Theophanien* (Gotteserscheinungen), da dieses Auftreten durch einen Teil der dreieinen

Gottheit geschieht. Es sind aber auch andere Gotteserscheinungen im Alten Testament berichtet, die zweifellos zum vorgeburtlichen Dienst des Wortes Gottes gehören. Dazu zählen, wie wir gesehen haben, alle Gotteserscheinungen im Alten Testament, da das ewige Wort jener Teil der Gottheit ist, in dem Gott sich sichtbar und hörbar offenbart. Ob es sich jedoch bei einer bestimmten einzelnen Erscheinung um eine *Theophanie* oder einen Engel handelt, ist im Einzelfall oftmals schwer zu entscheiden.

Einer dieser Fälle ist der Bericht über Josuas Erfahrung nach der Überquerung des Jordan (Jos 3) und der Beschneidung aller Männer Israels, die in der Wüste geboren worden waren (Jos 5,2-9). *»Als Josua bei Jericho war, da erhob er seine Augen und sah: und siehe, ein Mann stand ihm gegenüber, und sein Schwert war gezückt in seiner Hand«* (V. 13). Auf Josuas Frage: *»Gehörst du zu uns oder zu unseren Feinden?«*, erwiderte der Mann: *»Nein, sondern ich bin der Oberste des Heeres des HERRN; jetzt bin ich gekommen«* (V. 14). Anscheinend ging Josua davon aus, dass dies eine Erscheinung des Herrn war, denn er *»fiel auf sein Gesicht zur Erde und huldigte ihm«*. Diese Huldigung wurde von dem Mann angenommen, was ein bloßer Engel niemals tun würde (Offb 19,10; 22,8-9). Tatsächlich gab *»der Oberste des Heeres des Herrn«* – nun als der Herr selbst erkannt – Josua Anweisungen für die Eroberung Jerichos, nachdem er ihm befohlen hatte: *»Zieh deine Schuhe von deinen Füßen; denn der Ort, auf dem du stehst, ist heilig«* (Jos 5,15).

Ein weiteres Beispiel für eine *Theophanie* ist der Besuch der drei Männer bei Abraham in Mamre (1Mo 18,2). Hier rückt Mose jedoch die Dinge ins rechte Licht, indem er feststellt: *»Der HERR erschien ihm* [Abraham] *bei den Terebinthen von Mamre«* (V. 1). Obwohl die Besucher dreimal *»Männer«* genannt werden, wird einer von ihnen auch als *»der HERR«* identifiziert (1Mo 18,10.13-14.17.20.22.26-33). Nachdem Gott dem Abraham seine Absichten mit Sodom und Gomorra offenbart hatte (V. 20-21), heißt es: *»Die Männer wandten sich von dort und gingen nach So-*

dom« (V. 22). Anscheinend gingen nur zwei der Männer fort, denn »*Abraham blieb noch vor dem Herrn stehen.*«

Hierher gehört auch Jakobs Erfahrung in der Nacht, bevor er seinen Bruder Esau traf und sich mit ihm versöhnte. Jakob war allein – er hatte seine Familie und all seinen Besitz über den Fluss Jabbok geschickt – »*da rang ein Mann mit ihm, bis die Morgenröte heraufkam*« (1Mo 32,25). Bei dem Versuch, Jakob zu überwältigen, renkte der Mann Jakobs Hüfte aus. Denn dieser weigerte sich, ihn loszulassen, »*es sei denn, du hast mich vorher gesegnet*« (V. 27). Dieser Mann gab Jakob den neuen Namen Israel, »*denn du hast mit Gott und mit Menschen gekämpft und hast überwältigt*« (V. 29). Und »*er segnete ihn dort*« (V. 30). »*Und Jakob gab der Stätte den Namen Pnuel: denn ich habe Gott von Angesicht zu Angesicht gesehen, und meine Seele ist gerettet worden*« (V. 31).

Über dieses Ereignis schrieb der Prophet Hosea: »*In seiner Manneskraft kämpfte er mit Gott: Er kämpfte mit dem Engel und war überlegen! Er weinte und flehte ihn um Gnade an*« (Hos 12,4-5). Dann schrieb Hosea weiter über Jakobs frühere Gottesbegegnung: »*In Bethel hat er ihn gefunden, und dort hat er mit uns geredet – nämlich der Herr, der Gott der Heerscharen, dessen Gedenkname Herr ist*« (V. 5-6; Schlachter'2000). Dieser inspirierte Kommentar bestätigt die Tatsache, dass der Mann, der mit Jakob rang, das Wort Gottes in einer *Theophanie* vor seiner Geburt war.

Zu den weiteren möglichen *Theophanien* des ewigen Wortes Gottes im Alten Testament gehört auch der Mann, der sich in Nebukadnezars feurigem Ofen zu Schadrach, Meschach und Abed-Nego gesellte. Nebukadnezar rief aus: »*Siehe, ich sehe vier Männer frei umhergehen mitten im Feuer, und keine Verletzung ist an ihnen; und das Aussehen des vierten gleicht dem eines Göttersohnes*« (Dan 3,25). Später sagte er: »*Gepriesen sei der Gott Schadrachs, Meschachs und Abed-Negos, der seinen Engel gesandt und seine Knechte errettet hat*« (V. 28). Daniel selbst machte eine ähnliche Erfahrung, als er in die Löwengrube geworfen worden war (Dan 6,16-17). Als der König

Darius Daniel am nächsten Morgen unversehrt vorfand (V. 19-21), erklärte der Prophet dem König: *»Mein Gott hat seinen Engel gesandt, und er hat den Rachen der Löwen verschlossen«* (V. 22). Der Schluss, dass es sich bei diesen Ereignissen um *Theophanien* des Wortes Gottes vor seiner Menschwerdung gehandelt hat, ist wahrscheinlich, aber nicht völlig gesichert.

Uneinigkeit besteht unter den Bibelauslegern auch darüber, ob der *»Mann, in Leinen gekleidet«* (Dan 10,5), dem Daniel am Tigrisfluss begegnete, eine *Theophanie* des Wortes Gottes als der »Engel des Herrn« war, oder ob er zu Gottes himmlischen Heerscharen gehörte. Unterstützt wird seine Identifizierung als »Engel des Herrn« durch die Beschreibung seiner herrlichen Erscheinung (V. 6) und durch die umfassende Offenbarung der Geschichte Israels, die er Daniel gab – von diesem Tage an bis zur Vollendung des Planes, den Gott mit seinem auserwählten Volk hat (Dan 10,12–12,13). Eine solche Beschreibung und eine derart ausführliche Offenbarung passen eher zum Dienst des ewigen Wortes Gottes als zum Auftrag eines Engels. (Wenn Bibelausleger zu dem Schluss kommen, es handle sich hier um einen Engel der himmlischen Heerscharen, dann deshalb, weil der *»Fürst des Königreichs Persien«* ihn daran hinderte, unmittelbar auf Daniels Gebete zu reagieren, bis *»Michael, einer der ersten Fürsten«* kam, um ihm zu helfen [Dan 10,12-13]. Diese Ausleger sagen, kein Fürst könne den Sohn Gottes behindern, wohl aber der Fürst von Persien einen Engel.)

Obwohl der Dienst Jesu Christi als das ewige Wort Gottes vor seiner Menschwerdung mit der Schöpfung begann (Joh 1,3), war doch ein großer Teil dieses Dienstes auf Gottes auserwähltes Volk Israel ausgerichtet (1Kor 10,1-4). Wie schon bemerkt, war die Wolken- und Feuersäule, die die Israeliten beim Auszug aus Ägypten und durch die Wüstenwanderung hindurch bis nach Kanaan führte und schützte, eine *Theophanie* des ewigen Wortes Gottes. In der Wüste stellte der Herr Manna und Wachteln als Nahrung für

Israel bereit (2Mo 16,4-5.35; Jos 5,12). Er züchtigte Israel, wenn es sich von ihm abwandte, aber er rettete es vor seinen Feinden, wenn es bereute und zu ihm zurückkehrte (Ps 105; 106). Das scheint Jesaja in seinem Rückblick auf Gottes Fürsorge für Israel zu bestätigen: »*Bei all ihrer Bedrängnis war auch er bedrängt, und der Engel seines Angesichts rettete sie*« (Jes 63,9; Schlachter'2000). Es ist auch wahrscheinlich, dass die Erscheinungen der Herrlichkeit Gottes bei Mose, Aaron, Nadab und Abihu und den siebzig Ältesten Israels (2Mo 24,9-11), bei dem Volk Israel (V. 16-17), beim Vorübergang vor Mose (2Mo 33,21-23) und bei dem Propheten Hesekiel (Hes 1,26-28) *Theophanien* des Wortes Gottes waren. »Es ist mit Sicherheit anzunehmen, dass jede sichtbare Manifestation Gottes in körperlicher Form im Alten Testament mit dem Herrn Jesus Christus identifiziert werden kann«[4], in seiner vorgeburtlichen Rolle als ewiges Wort Gottes.

Die Betonung, die in diesem Kapitel auf dem ewigen Wort Gottes liegt, das im Alten Testament als »Engel des Herrn«, als »Engel Gottes« und in verschiedenen anderen *Theophanien* dem Plan Gottes dient, soll keinesfalls die Bedeutung und die Rolle Gottes, des Vaters, oder Gottes, des Heiligen Geistes, mindern. Es werden einfach die Beweise dafür vorgelegt, dass das ewige Wort Gottes als Teil der dreieinen Gottheit in alttestamentlicher Zeit einen aktiven Dienst ausgeübt hat, ehe es als Herr Jesus Christus in die Welt kam. Darüber hinaus wird die biblische Wahrheit anerkannt, dass Gott, der Vater, »unsichtbar« ist (Joh 1,18; 6,46; 1Tim 1,17; Kol 1,15; 6,15-16; Hebr 11,27; 1Jo 4,12) und Gott, der Heilige Geist, ebenso. Der »Wort« genannte Teil der Dreieinheit stellt Gott dar und offenbart ihn – in menschgewordener Form als Jesus Christus, und vor seiner Menschwerdung als »Engel des Herrn« und in anderen *Theophanien*.

3. Kapitel

Das Alte Testament redet von der Menschwerdung des Wortes Gottes

Nachdem der Apostel Johannes das ewige Wort vorgestellt hat, das als Teil der dreieinen Gottheit mit Gott verbunden ist und an Gottes Schöpfungswerk beteiligt war (Joh 1,1-3), offenbart er: *»das Wort wurde Fleisch und wohnte unter uns, und wir haben seine Herrlichkeit angeschaut, eine Herrlichkeit als eines Eingeborenen vom Vater«* (V. 14). Diese Menschwerdung des Wortes (des Sohnes) in Jesus Christus, als der, der den unsichtbaren Gott kundgemacht hat (V. 17-18), weist darauf hin, dass hier ein umfassender göttlicher Plan ausgeführt wurde. Die Erkenntnis eines solchen Planes steht im Einklang mit dem biblischen Bild Gottes als allweiser Souverän (Ps 103,19; 104,24). Die Menschwerdung war keine spontane Entscheidung Gottes.

Die Bibel macht an verschiedenen Stellen deutlich, dass Gott ein umfassendes Gesamtkonzept verfolgt, das sich von Ewigkeit zu Ewigkeit erstreckt und alle geschaffenen Wesen, alle geschaffenen Dinge und alle Ereignisse einschließt. In Psalm 33,11 lesen wir: *»Der Ratschluss des Herrn hat ewig Bestand, die Gedanken seines Herzens von Geschlecht zu Geschlecht.«* Dieser Plan ist nicht nur von Gott in unendlicher Weisheit erdacht, sondern wird auch durch seine unbegrenzte, souveräne Macht ausgeführt. *»Alles, was dem*

Herrn wohlgefällt, tut er in den Himmeln und auf der Erde, in den Meeren und in allen Tiefen« (Ps 135,6). Der Prophet Jesaja fragte: *»Der Herr der Heerscharen hat es beschlossen. Wer wird es ungültig machen? Und seine Hand ist ausgestreckt. Wer wendet sie zurück?«* (Jes 14,27; siehe 46,8-11). Der König Nebukadnezar von Babylon lernte über den *»Höchsten ... der ewig lebt«*, dass *»dessen Herrschaft eine ewige Herrschaft ist und dessen Reich von Geschlecht zu Geschlecht währt. Und alle Bewohner der Erde sind wie nichts gerechnet, und nach seinem Willen verfährt er mit dem Heer des Himmels und den Bewohnern der Erde. Und da ist niemand, der seiner Hand wehren und zu ihm sagen könnte: Was tust du?«* (Dan 4,31-32). Als Nebukadnezar Gottes souveräne Herrschaft über sein Universum anerkannte, sagte er: *»Zu derselben Zeit kehrte mein Verstand zu mir zurück«* (V. 31.33).

Der Kern an diesem ewigen Heilsplan Gottes ist der Erlösungstod Jesu Christi, seines menschgewordenen Sohnes (des *Wortes*) als ein Opfer für die Sünde, um Heil und ewiges Leben zu bewirken für alle, die glauben. Der Apostel Petrus erklärte es den Juden am Pfingsttag: *»Jesus, den Nazoräer ... der nach dem bestimmten Ratschluss und nach Vorkenntnis Gottes hingegeben worden ist, habt ihr durch die Hand von Gesetzlosen an das Kreuz geschlagen und umgebracht«* (Apg 2,22-23). Um ein vollkommenes Opfer für einen Erlösungstod darbringen zu können, war die Menschwerdung erforderlich, wie Petrus seinen Lesern deutlich macht: *»Er ist zwar im Voraus vor Grundlegung der Welt erkannt, aber am Ende der Zeiten geoffenbart worden um euretwillen«* (1Petr 1,20). In ähnlicher Weise äußerte sich auch der Schreiber des Hebräerbriefes: *»Darum spricht er* [Christus], *als er in die Welt kommt ... einen Leib hast du mir bereitet ... Da sprach ich: Siehe, ich komme ... um deinen Willen, o Gott, zu tun«* (Hebr 10,5.7). Der Autor kommt zu dem Schluss: *»Wir sind geheiligt durch das ein für allemal geschehene Opfer des Leibes Jesu Christi«* (V. 10).

Dieser Heilsplan hat einen überaus schwer verständlichen Aspekt. Wie ist es möglich, dass jeder, der an Jesu Opfertod glauben wird, von Gott bereits ewig erwählt ist, und dass dennoch der Glaube der Gläubigen an den Opfertod Jesu deren freie persönliche Entscheidung bleibt? Und das gilt gleichermaßen für jene, die sich weigern, das Heilsangebot Gottes anzunehmen. Dieses rätselhafte Spannungsfeld zwischen Gottes ewigem Heilsplan und dem freien Willen des Menschen betrifft jedes Ereignis. Die Antwort auf diese Frage ruht am Ende in dem Geheimnis von Gottes Allwissenheit und seiner Souveränität, aber die Bibel lehrt beides – sowohl die unbedingte Ausführung von Gottes Plan als auch die freie Wahl des menschlichen Willens. Die römischen Soldaten beispielsweise, die Jesus kreuzigten, entschieden sich in aller Freiheit, die Kleidung Jesu untereinander aufzuteilen; sie warfen Lose über sein nahtloses Untergewand (Joh 19,23-24). Aber ihre Handlungsweise wurde bereits in Psalm 22,19 vorausgesagt.

Damit der Mensch das Heil erwählt, bedarf es des übernatürlichen Dienstes des Heiligen Geistes (Joh 16,7-11) und der wirksamen Berufung Gottes (Röm 8,29-30). Diese Erwählung ist ein Bestandteil von Gottes Heilsplan. Der Apostel Paulus belehrte die Epheser, dass Gott *»uns in ihm* [Jesus] *auserwählt hat vor Grundlegung der Welt«*, und dass er *»uns vorherbestimmt hat zur Sohnschaft durch Jesus Christus für sich selbst nach dem Wohlgefallen seines Willens«* (Eph 1,4-5). Er fügte hinzu: *»In ihm* [Jesus] *haben wir auch ein Erbteil erlangt, die wir vorherbestimmt waren nach dem Vorsatz dessen, der alles nach dem Rat seines Willens wirkt«* (V. 11). Paulus lehrte auch die Thessalonicher, *»dass Gott euch von Anfang an erwählt hat zur Errettung in Heiligung des Geistes und im Glauben an die Wahrheit«* (2Thes 2,13), und erklärte dem Timotheus: Gott *»hat uns errettet und berufen mit heiligem Ruf, nicht nach unseren Werken, sondern nach seinem eigenen Vorsatz und der Gnade ... in Christus Jesus«* (2Tim 1,9).

Dieser ewige Heilsplan Gottes hat ein vierfaches Ziel. Das erste ist die Erhebung und Verherrlichung des Christus, des ewigen Wortes, das sich selbst bereitwillig erniedrigte, um nach Gottes Plan Mensch zu werden und den Tod als ein Opfer für die Sünde zu erleiden (Phil 2,5-11; siehe 1Kor 15,25-26; Offb 19,16). Das zweite Ziel besteht darin, dass *»jetzt den Gewalten und Mächten in der Himmelswelt durch die Gemeinde die mannigfaltige Weisheit Gottes kundgetan werde, nach dem ewigen Vorsatz, den er verwirklicht hat in Christus Jesus, unserem Herrn«* (Eph 3,10-11). Dies geschieht am Ende *»zum Preise seiner Herrlichkeit«* (Eph 1,12.14) und *»zum Preise der Herrlichkeit seiner Gnade«* (V. 6), *»damit Gott alles in allem sei«* (1Kor 15,28). Ein drittes Ziel ist, dass *»er viele Söhne zur Herrlichkeit führte«* (Hebr 2,10-13) – Gläubige, *»vorherbestimmt, dem Bilde seines Sohnes gleichförmig zu sein, damit er der Erstgeborene sei unter vielen Brüdern«* (Röm 8,29). Ein viertes Ziel besteht in der endgültigen Bezwingung und Verurteilung Satans und seiner ganzen Gefolgschaft, sowohl der Dämonen als auch der Menschen (Offb 20,10-15; siehe Hebr 2,14), und der Beseitigung des leiblichen Todes (1Kor 15,25-26).

Wir wissen nun, dass das ewige Wort vor seiner Menschwerdung in alttestamentlicher Zeit dem auserwählten Volk Gottes in *theanthropischen* Erscheinungen (d.h., als Gottheit in menschlicher Gestalt) diente. Wie wissen auch, dass Gottes ewiger Heilsplan der Menschwerdung und des Opfertodes seines Wortes bereits umfassend beschlossen war. Daher ist es nicht verwunderlich, dass es Prophetien hinsichtlich der Menschwerdung und des Opfers des Wortes gibt. Solche Aussagen über die Menschwerdung und den Dienst des verheißenen Messias' Gottes, unseres Herrn Jesus Christus, sind nicht der alleinige Inhalt alttestamentlicher Prophetie, aber sie sind ein bedeutsamer Teil davon. Wenn Prophetie in allen Einzelheiten Teil des ewigen Heilsplanes Gottes ist und wenn Gott unbegrenzte Möglichkeiten hat, seinen Plan zu Ende zu führen, warum sollte er es dann nicht im Voraus offenbaren – als Ermutigung und als Warnung für Gottes Volk? Wie sagte der »Engel des Herrn« in *theanthropischer* Erscheinung vor der Vernichtung von Sodom und Gomorra zu Abraham: *»Sollte ich vor Abraham verbergen, was ich tun will?«* (1Mo 18,17).

Alttestamentliches Reden in der Prophetie

Gottes Verheißung eines Messias für sein auserwähltes Volk Israel durchdringt das ganze Alte Testament und beinhaltet Prophezeiungen über die Menschwerdung und den Dienst einer einzigartigen und göttlichen Person. Einige der Weissagungen sind für uns vage und schleierhaft, andere wieder sind völlig klar und deutlich bis in die Einzelheiten. Diese Prophezeiungen finden wir durchgängig im ganzen Alten Testament, von den Eingangskapiteln im 1. Buch Mose bis zum Buch des Propheten Maleachi.

1. Mose 3,15. Die erste alttestamentliche Prophezeiung über die Menschwerdung und den Dienst eines Retters war Teil von Gottes Urteilsspruch über die Schlange – für die Verführung Adams und Evas zur Sünde. Gott sagte: *»Ich werde Feindschaft setzen zwischen dir und der Frau, zwischen deinem Samen und ihrem Samen; er wird dir den Kopf zermalmen, und du, du wirst ihm die Ferse zermalmen.«* Manche Ausleger meinen, Evas Ausruf bei der Geburt Kains – *»Ich habe einen Mann hervorgebracht mit dem Herrn«* (1Mo 4,1) – sei Ausdruck ihrer Hoffnung, Kain möge der verheißene Same sein, der der Schlange den Kopf zertritt. Ironischerweise stellte Kain als erster Mörder der Geschichte unter Beweis, dass er stattdessen ein Nachkomme der Schlange war! Aber so, wie es der Plan Gottes in der Heiligen Schrift vorsieht, ist Jesus Christus der Same der Frau, dessen Ferse in Inhaftierung, Leidensprüfung und Kreuzigung zermalmt wurde. Im Gegenzug zermalmte er den Kopf der Schlange (d.h. Satans, Offb 12,9; 20,2), beginnend mit seiner Auferstehung und Himmelfahrt. Dieser Sieg wird vollendet, wenn Satan gebunden und zunächst für die tausend Jahre *»in den Abgrund«* geworfen wird (Offb 20,2-3); und wenn er dann anschließend *»in den Feuer- und Schwefelsee geworfen* [wird], *wo sowohl das Tier als auch der falsche Prophet ist«* (V. 10; siehe Offb 19,20). Dorthin werden auch alle nicht wiedergeborenen Menschen im unmittelbaren

Anschluss an das Gericht vor dem großen weißen Thron verbannt (Offb 20,11-15).

1. Mose 12,3; 18,18; 22,18. Diese prophetischen Verheißungen gegenüber Abram (später: Abraham) beginnen mit seiner Berufung durch den Herrn, sein Heimatland und seine Familie zu verlassen und in ein Land zu gehen, das Gott ihm zeigen werde. Sie beinhalten das Versprechen, dass durch ihn alle Menschen auf der Erde gesegnet sein werden. Das dritte Mal wurde dieses Versprechen erneuert (1Mo 22,18), als Abraham im Gehorsam gegenüber Gott bereit war, ihm seinen einzigen Sohn Isaak als Opfergabe darzubringen. Der Schreiber des Hebräerbriefes erklärt dazu, dass Abraham *»urteilte, dass Gott auch aus den Toten erwecken könne«* (Hebr 11,19). Aber Gott bewahrte Abraham vor der wirklichen Opferung und sorgte für ein stellvertretendes Opfer – einen Widder, der sich mit seinen Hörnern in einem Dickicht verfangen hatte (1Mo 22,12-13). Für seinen Gehorsam im Glauben versprach Gott Abraham: *»In deinem Samen sollen gesegnet werden alle Völker der Erde«* (V. 18; Schlachter'2000).

Wieder scheint die prophetische Verheißung, so wie sie Abraham gegeben wird, sehr vage zu sein, aber der Apostel Petrus bezieht sie auf den auferstandenen Christus (Apg 3,25). Später macht der Apostel Paulus deutlich, dass sich diese Verheißung ganz genau in dem Herrn Jesus Christus erfüllt habe: *»Dem Abraham aber wurden die Verheißungen zugesagt und seiner Nachkommenschaft. Er spricht nicht: und seinen Nachkommen von vielen, sondern von einem: und deinem Nachkommen, und der ist Christus«* (Gal 3,16). Zuvor hatte Paulus in diesem Kapitel hervorgehoben: *»Die Schrift aber, voraussehend, dass Gott die Nationen aus Glauben rechtfertigen werde, verkündigte dem Abraham die gute Botschaft voraus: In dir werden gesegnet werden alle Nationen«* (V. 8).

1. Mose 49,8-12. Alle prophetischen Segnungen Jakobs auf dem Sterbebett für seine zwölf Söhne sind überaus wichtig. Die bedeutsamste allerdings ist die Segnung Judas, der als königlicher

Stamm gekennzeichnet wird – *»dich werden deine Brüder preisen«*. Juda wird als »Löwenjunges« bezeichnet und als mächtig und Furcht einflößend beschrieben – wie ein Löwe oder eine Löwin. Er wird über seine Feinde siegen, und *»dich werden deine Brüder preisen«*. Diese Einzelheiten der Segnung wurden in David erfüllt, der aus dem Stamm Juda kam, und in seinem Sohn Salomo.

Die Erfüllung des Segens für Juda begann zwar mit David, aber sie ist nach wie vor gültig und setzt sich weiter fort, da sie noch nicht vollkommen erfüllt ist. Da heißt es: *»Nicht weicht das Zepter von Juda, noch der Herrscherstab zwischen seinen Füßen weg, bis dass der Schilo kommt, dem gehört der Gehorsam der Völker«* (1Mo 49,10). Als der Engel Gabriel der Jungfrau Maria die Ankündigung der Geburt ihres vom Heiligen Geist empfangenen Sohnes überbrachte, da verband er diese Prophezeiung Jakobs mit dem Herrn Jesus Christus und sagte: *»Der Herr, Gott, wird ihm den Thron seines Vaters David geben; und er wird über das Haus Jakobs herrschen in Ewigkeit, und seines Königtums wird kein Ende sein«* (Lk 1,32b-33; siehe Ps 2,7-9; Jes 9,6-7).

Der Herr Jesus stellte sich in seinem Dienst dem jüdischen Volk selbst als der Messias, als der König der Juden vor, und wurde unter diesem Titel gekreuzigt (Joh 19,19-22; siehe Mt 27,37; Mk 15,26; Lk 23,38). Es ist also offensichtlich, dass diese Prophezeiungen nicht bei seinem ersten Kommen erfüllt wurden. Sie erfüllen sich bei seiner Rückkehr auf die Erde zu seinem zweiten Kommen in Macht und Herrlichkeit als *»König der Könige und Herr der Herren«* (Offb 19,16), um sein weltweites Reich der Gerechtigkeit und des Friedens für tausend Jahre aufzurichten (Offb 20,4-6). Die abschließenden Verse der prophetischen Segnung Judas durch Jakob (1Mo 49,11-12) sind ein Bild für den Überfluss und den Reichtum, die das Tausendjährige Reich charakterisieren werden.

5. Mose 18,15-19. Gott hatte am Sinai ursprünglich direkt aus dem Feuer zur Versammlung Israels gesprochen (5Mo 5,4). Allerdings hatten die Ältesten Mose aus Furcht gebeten, als Vermittler zwischen ihnen und Gott tätig zu werden. Er sollte Gottes Botschaften entgegennehmen und an das Volk weitergeben (siehe 5Mo 18,16). Dieses Ereignis kennzeichnet den Beginn des Prophetenamtes – der Amtsträger empfängt Gottes Botschaft und vermittelt sie dem Volk. Mose war der erste und in vielerlei Hinsicht der herausragendste Prophet. In diesen Versen nun, nachdem Gott Israel Zauberei und Wahrsagerei nach Art der Heiden ausdrücklich verboten hat, verheißt er: *»Einen Propheten wie dich will ich ihnen aus der Mitte ihrer Brüder erstehen lassen«* (V. 18, siehe auch Vers 15).

Obwohl in beiden Versen der Singular – *»einen Propheten«* – verwendet wird, sind sich die meisten Ausleger darüber einig, dass sich diese Verheißung Gottes zunächst auf die aufeinanderfolgende Prophetenkette bezieht, die die Botschaften Gottes an Israel während der Jahre nach Mose verkündigten. Manche von ihnen schrieben die prophetischen Bücher des Alten Testaments nieder. In dem allgemeinen Sinn, Gottes auserwähltes Instrument zu sein, um seine Botschaften zu den Menschen zu bringen, war jeder der Propheten wie Mose. Die Heilige Schrift macht allerdings gleichzeitig deutlich, dass Mose eine Klasse für sich war, denn *»es stand in Israel kein Prophet mehr auf wie Mose, den der Herr gekannt hätte von Angesicht zu Angesicht«* (5Mo 34,10).

Infolgedessen stimmen die meisten Bibelausleger überein, dass die Verheißung eines Propheten wie Mose schließlich in unserem Herrn Jesus Christus in Erfüllung ging. Sogar das Volk Israel erwartete einen, der diese Verheißung eines Propheten wie Mose in einem endgültigen, letzten Sinn erfüllen würde. Sie bezogen sein Erscheinen auf das Kommen Elias und die Hoffnung auf den Messias. Das machen auch die Fragen der jüdischen Priester und Leviten Jerusalems deutlich, die sie an Johannes den Täufer richteten: *»Bist du der Prophet?«* (Joh 1,21; siehe Verse 19-24). Gleicherweise fingen die Menschen an, nachdem Jesus die Fünftausend gespeist hatte, zu sagen: *»Dieser ist wahrhaftig der*

Prophet, der in die Welt kommen soll« (Joh 6,14). In seiner Ansprache an das Volk nach der Heilung des lahmen Mannes im Tempeltor kennzeichnete Petrus den Herrn Jesus ausdrücklich als die Erfüllung dieser an Mose gerichteten Verheißung (Apg 3,17-23), und Stephanus tat das Gleiche (Apg 7,37).

1. Samuel 2,35. In Verbindung mit seinem Gericht über Hofni und Pinhas, die gottlosen Söhne des Hohenpriesters Eli, hatte Gott gesagt: *»Ich aber werde mir einen Priester erwecken, der beständig ist; der wird tun, wie es meinem Herzen und meiner Seele gefällt. Und ich werde ihm ein Haus bauen, das beständig ist, und er wird vor meinem Gesalbten alle Tage einhergehen.«* Die nahe Erfüllung dieser Prophetie fand statt, als König Salomo den Priester Abjatar, einen Nachkommen von Aarons Sohn Itamar, als Priester absetzte (1Kö 2,26-27) und durch Zadok ablösen ließ, einen Nachkommen von Aarons Sohn Eleasar. Obwohl sich Zadoks Nachkommen von Zeit zu Zeit als Gott ungehorsam erwiesen, blieben sie Hohepriester, bis der Tempeldienst mit der Zerstörung des Tempels durch die Römer im Jahr 70 n.Chr. sein Ende fand (siehe Mal 2,1-9). In Verbindung mit der Rückkehr Christi auf die Erde und mit der Aufrichtung seines Tausendjährigen Reiches wird allerdings die Priesterschaft der Nachkommen Levis wieder eingesetzt (Mal 3,3-4), und die Nachkommen Zadoks werden Opfer darbringen (Hes 44,17-19). Im letzten Sinn ist der Herr Jesus Christus – *»du bist Priester in Ewigkeit nach der Weise Melchisedeks«* (Ps 110,4; siehe Hebr 4,14–5,7; 7,11–8,2) – die Erfüllung der Verheißung Gottes: *»Ich aber werde mir einen Priester erwecken, der beständig ist; der wird tun, wie es meinem Herzen und meiner Seele gefällt«* (1Sam 2,35).

2. Samuel 7,11-13.16 (siehe 1Chr 17,10b-11.12b-14). Obgleich diese Verheißungen Gottes an David und seine Nachkommenschaft in diesen Passagen nicht ausdrücklich erwähnt werden, bezeichnen David (2Sam 23,5) und andere (Ps 89,3-4.29.35.40; 132,11-12) sie als *»ewiger Bund«*. Die unmittelbare Erfüllung wurde durch Davids Sohn Salomo ausgeführt, der den Tempel als

Haus Gottes in Jerusalem baute (1Kö 6,1-38; 7,13–8,66). Gottes Verheißung, »*dein Haus aber und dein Königtum sollen vor dir Bestand haben für ewig, dein Thron soll feststehen für ewig*« (2Sam 7,16), erstreckt sich allerdings weit über Salomo hinaus. Sie wird schließlich in unserem Herrn Jesus Christus Erfüllung finden.

Die Ausübung der Königsherrschaft auf dem Thron Davids ist zwar aufgrund von Sünde unterbrochen worden, wie Gott auch gewarnt hatte (2Sam 7,14). Dennoch haben Israels Propheten eine endzeitliche, messianische Wiederherstellung und die Erfüllung der Verheißung Gottes vorausgesagt. Hinsichtlich des Kindes, das geboren werden würde, und des Sohnes, der gegeben werden sollte, um in der Zukunft zu herrschen, weissagte Jesaja: »*Der Friede wird kein Ende haben auf dem Thron Davids und über seinem Königreich, es zu festigen und zu stützen durch Recht und Gerechtigkeit von nun an bis in Ewigkeit*«, und erklärte: »*der Eifer des Herrn der Heerscharen wird dies tun*« (Jes 9,6). In gleicher Weise prophezeite Jeremia: »*Siehe, Tage kommen, spricht der HERR, da werde ich dem David einen gerechten Spross erwecken. Der wird als König regieren und verständig handeln und Recht und Gerechtigkeit im Land üben. In seinen Tagen wird Juda gerettet werden und Israel in Sicherheit wohnen. Und dies wird sein Name sein, mit dem man ihn nennen wird: Der Herr, unsere Gerechtigkeit*« (Jer 23,5-6; siehe 33,14-16). Auch Amos sprach über einen kommenden Tag, an dem der Herr »*die verfallene Hütte Davids wieder aufrichten wird*« (Am 9,11), und Micha sagte voraus, aus Bethlehem Efrata »*wird mir* [Gott] *der hervorgehen, der Herrscher über Israel sein soll; und seine Ursprünge sind von der Urzeit, von den Tagen der Ewigkeit her*« (Mi 5,1). Alle diese Weissagungen werden in Jesus Christus erfüllt werden, dem »*der Herr, Gott, den Thron seines Vaters David geben wird*«, und »*er wird über das Haus Jakobs herrschen in Ewigkeit, und seines Königtums wird kein Ende sein*« (Lk 1,32-33). Das wird erfüllt, wenn Christus zur Erde zurückkehrt und seine tausendjährige Herrschaft aufrichtet.

Psalm 2,7-9. Die in Vers 7 erwähnte Anordnung des Herrn »bezieht sich auf den Davidischen Bund (2Sam 7,14a), in dem Gott erklärte, er wolle dem König Vater sein, und der König solle ihm Sohn sein.«[1] Die Feststellung: *»Du bist mein Sohn, ich habe dich heute gezeugt«* war eine antike orientalische Einsetzungsformel bei der Inthronisation von Königen. Sie bezieht sich, wie die Verse 8 und 9 belegen, auf das Tausendjährige Reich Christi. Der Engel Gabriel kündigte jedenfalls der Jungfrau Maria an, ihr Sohn werde *»Sohn des Höchsten«* (Lk 1,32) und *»Sohn Gottes«* (V. 35) genannt werden, und *»der Herr, Gott, wird ihm den Thron seines Vaters David geben; und er wird über das Haus Jakobs herrschen in Ewigkeit, und seines Königtums wird kein Ende sein«* (V. 32-33). Als der Heilige Geist *»in leiblicher Gestalt, wie eine Taube«* bei der Taufe Jesu auf den Sohn Gottes herabstieg, kam *»eine Stimme aus dem Himmel: Du bist mein geliebter Sohn, an dir habe ich Wohlgefallen gefunden«* (Lk 3,22; siehe Mt 3,16-17; Mk 1,10-11; Joh 1,32-34). Demnach stand die Aussage in Psalm 2,7 in Beziehung zu Jesu Menschwerdung und zu seinem irdischen Dienst.

Psalm 16,8-10. Diese Verse verleihen Davids zuversichtlichem Glauben an Gott Ausdruck, besonders an Gottes Schutz und an die Errettung vom Tod. Gottes Schutzschild rettete Israels Kriegerkönig in vielen Schlachten, und doch ereilte ihn im Alter schließlich der Tod (1Kö 2,10). Deshalb übertrifft die von David zum Ausdruck gebrachte Hoffnung, Gott werde seinen Frommen nicht *»die Grube«* sehen lassen (Ps 16,10), seine persönliche Erfahrung. Der Apostel Petrus macht das in seiner Pfingstpredigt deutlich, wenn er diese Verse aus Psalm 16 zitiert. Er hebt dabei hervor, dass David als Prophet die Auferstehung Jesu Christi aus dem Grab voraussagt, ohne dass sein Leib die Verwesung erfahren hat (Apg 2,25-32). Auch der Apostel Paulus zitiert in seiner Predigt in Antiochien diesen Vers: *»Du wirst nicht zugeben, dass dein Frommer die Verwesung sehe«*, und bezieht ihn auf die Auferstehung Jesu (Apg 13,35-36). Mit Bezug auf Psalm

16,10 schrieb Allen Ross: »Bewahrung vor der Verwesung im Grab ist der Gedanke, der sowohl hinter der Erfahrung Davids als auch hinter dem Erleben Jesu steht. Bei David allerdings erwuchs diese Erfahrung aus einer *Errettung* vor dem Tod, während Jesu Erleben die *Auferstehung* aus dem Tod war.«[2]

Psalm 22,2.7-9.13-19. Bibelleser stehen immer wieder vor der Schwierigkeit zu entscheiden, wann David in seinem Leben die seelischen und körperlichen Leiden und Bedrängnisse erfahren haben mag, denen er in diesem Psalm, besonders in den Versen 2-18 Ausdruck verleiht. Die Mehrheit von ihnen vermutet sie in der Zeit, in der David und seine Männer von König Saul verfolgt wurden. Aber der Bericht in 1. Samuel rechtfertigt nicht die Darstellung solch intensiver seelischer, gefühlsmäßiger oder körperlicher Leiden und auch nicht die Vorstellung des Verlassenseins von Gott (Ps 22,2). Andere meinen, David habe dies bei seiner Flucht von Jerusalem über den Jordan nach Mahanajim nach dem Aufstand seines Sohnes Absalom durchlebt (2Sam 15–18). Obgleich diese Erfahrung einige Ähnlichkeiten zur ersten Flucht aufweist, kommt Ross ganz richtig zu dem Schluss: »Kein bekanntes Ereignis im Leben Davids trifft die in diesem Psalm beschriebenen Einzelheiten.«[3]

Im Neuen Testament wird offenbar, dass Jesus Christus und die Schreiber der Evangelien Verbindungen zwischen diesem Psalm und der Kreuzigung und dem Tod Jesu erkannten und deutlich machten. Kurz bevor er seinen Geist aufgab (Mt 27,50; Joh 19,30), *»schrie Jesus mit lauter Stimme auf und sagte: Eli, Eli, lema sabachthani? Das heißt: Mein Gott, mein Gott, warum hast du mich verlassen?«* (Mt 27,46; Mk 15,34). Das ist ein wörtliches Zitat aus Psalm 22,2, und es ist hier so treffend, denn in diesem Augenblick trug Jesus das Gericht Gottes über alle Sünden der ganzen Welt (2Kor 5,21; siehe Joh 1,29.35; Röm 4,25).

Matthäus berichtet, dass *»die Hohenpriester mit den Schriftgelehrten und Ältesten«* Jesus am Kreuz verspotteten (Mt 27,41). Sie höhnten, er möge vom Kreuz herabsteigen, dann würden sie ihm glauben. Sie zitierten Psalm 22,9 indem sie sagten: »*Er vertraute auf Gott, der rette ihn jetzt, wenn er ihn liebt*« (Mt 27,43). Auch »*die Vorübergehenden lästerten ihn*« (Mt 27,39; Mk 15,19), »*die Soldaten verspotteten ihn*« (Lk 23,36), und sogar »*die Räuber, die mit ihm gekreuzigt waren* [zumindest aber einer von ihnen], *schmähten ihn auf dieselbe Weise*« (Mt 27,44; Mk 15,32). Der andere Räuber, der die Unschuld Jesu erkannte, bat diesen, sich seiner zu erinnern, wenn er in sein Reich komme – eine Bitte, die Jesus zu erfüllen versprach (Lk 23,39-43). Diese Evangelienverse erfüllen Psalm 22,7-9.

Hinsichtlich Psalm 22 kam Ross zu dem Schluss: »Die verwendeten Begriffe schildern eine Hinrichtung und kein bloßes Unwohlsein, und diese Exekution passt eher zur Kreuzigung Jesu als zu den Erfahrungen Davids ... David verwendete viele poetische Ausdrücke, um seine großen Leiden darzustellen, aber diese poetischen Worte wurden in den Leiden Jesu Christi in den Händen seiner Feinde buchstäblich wahr.«[4] Das gilt besonders für Psalm 22,13-19, eine Passage, die darin gipfelt, dass sich die Soldaten seine Kleider nahmen, »*und machten vier Teile, einem jeden Soldaten einen Teil*« und warfen das Los über sein Unterkleid. »*Das Unterkleid aber war ohne Naht, von oben an durchgewebt*« (Joh 13,29; siehe Mt 27,35; Mk 15,24; Lk 23,34). Der Apostel Johannes merkt an, dies sei geschehen, »*damit die Schrift erfüllt würde*«, und zitierte Psalm 22,19 (Joh 19,24).

Psalm 40,7-9. In diesen Versen anerkennt David, ein Mann nach dem Herzen Gottes (Apg 13,22; siehe 1Sam 13,14), dass Gott ein hingegebenes Leben in gehorsamem Dienst (Röm 12,1) mehr schätzt als Opfergaben und Brandopfer. Deshalb verpflichtet David sich selbst dazu, den Willen Gottes zu tun. Aber er versagte bei der Erfüllung dieser selbst auferlegten Verpflichtung, was für einen jeden von uns ebenso gilt. Sie wurde erst vollkommen erfüllt in der Menschwerdung und in dem Dienst Jesu Christi. Jesus belehrte die Juden, »*dass ich nichts von mir selbst tue, sondern wie der Vater mich gelehrt hat, das rede ich ... weil ich allezeit das ihm Wohlgefällige tue«* (Joh 8,28-29). Der Schreiber des Hebräerbriefes zitiert diese Verse aus Psalm 40 und kennzeichnet sie als erfüllt, *»als er* [Christus] *in die Welt kommt«* (Hebr 10,5-7). Die Worte des Briefschreibers, *»einen Leib hast du mir bereitet«*, werden aus der Septuaginta zitiert, einer antiken griechischen Übersetzung aus alttestamentlicher Zeit. Diese auf den Leib Jesu zutreffenden Worte passen ebenso zum Textzusammenhang des Psalms wie auch zur Menschwerdung Christi.

Viele weitere Aussagen aus den Psalmen werden im Neuen Testament zitiert – als erfüllt durch Leben und Dienst unseres Herrn (z.B.: Ps 45,7-8 [Hebr 1,8-9]; 68,19 [Eph 4,8]; 110,1 [Hebr 1,13]). Zahlreiche andere Aussagen fanden Erfüllung durch Ereignisse in Leben und Dienst Jesu, ohne dass der Schreiber des entsprechenden Evangeliums ausdrücklich feststellt, dass er sich auf Passagen in den Psalmen bezogen hat (z.B.: [Mt 26,14-16; Mk 14,10-11.44; Lk 22,47-48]; Ps 69,22 [Mt 27,48; Mk 15,36; Joh 19,29]). Diese Beispiele unterstreichen den Reichtum der alttestamentlichen Prophetie, die die Menschwerdung und den Dienst Christi vorwegnimmt.

Jesaja 7,14. Diese Prophetie hatte offenbar eine unmittelbar bevorstehende Erfüllung, denn sie wurde von Jesaja als ein Zeichen vom Herrn dem König Ahas überbracht, der es aus falsch verstandener Frömmigkeit zurückwies. Er wollte den Herrn nicht um ein Zeichen bitten und ihn so prüfen (V. 12-13). Damit dies ein Zeichen für Ahas sein konnte, mussten die Jungfrau, ihre Ehe, die Geburt und Namensgebung ihres Sohnes Immanuel dem König vertraut gewesen sein. Innerhalb von drei Jahren, nachdem Jesaja dem Ahas diese Prophetie gesagt hatte, wurden die miteinander gegen Juda verbündeten Reiche Syrien und Israel von Tiglat-Pileser, dem König von Assyrien, erobert und zerstört – so sagte es die Prophetie voraus.

Manche Bibelleser glauben, diese Weissagung und das damit verbundene Zeichen hätten nur eine unmittelbare Bedeutung und Erfüllung. Folgt man dieser Sichtweise, dann war die Verwendung dieses Zitats bei der Ankündigung des Engels gegenüber Joseph wegen Marias Schwangerschaft nur zufällig (Mt 1,22-23). Eine andere Sichtweise möchte diese Weissagung nur auf unseren Herrn Jesus Christus angewandt wissen, denn sie ist an das *»Haus David«* (Jes 7,13) gerichtet und nicht speziell an Ahas, der zu dieser Zeit der König auf dem Thron Davids war. Diese Sichtweise macht eine unmittelbare Bedeutung der Botschaft nicht unmöglich, weil das Nordreich Israel und das Reich Syrien kaum drei Jahre später keine ernstzunehmenden Gegner mehr für Juda waren. Eine dritte Position verbindet die beiden Sichtweisen. Sie erkennt sowohl eine unmittelbare Bedeutung des Zeichens für Ahas und das Haus David an, als auch eine endgültige Erfüllung in der Schwangerschaft und Geburt unseres Herrn durch die Jungfrau Maria.

Jesaja 9,5-6. Diese Weissagung über den Messias Israels wurde durch die Menschwerdung unseres Herrn Jesus Christus zumindest teilweise erfüllt, da er als Kind und Sohn beschrieben wird. Gleichzeitig *»nennt* [man] *seinen Namen: Wunderbarer, Großer Rat, Starker Gott, Ewigvater, Friedefürst«*. Diese Titel und Eigenschaften werden in seiner Herrschaft in Frieden, Gerechtigkeit und Rechtschaffenheit *»auf dem Thron Davids und über seinem Königreich … von nun an bis in Ewigkeit«* hervortreten (V. 5-7). Die Weissagung verknüpft die Geburt des Kindes mit der Herrschaft des Königs, ohne die offensichtlich erforderliche Zeitspanne zwischen dem Auftreten beider zu erwähnen – zwischen Jesu erstem Kommen auf die Erde und seinem noch zukünftigen zweiten Kommen als König der Könige und Herr der Herren (Offb 19,16). John Walvoord klassifizierte seine Beobachtung so: »In dieser Passage werden wie in vielen Passagen des Alten Testamentes das erste und das zweite Kommen Christi nicht unterschieden.«[5]

Jesaja 11,1–12,6. Diese ausgedehnte Passage sagt einen kommenden *»Spross aus dem Stumpf Isais«* voraus; eine Weissagung, die in der Menschwerdung Christi Erfüllung fand. In Christus, der nach dem Gesetz durch Joseph (Mt 1,16) und der leiblichen Abstammung nach durch Maria (Lk 3,31-32) Isai zum Urahnen hatte. Ein Teil der Weissagung wurde durch Jesu erstes Kommen erfüllt, denn in seinem Leben und in seinem Dienst war er nie ohne den *»Geist des Herrn, den Geist der Weisheit und des Verstandes, den Geist des Rates und der Kraft, den Geist der Erkenntnis und Furcht des Herrn«* (Jes 11,2), und er hatte *»sein Wohlgefallen an der Furcht des Herrn«* (V. 3). All dies wird auch auf das zweite Kommen unseres Herrn Jesus Christus und auf seine tausendjährige Herrschaft über die ganze Welt zutreffen, wie es im übrigen Teil der Passage beschrieben ist. Dieses Ereignis wird *»an jenem Tag«* stattfinden, wenn *»der Wurzelspross Isais als ein Feldzeichen der Völker dasteht«* (V. 10; Jes 12,1.4).

Jesaja 40,3-5. Diese Weissagung bezieht sich auf Jesu Menschwerdung, denn sie spricht vom Dienst Johannes des Täufers, seines Vorläufers. Die Verse 4 und 5 reden von Ereignissen, die einen Teil des zweiten Kommens Christi bilden, aber der Bezug zum Dienst Johannes des Täufers zeigt, dass der Herr Jesus durch ihn als Messias und Heiland Israels vorgestellt wurde. Hätte das Volk ihn als solchen erkannt und angenommen, dann würde damit das Reich begonnen haben. Johannes' Botschaft an Israel lautete: *»Tut Buße, denn das Reich der Himmel ist nahe gekommen«* (Mt 3,2; siehe Mk 1,4; Lk 1,17; 3,3; Joh 1,6-8). Und Matthäus fuhr fort: *»Dieser ist der, von dem durch den Propheten Jesaja geredet ist«*, und zitierte Jesaja 40,3 (Mt 3,3; siehe Mk 1,2-3; Lk 3,4-6; Joh 1,23).

Jesaja 49,1-7. Mit dieser Textpassage beginnt ein Abschnitt des Buches Jesaja mit Weissagungen über den Knecht des Herrn (Kapitel 49–57). In Jesaja 49 beginnt es damit, dass der Knecht spricht: *»Der Herr hat mich berufen vom Mutterleib an, hat von meiner Mutter Schoß an meinen Namen genannt … er sprach zu mir:*

Mein Knecht bist du, Israel, an dem ich mich verherrlichen werde« (Jes 49,1.3). Darauf erwiderte der Diener, dass er nichts vollbracht und sich vergeblich abgemüht habe, dass aber sein Lohn bei seinem Gott sicher sei (V. 4).

Weil der Herr seinen Knecht hier als Israel anspricht, betrachtet sich das jüdische Volk selbst als den Knecht, der mit der Verkündigung der Botschaft von dem einen, wahren Gott für jedermann beauftragt ist. So, wie der Text fortgeführt wird, kann diese Schlussfolgerung jedoch nicht bestätigt werden. Der Knecht sagt, dass ihn der Herr *»von Mutterleib an für sich zum Knecht gebildet hat, um Jakob zu ihm zurückzubringen und damit Israel zu ihm gesammelt werde«* (V. 5), was schwerlich möglich ist, wenn Israel selbst der Knecht ist. Später beschreibt sich der Knecht selbst als den *»ganz und gar Verachteten, den Verabscheuten der Nation«* Israel (V. 7). Wir müssen uns in Erinnerung rufen, dass der Name Israel – er bedeutet möglicherweise »ein Herrscher mit Gott«[6] – Jakob verliehen wurde, als er in der Nacht vor dem Zusammentreffen mit seinem Bruder Esau am Ufer des Jabbokflusses mit dem Engel des Herrn rang (1Mo 32,24-29). Dieser Name wurde offenbar auf die Nachkommenschaft Jakobs angewandt und auf die Nation, zu der sie wurden. Aber hier bekommt der Knecht Gottes diesen Namen, der ein Herrscher mit Gott ist und bleibt.

Dieser Knecht ist Jesus Christus, den Gott schon vor seiner Geburt als seinen Knecht berufen hatte. Er war in der Tat der *»ganz und gar Verachtete, der Verabscheute der Nation«*, des Volkes Israel, so dass sie Pilatus zuriefen: *»Kreuzige ihn!«* (Mt 27,22-23.25; siehe Mk 15,12-14; Lk 23,21; Joh 19,6.15). In seinem Gespräch mit Gott, dem Vater, belehrte ihn dieser: *»Es ist zu wenig, dass du mein Knecht bist, um die Stämme Jakobs aufzurichten und die Bewahrten Israels zurückzubringen. So habe ich dich auch zum Licht der Nationen gemacht, dass mein Heil reiche bis an die Enden der Erde«* (Jes 49,6). Das klärt die Gleichsetzung des Knechtes mit Christus.

Jesaja 61,1-2. Diese Verse einschließlich der folgenden dieses Kapitels bilden die Ankündigung des Knechtes Gottes hinsichtlich seines Dienstes. Unser Herr Jesus Christus las Vers 1 und den ersten Teil von Vers 2, als er in seine Heimatstadt Nazareth zurückkehrte und am Sabbat in der Synagoge aufgefordert wurde, aus der Schrift zu lesen (Lk 4,16-19). Er beendete seine Lesung absichtlich mit dem Satz *»auszurufen ein angenehmes Jahr des Herrn«* in der Mitte von Vers 2, denn hier endet die Beschreibung seines Dienstes bei seinem ersten Kommen. Der Rest von Vers 2 beschreibt seinen Dienst beginnend mit seiner Rückkehr auf die Erde in »Rache« und Triumph. Seine Zuhörerschaft erwartete offensichtlich von ihm, dass er mit dem Lesen fortfuhr, aber Jesus sagte zu ihnen: *»Heute ist diese Schrift vor euren Ohren erfüllt«* (Lk 4,21).

Jeremia 23,5-6; 33,15-17. In Jesaja 11,1.10 wird der Messias ein *»Spross aus dem Stumpf Isais«*, Davids Vater, genannt. Aber Jeremia nennt ihn *»einen gerechten Spross«* Davids (V. 15), da er David gegebene Verheißungen im Neuen Testament erfüllen soll (Lk 1,32-33; siehe 2Tim 2,8; Offb 5,5; 22,18). Obwohl Jesus durch seine Geburt Davids Spross ist, wird sein Dienst als solcher in erster Linie mit seiner Rückkehr zur Erde bei seinem zweiten Kommen und mit seiner tausendjährigen Herrschaft auf dem Thron Davids in Verbindung gebracht. Das wird durch die Bezugnahmen auf den Spross in Sacharja 3,8 und 6,12 bekräftigt. Allerdings nannten die Menschen, die Jesus in seinem Dienst bei seinem ersten Kommen verschiedentlich heilte, ihn auch den *»Sohn Davids«* (Mt 9,27; 12,23; 15,22; 20,30-31; Mk 10,47-48; Lk 18,38-39). Als er an dem Tag, den wir heute Palmsonntag nennen, auf dem Esel in Jerusalem einritt, nannten ihn die, die ihm nachfolgten *»den Sohn Davids«* (Mt 21,9.15). Dieses Ereignis wird im Einzelnen in Sacharja 9,9 vorausgesagt, wo die *»Tochter Zion, … Jerusalem«* aufgefordert wird, zu jubeln und zu jauchzen, denn *»dein König kommt zu dir: Gerecht und siegreich ist er, demütig und auf einem Esel reitend, und zwar auf einem Fohlen,* *einem Jungen der Eselin.«* Kritiker wenden ein, diese Erfüllung sei von Jesus bewusst arrangiert worden, was ganz zweifellos stimmt (Mt 21,1-11; Mk 11,1-10; Lk 19,28-40; Joh 12,12-16). Dies geschah jedoch, um den jüdischen Führern und dem Volk ein letztes Mal die Möglichkeit zu geben, ihn als Gottes verheißenen Messias zu erkennen und anzunehmen.

Sacharja 12,10; 13,7. Diese beiden Weissagungen Sacharjas beziehen sich auf die Menschwerdung und den Dienst Christi bei seinem ersten Kommen; besonders auf seine Verwerfung und Kreuzigung. Das gilt besonders für den Ruf: *»Wach auf, Schwert, gegen meinen Hirten und gegen den Mann, der mein Gefährte ist! spricht der Herr der Heerscharen. Schlage den Hirten, dass die Schafe sich zerstreuen.«* Jesus zitiert diese Aussage, als er die Zerstreuung seiner Jünger während seiner Gefangennahme und Kreuzigung voraussagt (Mt 26,31; Mk 14,27). In Sacharja 12,10 wird der Kummer und das Wehklagen des Volkes Israel beschrieben, wenn der Herr Jesus als ihr König zurückkehrt und sie in ihm den erkennen werden, *»den sie durchstochen haben«.*

Noch einmal: Es könnten noch zahlreiche weitere Weissagungen in den prophetischen Büchern des Alten Testaments erwähnt werden, die sich in unserem Herrn Jesus Christus erfüllt haben. Als Beispiele hierfür können auch (die bereits erwähnte Passage) Micha 5,2 und Maleachi 3,1 angeführt werden (*»Der Engel des Bundes, den ihr herbeiwünscht, siehe, er kommt.«*), die sich auf Jesu Menschwerdung und den Dienst seines ersten Kommens beziehen. Als Jesus den Jüngern nach seiner Auferstehung erschien, erklärte er ihnen, *»dass alles erfüllt werden muss, was über mich geschrieben steht in dem Gesetz Moses und den Propheten und Psalmen«* (Lk 24,44). Petrus predigte dem Volk nach der Heilung des lahmen Mannes an der Tempelpforte, die man »Die Schöne« nennt. Er sagte: *»Gott hat so erfüllt, was er durch den Mund aller Propheten vorher verkündigt hat, dass sein Christus leiden sollte … Aber auch alle Propheten, von Samuel an und der Reihe nach, so vie-*

le geredet haben, haben auch diese Tage verkündigt« (Apg 3,18.24). Der überwiegende Teil der noch verbleibenden alttestamentlichen Weissagungen über den Messias redet von seiner Rückkehr zur Erde bei seinem zweiten Kommen und beschreibt die Einsetzung seines Tausendjährigen Reiches und seines Königtums (dies werden wir in den Kapiteln 11 bis 13 betrachten).

ALTTESTAMENTLICHES REDEN IN DER TYPOLOGIE

Die Typologie ist ein Aspekt der biblischen Theologie, bei dem es um Parallelen zwischen dem Alten und dem Neuen Testament hinsichtlich Jesus Christus und seines Leibes, der Gemeinde, geht. Das Wort *Typus* ist vom griechischen Begriff *typos* abgeleitet, der mit seinen Synonymen die Grundlage für diese Untersuchung bildet. »Typen« werden folglich definiert als »Ereignisse, Personen oder Gegenstände, die durch ihr Wesen und ihre Bedeutung spätere Ereignisse, Personen oder Gegenstände vorschatten oder vorabbilden.«[7] Das Neue Testament liefert die Grundlage für diese Untersuchung, indem es gewisse Typen identifiziert. Beispielsweise beschreibt der Apostel Paulus Adam als *»ein Bild* [*typos*; Typus] *des Zukünftigen* [Jesus Christus]*«* (Röm 5,14); und er sprach von den Erfahrungen der Israeliten in der Wüste *»als Vorbild … zur Ermahnung für uns«* (1Kor 10,11, siehe Vers 6).

Die Tatsache, dass im Neuen Testament Typen als solche identifiziert werden, zeigt, dass Typologie ein legitimes Mittel biblischer und theologischer Studien ist. Sie zeigt auch, dass Typen ein Teil von Gottes ewigem Heilsplan sind – mit einem festgelegten Ziel und einer Offenbarung in der Heiligen Schrift. Es sind nicht einfach zufällige Ähnlichkeiten zwischen Personen, Ereignissen und Gegenständen im Alten Testament und Aspekten von Leben und Dienst Jesu. Typen korrespondieren in vielerlei Hinsicht mit alttestamentlichen Weissagungen und Vorwegnahmen dessen, was sich bei der fortschreitenden Entfaltung des Heilsplanes Gottes ereignen wird. Wie die alttestamentliche Prophetie (Offb 19,10) konzentrieren sich die Typen in ihren neutestamentlichen Gegenstücken auf die Person und das Werk Christi.

Beim Studium der biblischen Typologie stoßen wir auf zwei Extreme. Einerseits tendieren manche Autoren dazu, in der Heiligen Schrift mehr Typen zu sehen, als vernünftigerweise gerechtfertigt scheinen. Diese Autoren tendieren häufig auch dazu, Ähnlichkeiten zwischen jeder Einzelheit eines alttestamentlichen Typus und seines neutestamentlichen Gegenstücks zu erzwingen. Wick Broomall stellt fest: »Nüchterne Auslegung muss sich gegen wilde Phantasien durchsetzen ... Auf der anderen Seite stehen diejenigen, die die Vorstellung jeder symbolischen Bedeutung alttestamentlicher Typen energisch zurückweisen. Die Wahrheit liegt wie so oft irgendwo zwischen diesen beiden Extremen.«[8] Manche Bibelleser beschränken die Identifikation biblischer Typen auf die Fälle, die im Neuen Testament besonders als solche gekennzeichnet sind. Dies scheint allerdings eine allzu weitgehende Einschränkung zu sein, da Paulus darauf hingewiesen hat, dass Israels Wüstenerfahrungen – ohne besondere Einzelheiten zu nennen – *»als Vorbilder* [*typoi*] *für uns geschehen sind«* (1Kor 10,6). Betrachten wir im Folgenden einige der Typen, die von den meisten Evangelikalen anerkannt werden.

Adam (Röm 5,14; 1Kor 15,22.45-49). Die symbolische Beziehung zwischen dem ersten Menschen, Adam, und Jesus Christus ist nicht überraschend. Aber diese Beziehung beinhaltet sowohl eine Ähnlichkeit oder Übereinstimmung – Adam, *»der ein Bild* [*typos*] *des Zukünftigen ist«* (Röm 5,14) – als auch gegensätzliche (antithetische) Zusammenhänge. Der letztgenannte Aspekt wird in 1. Korinther 15,22 deutlich: *»Denn wie in Adam alle sterben, so werden auch in Christus alle lebendig gemacht werden.«* Der Apostel diskutiert den Gegensatz zwischen Adam und Jesus Christus in vollem Umfang in 1. Korinther 15,45-49. Indem er 1. Mose 2,7 zitierte, schrieb er: »*So steht auch geschrieben: Der erste Mensch, Adam, wurde zu einer lebendigen Seele, der letzte Adam zu einem lebendig machenden Geist. Aber das Geistliche ist nicht zuerst, sondern das Natürliche, danach das Geistliche. Der erste Mensch ist von der Erde, irdisch; der zweite Mensch vom Himmel. Wie der Irdische, so sind auch die Irdischen; und wie der Himmlische, so sind auch die Himmlischen. Und wie wir das Bild des Irdischen getragen haben, so werden wir auch das Bild des Himmlischen tragen.*« Es ist für uns als menschliche Wesen unvermeidlich, dass wir das Bild Adams tragen und durch ihn das Urteil des leiblichen und geistlichen Todes als Lohn der Sünde. Aber die Entscheidung für das geistliche Leben und die Ewigkeit bei Gott, die durch den Glauben an den Erlösungstod Christi gewirkt wird, steht jedermann offen.

Noah, die Arche und die Flut. Eine Reihe von Bibelstellen zeigen Noah – seinen Bau der Arche im Gehorsam gegenüber Gott zur Rettung seiner Familie und der Tiere – als Typus für gegenwärtige geistliche Erfahrungen und künftiges Gericht. Dies geschieht einfach durch Herstellung eines Vergleichs zwischen Noah und seiner Erfahrung sowie deren Aussage: »*Wie die Tage Noahs waren, so wird auch die Ankunft des Sohnes des Menschen sein*« (Mt 24,37; Lk 17,26). Anschließend beschreibt Matthäus, wie die Menschen ihren täglichen Verrichtungen nachgehen, ohne Noahs Botschaft vom drohenden Gerichts zu beachten, bis sie von der plötzlichen Flut hinweggerafft werden (Mt 24,38-39). Lukas zog denselben Vergleich mit der Rettung Lots aus Gottes Gericht über Sodom und Gomorra (Lk 17,28-29). Auch der Apostel Petrus gebrauchte die Erfahrungen Noahs und Lots als Beispiel für Gottes Macht, die Frommen aus seinem Gericht über die Gottlosen herauszuretten (2Petr 2,5-9). Der Apostel Petrus bekräftigte auch, dass in der Arche nur »*wenige, das sind acht Seelen, durchs Wasser hindurch gerettet wurden. Das Gegenbild dazu errettet jetzt auch euch, das ist die Taufe – nicht ein Ablegen der Unreinheit des Fleisches, sondern die Bitte an Gott um ein gutes Gewissen – durch die Auferstehung Jesu Christi.*

Der ist zur Rechten Gottes, nachdem er in den Himmel gegangen ist« (1Petr 3,20-22). Manche Gemeinden und Kirchen lehren, Petrus' Feststellung, Noah und seine Familie seien *»durchs Wasser«* (1Petr 3,20; Luther'12) gerettet worden, *»welches nun auch uns selig macht in der Taufe«* (V. 21; Luther'12) bedeute, dass die Wassertaufe heilsnotwendig sei. Wie aber A. T. Robertson erklärt, ist diese »Rettung« durchs Wasser »nur symbolisch zu verstehen ... nicht tatsächlich. Die Taufe, erklärt Petrus, wäscht nicht die Unreinheit des Fleisches ab – weder im buchstäblichen Sinn als ein Bad für den Leib, noch im metaphorischen Sinn hinsichtlich der Unreinheit der Seele ... Petrus verneint hier ausdrücklich Sündenvergebung durch Taufe.«[9] Roger Raymer kommentiert ebenfalls die wirkliche Bedeutung der Wassertaufe: »Die Taufe steht für einen völligen Bruch eines Menschen mit seinem früheren Leben ... Die öffentliche Taufe sollte sie [Petrus' Leser] vor der Versuchung bewahren, ihr gutes Gewissen zu opfern, um der Verfolgung zu entgehen. Für einen Christen des ersten Jahrhunderts bedeutete die Taufe, dass er bis zum Ende seiner Bindung an Christus folgte, ungeachtet der Konsequenzen.«[10]

Melchisedek. Bezeichnet als »König von Salem«, war Melchisedek auch ein *»Priester Gottes des Höchsten«* (1Mo 14,18). Er segnete Abraham nach seinem Sieg über Kedor-Laomer und der Rettung Lots und seiner Besitztümer (V. 19-20), und Abraham gab ihm *»den Zehnten von allem«* (V. 20). Melchisedeks Priestertum ging dem levitischen Priestertum Aarons und seiner Nachkommen zeitlich und hinsichtlich seiner Bedeutung voraus. Der Messias ist gemäß Gottes unwandelbarem Plan *»Priester in Ewigkeit nach der Weise Melchisedeks«* (Ps 110,4). Das ist die Grundlage dafür, dass Melchisedek als Typus auf Christus dient – sowohl in seiner Selbstopferung am Kreuz als Gottes erlösendes und versöhnendes Opfer für die Sünde, als auch in seinem gegenwärtigen Dienst für die Gläubigen in der Gegenwart Gottes (Hebr 2,17; 4,14–5,10; 6,19–10,25).

Isaak. Ohne besonders als solcher gekennzeichnet zu werden, dient Isaak als ein Typus auf Christus, weil die Heilige Schrift ihn als Abrahams *»einzigen Sohn«* bezeichnet (Hebr 11,17), den Abraham im Glauben Gott zum Opfer darbot. Obwohl Gott Isaaks Leben verschonte (1Mo 22,10-12), war Abraham zu dem Opfer bereit, *»indem er urteilte, dass Gott auch aus den Toten erwecken könne, von woher er ihn auch im Gleichnis empfing«* (Hebr 11,19). Jesus Christus ist Gottes *»eingeborener Sohn«* (Joh 1,14; 3,16.18; 1Jo 4,9), den Gott *»nicht verschont, sondern für uns alle hingegeben hat«* (Röm 8,32). Folglich ist der Herr Jesus in gewissem Sinn in dem Widder symbolisiert, der sich mit seinen Hörnern verfangen hatte und den Abraham an Isaaks Stelle zum Opfer darbrachte (1Mo 22,13), denn der Herr Jesus ist unser Stellvertreter, der das Gericht Gottes über unsere Sünden trug (2Kor 5,21; Gal 3,13). So dient auch Isaak als typologisches Bild auf Christus. Darüber hinaus aber auch – zusammen mit seinem Bruder Ismael und ihren beiden Müttern Hagar und Sara – als eine Allegorie für zwei Bündnisse: den mosaischen Bund des Gesetzes vom Berg Sinai und den abrahamitischen Bund der Verheißung, der in Christus erfüllt ist (Gal 4,21-31).

David. Jesus Christus ist, wie bereits gezeigt wurde, Davids verheißener Nachkomme, der Davids Thron einnehmen und *»über das Haus Jakobs herrschen wird in Ewigkeit, und seines Königtums wird kein Ende sein«* (Lk 1,32-33). Auch David dient jedenfalls als Typus auf Christus, auch wenn das in der Heiligen Schrift nicht besonders gesagt wird. An erster Stelle ist David darin ein Bild auf Jesus, dass Gott ihn *»einen Mann nach meinem Herzen«* nannte, *»der meinen ganzen Willen tun wird«* (Apg 13,22; siehe 1Sam 13,14), obwohl sich David doch schwerer Sünden schuldig gemacht hatte. Gott nannte den Herrn Jesus *»mein geliebter Sohn, an dem ich Wohlgefallen gefunden habe«* (Mt 3,17; siehe Mk 1,11; Lk 3,22), und Jesus sagte, dass er *»allezeit das ihm Wohlgefällige tue«* (Joh 8,29; Röm 15,2). Als die Pharisäer Jesus und seine Jünger beschuldigten, den Sabbat gebrochen zu haben, weil sie hungrig waren und im Vorübergehen einige Getreideähren gepflückt und gegessen hatten, da erinnerte Jesus sie daran, dass David hungrig in das *»Haus Gottes«* gegangen war und die geweihten Schaubrote gegessen hatte (Mt 12,3-4; Mk 2,25-26; Lk 6,3-4; siehe 1Sam 21,3-6). Dann sagte er über sich selbst: *»Ich sage euch aber: Größeres als der Tempel ist hier ... denn der Sohn des Menschen ist Herr des Sabbats«* (Mt 12,6.8).

Jona. Jesus Christus selbst identifizierte den Propheten Jona und sein Erlebnis in dem großen Fisch als einen Typus auf seine eigene Auferstehung. Als die Pharisäer ein Wunderzeichen von ihm forderten, das seine messianischen Ansprüche bestätigen sollte, erwiderte ihnen Jesus, sie würden kein Zeichen bekommen *»als nur das Zeichen Jonas, des Propheten. Denn gleichwie Jona drei Tage und drei Nächte in dem Bauch des großen Fisches war, so wird der Sohn des Menschen drei Tage und drei Nächte im Herzen der Erde sein«* (Mt 12,39-40; siehe Lk 11,29-30). So sagte er seine Auferstehung voraus. Er erklärte, dass das Volk von Ninive auf Jonas Botschaft hin bereute, und sagte: *»Mehr als Jona ist hier«* (Mt 12,41; Lk 11,32).

Es könnten hier noch viele weitere zulässige Typen erwähnt werden – sowohl solche, die in der Heiligen Schrift ausdrücklich als Typen gekennzeichnet sind, als auch andere, bei denen das nicht der Fall ist. Beispielsweise verglich sich der Herr Jesus selbst mit der ehernen Schlange, die Mose an einem Pfahl erhöhte, um im Blick des Glaubens Heilung für die tödlich giftigen Schlangenbisse zu erwirken (4Mo 21,8-9). Gegenüber Nikodemus führte Jesus aus: *»Wie Mose in der Wüste die Schlange erhöhte, so muss der Sohn des Menschen* [bei seinem Sterben am Kreuz] *erhöht werden, damit jeder, der an ihn glaubt, ewiges Leben habe«* (Joh 3,14-15). Andere Typen beinhalten den Gnadenthron (Röm 3,25) und das Passah (1Kor 5,7).

Wie schon erwähnt, kennzeichnete Paulus die Erfahrungen der Israeliten in der Wüste *»als Vorbilder für uns, damit uns nicht* *nach bösen Dingen gelüstet, wie es jene gelüstete«* (1Kor 10,6; siehe Vers 11). Darüber hinaus errichtete Mose das irdische Heiligtum in der Wüste nach Maßgaben, die im Modell dem himmlischen Heiligtum entsprechen, in das unser Herr Jesus Christus hineingegangen ist und in dem er jetzt dient (Hebr 9,1–10,25). Das levitische Priestertum wird Jesu Priestertum nach der Ordnung Melchisedeks gegenübergestellt (Hebr 7,11-28), und der mosaische Bund dem Neuen Bund (Hebr 8,1-13). Der Hebräerbrief vergleicht auch Mose, der *»in seinem ganzen Hause als Diener treu«* war, mit Christus, der *»als Sohn über sein Haus«* treu ist (Hebr 3,2- 6). Und in der Tat dienen im wahrhaftigen Sinn alle jene, die in Hebräer 11 als Helden des Glaubens aufgeführt werden, als Typus und Beispiel für die heutigen Gläubigen.

SCHLUSSFOLGERUNG

Die alttestamentlichen Vorwegnahmen der Menschwerdung und des Dienstes unseres Herrn Jesus Christus in Bezug auf sein erstes Kommen, auf seinen gegenwärtigen Dienst und auf seine zukünftige Rückkehr sollten unseren Glauben an den Herrn stärken und uns zur Anbetung und zu eifrigerem Dienst für ihn ermutigen. Gott hält zweifellos die Fäden seiner Welt in der Hand und er verwirklicht seine Heilsgeschichte nach seinem eigenen Zeitplan. Die Gläubigen mögen vielleicht nicht wissen, was die Zukunft von Tag zu Tag bringen wird. Aber sie wissen, wer die Zukunft in Händen hält, und sie können ihm vertrauen.

Teil 2

Der menschgewordene Sohn Gottes

4. Kapitel

Die Namen und Titel des Sohnes Gottes

Die vorangegangenen Kapitel befassten sich mit der Identität des Herrn Jesus als das ewige Wort Gottes, die zweite Person der dreieinen Gottheit, und mit seinem Dienst vor seiner Menschwerdung als Engel des Herrn in seinen verschiedenen Offenbarungen. Nun werden wir über seine hauptsächlichen Namen und Titel sprechen.

Der Herr Jesus Christus

Der Titel *»Herr Jesus Christus«*, der volle Name unseres Herrn, trägt seiner Gottheit, seiner Menschheit und seinem Dienst als Erlöser Rechnung. In den Evangelien lesen wir jedoch nicht, dass Jesus in seinem irdischen Dienst mit diesem vollen Titel angesprochen worden wäre.

Er wurde zum ersten Mal in der Heiligen Schrift von Petrus verwendet, als er den Gläubigen in Jerusalem sein Vorgehen erklärte, das Evangelium auch den Heiden zu bringen (Apg 11,17). Auch die zweite Verwendung dieses Titels in der Bibel geschah durch Petrus, und zwar beim Konzil in Jerusalem (Apg 15,11; siehe Vers 26). In den Briefen wird dieser Titel sowie Abwandlungen im Wortlaut häufiger gebraucht, beginnend mit Römer 1,7 und endend mit Judas 21. Im Buch der Offenbarung tritt außer in den Schlussversen (Offb 22,20-21) interessanterweise weder der volle Titel, noch eine seiner Abwandlungen auf.

Herr

Das mit »Herr« übersetzte griechische Wort lautet *kyrios*. »Herr« ist auch die Übersetzung des hebräischen Wortes *adonai*. Sowohl das griechische als auch das hebräische Wort beinhaltet die Vorstellung von Macht und Autorität und kennzeichnet Herrschaft und Besitzstand (Mt 20,8; Mk 13,35). Folglich wurden beide Wörter als respektvolle Anrede für Herren und Gebieter gebraucht (z.B. Mt 13,27), für hohe Beamte (Mt 27,63) und Lehrer (Joh 4,11), und werden in den englischen Bibelübersetzungen manchmal mit »Sir« übersetzt. Wenn die Jünger Jesus als »Herrn« ansprachen, erkannten sie seine Göttlichkeit an (z.B. Mt 8,25; 14,30), aber es geschah einfach auch als respektvolle Anrede (z.B. Apg 18,21). Im Alten Testament steht die Übersetzung *Herr* auch für das hebräische Wort *Jahwe*, den persönlichen Namen Gottes. In vielen Bibelversionen wird sie in Großbuchstaben (HERR) oder in sogenannten »Kapitälchen« wiedergegeben: Herr (z.B.: 1Mo 2,5). Wenn Jesus in der Apostelgeschichte und im Rest des Neuen Testaments als Herr angesprochen wird oder wenn die Schreiber mit diesem Titel von ihm reden, dann betrifft das eindeutig seine Gottheit (z.B. Apg 9,5-6; Röm 10,9; 1Kor 4,4-5; Hebr 1,10). Abwandlungen wie etwa *»der Herr«* (Mk 11,3; Joh 21,7.12), *»mein Herr«* (Joh 20,13) oder *»Herr Jesus«* (z.B.: Apg 4,33; Röm 14,14) beziehen sich ebenso auf seine Gottheit. Im Alten Testament weist Jeremia auf Christus als *»der Herr* [Jahwe], *unsere Gerechtigkeit«* (Jer 23,6; 33,16). Das heißt, er ist die für Gläubige jederzeit zugängliche Quelle der Gerechtigkeit.

Jesus

In dem schönen Lied »Jesus, höchster Name« bestätigen Christen, dass »Jesus« der schönste Name ist, den sie kennen. Es ist der dem Herrn mitgegebene Name und die englische und deutsche Lautschreibung des griechischen *Iesous*. Das wiederum ist die griechische Transkription des hebräischen *Jehoschua* (gekürzte Form *Jeschua*), die mit »Josua« übersetzt wird. Das Wort bedeutet »Der, dessen Heil Jahwe ist«, beziehungsweise »Heil Jahwes«. Es war der Name von Moses Adjutant (4Mo 11,28)[1] und Nachfolger (5Mo 31,14.23; 34,9), der die Israeliten nach Kanaan hineinführte und das Land eroberte (Jos 1,1-6). Der Name Jesus wurde unserem Herrn von Gott zugewiesen – durch einen Engel, der Joseph im Traum erschien (Mt 1,20), *»denn er wird sein Volk erretten von seinen Sünden«* (V. 21). Da dieser Name aufgrund der Bedeutung Josuas in der Geschichte Israels sehr populär war, wurde unser Herr verschiedentlich auch »Jesus von Nazareth« genannt (Mt 26,71; Mk 1,24; Lk 18,37; Joh 1,45; Apg 2,22), um ihn von anderen Trägern dieses Namens zu unterscheiden (z.B.: Kol 4,11).

Christus

Dieser Titel Jesu ist die Übertragung des griechischen *Christos*, der griechischen Übersetzung des hebräischen Wortes *maschiach*, der Messias, der »Gesalbte«. Im Judentum wurde *»die Wohnung* [Gottes = die Stiftshütte], *und alles, was darin war«* (3Mo 8,10) gesalbt; ebenso Aaron als Hoherpriester und seine Söhne als Priester (V. 12.30). Später, als Gott Israel auf ihren Wunsch hin Könige gab, wurden auch diese Könige gesalbt (1Sam 10,1; 16,12-13). Das Wort »Gesalbter«, Messias, Christus, wurde im Alten Testament prophetisch gebraucht, um von einem verheißenen Retter zu sprechen, der Gottes Plan mit Israel und der ganzen Menschheit erfüllen werde (Ps 2,2-9; Jes 61,1-3; Dan 9,25-26). Als Jesus auf der Erde lebte, erwartete das Volk das Kommen des Messias, das heißt des Gesalbten (Joh 4,25; 7,27b), und Jesus nahm für sich in Anspruch, dieser Christus zu sein (Joh 4,26; Lk 4,17-21). Andreas verwies auf Jesus als den Messias (Joh 1,41), der in der Bibel manchmal *»Christus«* genannt wird (Mt 1,16), auch *»der Christus«* (Mt 16,16.20) und *»Jesus Christus«* (Mk 1,1; Apg 3,6).

VARIATIONEN DES TITELS »SOHN«

Zahlreiche Namen und Titel Jesu im Neuen Testament sind fast ausschließlich mit dem Wort »Sohn« verknüpft. Manche von ihnen heben seine Verwandtschaft mit der Menschheit hervor. Beispielsweise nennt ihn Matthäus – der seinen Stammbaum zurückverfolgt, soweit er Jesu rechtlichen Vater Joseph betrifft – den *»Sohn Davids«* und den *»Sohn Abrahams«* (Mt 1,1). Als höchster Nachkomme Davids wird Jesus *»ein Spross aus dem Stumpf Isais«* genannt (Jes 11,1), *»der Wurzelspross Isais«* (V. 10), ein *»gerechter Spross«* (Jer 23,5; 33,15), *»die Wurzel Davids«* (Offb 5,5) und *»die Wurzel und der Spross Davids«* (Offb 22,16; Schlachter'2000).

Wegen seiner rechtlichen Familienbeziehung wurde Jesus *»Sohn Josephs«* genannt (Lk 4,22) und *»der Sohn des Zimmermanns«* (Mt 13,55). Lukas begann den Familienstammbaum Jesu, indem er schrieb, Jesus *»war, wie man meinte, ein Sohn des Joseph«* (Lk 3,23), und Matthäus identifizierte Joseph am Ende seiner Stammbaumversion als den *»Mann Marias, von welcher Jesus geboren wurde«* (Mt 1,16). So wurde Joseph aufgrund der jungfräulichen Geburt Jesu dessen rechtlicher Vater, ohne sein leiblicher Vater zu sein.

In seiner Heimatstadt Nazareth sprachen die Leute von ihm als *»der Zimmermann«* und *»der Sohn der Maria«* (Mk 6,3). Diese

Mutter-Sohn-Beziehung verweist auf mehrere andere Passagen des Neuen Testaments. Der Engel befahl Joseph, »*Maria, deine Frau, zu dir zu nehmen; denn das in ihr Gezeugte ist von dem Heiligen Geist. Und sie wird einen Sohn gebären*« (Mt 1,20-21). Joseph gehorchte, und »*er erkannte sie nicht, bis sie ihren erstgeborenen Sohn geboren hatte*« (V. 25). Gleicherweise erklärte der Engel Gabriel der Maria: »*Du wirst schwanger werden und einen Sohn gebären*« (Lk 1,31). Maria »*gebar ihren erstgeborenen Sohn*« in Bethlehem (Lk 2,7). Elisabeth sagte zu ihr, »*gesegnet ist die Frucht deines Leibes*« (Lk 1,42), und nannte sie »*die Mutter meines Herrn*« (V. 43). Maria wird die »*Mutter Jesu*« genannt (Apg 1,14; Joh 2,3), »*deine Mutter*« (Mt 12,47; Mk 3,32; Lk 8,20) und verschiedentlich »*seine Mutter*« (Mt 2,11.13-14.20-21; 12,46-47; Mk 3,31-35; Lk 2,48.51; 8,19).

Sohn Gottes

Der Titel »*Sohn Gottes*« wurde Jesus zuerst vom Engel Gabriel in seiner Botschaft an Maria beigelegt. Als er ihr erklärte, dass ihre Empfängnis durch den Heiligen Geist geschehen würde, sagte er: »*Darum wird auch das Heilige, das geboren werden wird, Sohn Gottes genannt werden*« (Lk 1,35, siehe Vers 32). Johannes der Täufer war Zeuge, wie bei der Taufe Jesu der Heilige Geist auf diesen herabstieg, und er sagte: »*Ich habe gesehen und habe bezeugt, dass dieser der Sohn Gottes ist*« (Joh 1,34). Das war auch das Bekenntnis Nathanaels (V. 49), das Bekenntnis Marthas, der Schwester von Lazarus und Maria (Joh 11,27), und das Bekenntnis des Petrus als Sprecher der Jünger (Mt 16,15-16; siehe 14,33). Als bei Jesu Kreuzigung die Erde bebte, erschraken der Hauptmann und die Soldaten, die die Hinrichtung ausführten; da »*fürchteten sie sich sehr und sprachen: Wahrhaftig, dieser war Gottes Sohn*« (Mt 27,54; siehe Mk 15,39; Lk 23,47).

Bezeichnenderweise erkannten die Dämonen, Günstlinge Satans, die Jesus bei zahlreichen Heilungswundern austrieb, diesen als den *»Sohn Gottes«* und sprachen ihn auch so an (Mt 8,29; Mk 3,11; Lk 4,41; siehe Lk 8,28: *»Jesus, Sohn Gottes, des Höchsten«*). Sogar Satan selbst erkannte Jesus als den Sohn Gottes an, als er sagte: *»Wenn du der Sohn Gottes bist«* (Mt 4,3.6). Im Griechischen leitet dieses Wort »wenn« einen Bedingungssatz ein. Er unterstellt, dass die folgende Feststellung wahr ist, und kann daher auch mit »da [oder: angenommen, dass] du der Sohn Gottes bist« übersetzt werden. Nur der Sohn Gottes konnte Steine in Brot verwandeln oder sich selbst vom höchsten Punkt des Tempels hinabstürzen und dabei von Gott vor jeder Verletzung bewahrt werden.

Der Selbstbezeichnung als Sohn Gottes kam Jesus am nächsten, als ihn der Hohe Rat fragte: *»Du bist also der Sohn Gottes?«*, und Jesus antwortete: *»Ihr sagt, dass ich es bin«* (Lk 22,70; siehe Mt 26,63-64; Mk 14,61-62). Jesus nahm eine enge, einzigartige Beziehung mit Gott als seinem Vater für sich in Anspruch, die darauf hinauslief, dass er sagte: *»Ich bin Gottes Sohn«* (Joh 10,36; siehe die Verse 29-30.37-38). Die erste Bekundung dieser Beziehung finden wir da, wo Jesus als zwölfjähriger Knabe von Joseph und Maria im Tempel gefunden wurde, und er sie fragte: *»Wusstet ihr nicht, dass ich in dem sein muss, was meines Vaters ist?«* (Lk 2,49).

Indem er für sich in Anspruch nahm, der auf die Erde gekommene Sohn Gottes zu sein, betonte er seinen Gehorsam gegenüber dem Willen und dem Werk des Vaters. Den Juden, die ihn wegen einer Heilung am Sabbat verfolgten, erklärte er: *»Wahrlich, wahrlich, ich sage euch: Der Sohn kann nichts von sich selbst tun, außer was er den Vater tun sieht; denn was der tut, das tut ebenso auch der Sohn«* (Joh 5,19). Gleichzeitig erforderte die Beziehung Jesu zu Gott, dem Vater, dass beide von gleichem Wesen waren (Joh 10,30). Nachdem er den Mann am Sabbat geheilt hatte, sagte er zu den Juden: *»Mein Vater wirkt bis jetzt, und ich wirke* *auch«* (Joh 5,17). *»Darum nun suchten die Juden noch mehr, ihn zu töten, weil er … Gott seinen eigenen Vater nannte und sich so selbst Gott gleich machte«* (V. 18). Nichts hätte die Beteuerung seiner eigenen Gottheit deutlicher bestätigen können. Natürlich, Jesus und Gott, der Vater, sind eins hinsichtlich ihres Zieles, aber Johannes 5,17-18 und 10,30 bestätigen mehr als das: Christus ist dem Vater auch darin gleich, dass Jesus Göttlichkeit besitzt, den Wesenskern der Gottheit.

Jesu einzigartige Beziehung zu Gott, dem Vater, wird dadurch unterstrichen, dass er wiederholt von Gott als von *»meinem Vater«* spricht (z.B.: Mt 7,21; 18,10.19.35; Lk 10,22; 22,29; 24,49; Joh 5,43; 12,26-28; 14,2.20-21.23.31; 15,1.10.15.23-24; 16,25.32). Im Gegensatz dazu lehrte er seine Jünger, Gott mit *»unser Vater«* anzureden (Mt 6,9; siehe Lk 11,2), und mit ihnen redend, sprach er von Gott als *»euer Vater«* (Mt 10,20; 18,14; Mk 11,25; Lk 12,30-32; Joh 20,17).

Petrus bekräftigte, dass Jesus *»der Christus, der Sohn des lebendigen Gottes«* sei (Mt 16,16). Bezeichnenderweise wurde Jesus von dem Hohepriester gefragt: *»Bist du der Christus, der Sohn des Hochgelobten?«* (Mk 14,61). Dies ist deshalb äußerst bemerkenswert, weil »der Hochgelobte« ein jüdisches Synonym für »Gott« ist (siehe Mischna *Berak'ot 7,3*)[2].

Mein geliebter Sohn

Der Anspruch Jesu, der Sohn Gottes zu sein, wurde von Gott, dem Vater, selbst auf einzigartige Weise bestätigt. Bei der Taufe Jesu durch Johannes den Täufer, die den Beginn des messianischen Dienstes Jesu markiert, sprach Gott vom Himmel herab. Er sagte: *»Du bist mein geliebter Sohn, an dir habe ich Wohlgefallen gefunden«* (Mk 1,11; siehe Mt 3,17; Lk 3,22). In gleicher Weise sprach Gott bei Jesu Verklärung auf dem Berg zu Petrus, Jakobus und Johannes: *»Dieser ist mein geliebter Sohn, an dem ich Wohlgefallen gefunden habe.«* Und Gott fügte – nicht nur für die drei Jünger, sondern auch für uns heute – hinzu: *»Ihn hört!«* (Mt 17,5; siehe Lk 9,35). Aufgrund dieser einzigartigen Beziehung, die Gott selbst vom Himmel herab bestätigte, nannte der Evangelist Johannes Jesus *»den einziggeborenen*[3] *Sohn«* (Joh 1,14.18; 3,16.18). In Psalm 2,7, der in Hebräer 1,5 zitiert wird, nennt Gott, der Vater, Jesus *»mein Sohn«*, und die Worte, *»an dem meine Seele Wohlgefallen hat«*, kommen aus Jesaja 42,1.

Manche Bibellehrer führen die Vorstellung in die Diskussion ein, dass Jesus in seiner Menschwerdung Sohn Gottes *wurde*. Das heißt, dass er in der Ewigkeit nicht Gottes Sohn war, ehe er Mensch wurde. Diese Sichtweise hat mehrere Schwächen. Zunächst einmal ignoriert sie klare Aussagen der Bibel über die Existenz Jesu als Sohn Gottes vor seiner Menschwerdung. Galater 4,4 beispielsweise stellt fest, dass sich die Menschwerdung ereignete, *»als die Fülle der Zeit kam«*, was voraussetzt, dass »der Handelnde« sich für den richtigen Augenblick seines Erscheinens bereithielt. Der Vers fährt fort: *»... sandte Gott seinen Sohn.«* Das hier mit »sandte« übersetzte Verb ist mit einer Präposition verbunden, so dass man genauer »sandte aus von« übersetzen müsste. Das setzt wiederum voraus, dass Jesus der Sohn Gottes war, ehe er ins Fleisch kam. Die exakt gleiche Form des Verbs wird in Vers 6 gebraucht, wo es heißt: *»Gott sandte den Geist seines Sohnes«*; der Geist aber kam offenbar vom Himmel herab. Andere Bibelstellen sprechen ebenfalls davon, dass Gott seinen Sohn sandte (1Jo 4,9-10.14). Hier wird ein zusammengesetztes Verb verwendet, das wörtlich »aussenden von« bedeutet, was eine vorherige Existenz bei Gott, dem Vater, voraussetzt. Und das Evangelium des Johannes berichtet Dutzende von Malen, dass Gott seinen Sohn vom Himmel »sandte«. Nicht ein einziger Vers der Bibel sagt aus, dass Jesus jemals Gottes Sohn *wurde*. Er war schon immer sein Sohn, von aller Ewigkeit her.

Auch Jesu eigene Verweise auf seine Beziehung zu Gott schon vor seiner Menschwerdung sind bemerkenswert. In seinem hohenpriesterlichen Gebet bittet Jesus: *»Und nun verherrliche du, Vater, mich bei dir selbst mit der Herrlichkeit, die ich bei dir hatte, ehe die Welt war«* (Joh 17,5). Später betete er unter Bezugnahme auf seine Jünger, sie haben *»wahrhaftig erkannt, dass ich von dir ausgegangen bin, und haben geglaubt, dass du mich gesandt hast«* (V. 8b). Noch später sagt er, indem er den Vater direkt anspricht: *»Du hast mich geliebt vor Grundlegung der Welt«* (V. 24b).

Ein weiterer Beleg für die ewige Sohnschaft Jesu ist seine Teilhabe an der Schöpfung. Der Schreiber des Hebräerbriefes spricht von den Absichten Gottes und dem von Gott beauftragten Sohn, *»durch den er auch die Welten gemacht hat«* (Hebr 1,2). Der *»Sohn der Liebe«* des Vaters (Kol 1,13) *»ist das Bild des unsichtbaren Gottes, der Erstgeborene aller Schöpfung. Denn in ihm ist alles in den Himmeln und auf der Erde geschaffen worden … alles ist durch ihn und für ihn geschaffen«* (V. 15-16).

Die Lehre, die Sohnschaft Jesu habe erst mit der Menschwerdung begonnen, ignoriert und zerstört die ewige Beziehung zwischen den drei Personen der Trinität. Die Bibel lehrt aber eindeutig die ewige Unterscheidung der drei Personen des dreieinen Gottes als Vater, Sohn und Heiliger Geist.

Sohn des Menschen

Der Titel *»Sohn des Menschen«* erscheint vierundneunzig Mal im Neuen Testament. Neunundachtzig Mal wird er von Jesus für sich selbst in den vier Evangelien gebraucht. Andere Personen verwenden diesen Titel in den Evangelien nur dann, wenn sie dabei auf Jesu eigenen Gebrauch zurückverweisen – zum Beispiel fragten sie: *»Wer ist dieser, der Sohn des Menschen?«* (Joh 12,34). Außerhalb der Evangelien verwendet Stephanus den Ausdruck *»Sohn des*

Menschen« bezugnehmend auf den zum Himmel aufgefahrenen verherrlichten Jesus, den er in seiner Vision sah, kurz bevor man ihn steinigte (Apg 7,55-56). Dieser Titel wurde auch vom Schreiber des Hebräerbriefes angeführt, als er Psalm 8,5 zitierte (Hebr 2,6); ebenso vom Apostel Johannes in seiner Vision vom verherrlichten Jesus, der inmitten der sieben Leuchter steht, die die sieben Gemeinden in Asien repräsentieren (*»inmitten der Leuchter einer gleich einem Menschensohn«*; Offb 1,13) und in seiner Vision des Gekrönten: *»... eine weiße Wolke, und auf der Wolke saß einer gleich einem Menschensohn, der auf seinem Haupt einen goldenen Siegeskranz und in seiner Hand eine scharfe Sichel hatte«* (Offb 14,14).

Jesu Selbstbezeichnung als *»Sohn des Menschen«* (erstmals in Matthäus 8,20) könnte zwar auch den aramäischen Gebrauch dieses Ausdrucks als Synonym für das Wort »ich« widerspiegeln; sie verweist aber offensichtlich ebenso auf seine Menschlichkeit und seine Identifikation mit der Menschheit. Da Gott selbst diesen Titel wiederholt gebrauchte, um den Propheten Hesekiel anzusprechen (z.B.: Hes 2,1.3.6.8), könnte seine Anwendung durch Jesus auf sich selbst auch dazu gedient haben, ihn als einen Propheten zu kennzeichnen. Das Volk erkannte diese Stellung für ihn an (Mt 21,11.46; Mk 6,15; Lk 7,16; 24,19b; Joh 4,19; 9,17), und Jesus nahm sie für sich in Anspruch (Mt 13,57; Mk 6,4; Lk 4,24).

Dieser Titel erlangte aufgrund seines Gebrauchs in Daniel 7,13 und durch die Auslegung späterer jüdischer Gelehrter messianische Bedeutung. Seine Anwendung durch Jesus auf sich selbst wurde als seine persönliche Identifizierung mit Israels verheißenem Messias betrachtet. Das betraf seinen Dienst als der leidende Gottesknecht und sein Erlösungsopfer (Mt 20,28), durch das er ewiges Leben erwirkte (Joh 6,53-58). Jesu *»Herrschaft und Ehre und Königtum«*, seine Anbetung durch *»alle Völker, Nationen und Sprachen«* und seine *»ewige Herrschaft«* und sein *»nie endendes Königtum«* (Dan 7,14) werden nicht verwirklicht werden, ehe er zur

Erde zurückkehrt, um sein messianisches Reich aufzurichten. Aber Jesus war sich dessen bewusst und sprach von seiner Herrschaft mit diesen zukünftigen messianischen Privilegien (Mt 16,27-28; 24,30; 26,64). Zumindest einige dieser messianischen Rechte wurden von Jesus auch bei seinem ersten Kommen ausgeübt, einschließlich der Autorität, Sünden zu vergeben (Mt 9,6), und seiner Autorität über den Sabbat (Mt 12,8).

Namen und Titel, mit denen Jesus sich selbst bezeichnete

Über *»Sohn des Menschen«* hinaus wendete Jesus eine ganze Reihe beschreibender Titel auf sich an, von denen die meisten im Johannesevangelium zu finden sind und mit dem Ausdruck *»Ich bin«* beginnen. Das ist bemerkenswert im Hinblick auf seine Worte *»Ich bin«* in Johannes 8,58 – eine Beteuerung seiner ewigen Existenz und Gottheit. Am Tag, nachdem er auf wunderbare Weise fünftausend Menschen gesättigt hatte, forderte Jesus das Volk auf: *»Wirket … für die Speise, die da bleibt ins ewige Leben, die der Sohn des Menschen euch geben wird«* (Joh 6,27), und erklärte: *»Ich bin das Brot des Lebens«* (V. 35.48) und: *»Ich bin das lebendige Brot, das aus dem Himmel herabgekommen ist«* (V. 51).

Als sich Jesus beim Laubhüttenfest in Jerusalem aufhielt (Joh 7,14), sagte er zum Volk: »Ich bin das Licht der Welt« (Joh 8,12). Das bezog sich auf die Praxis, »vor dem Tempel, im Vorhof der Frauen, große Leuchter anzuzünden … Die Dochte wurden aus den abgelegten Gewändern der Priester gemacht.«[4] Jesus wiederholte diese Aussage später in seiner Antwort auf die Frage der Jünger bezüglich des Blindgeborenen (Joh 9,1-5). Noch später sagte er: *»Ich bin als Licht in die Welt gekommen«* (Joh 12,46). Der Apostel Johannes nannte Jesus *»das wahrhaftige Licht«* (Joh 1,9; siehe Verse 4-8).

Ein anderer Brauch der Juden beim Laubhüttenfest bestand darin, »an jedem Tag des Festes eine feierliche Prozession vom Tempel zur Gihonquelle zu unternehmen. Ein Priester füllte einen goldenen Krug mit Wasser aus der Quelle, während der Chor Jesaja 12,3 sang. Dann kehrte die Prozession zurück zum Altar, und das Wasser wurde dort ausgegossen.«[5] Jesus sagte zwar niemals wörtlich: »Ich bin das lebendige Wasser«, aber am letzten Tag des Festes erhob er sich und verkündete laut: *»Wenn jemand dürstet, so komme er zu mir und trinke«* (Joh 7,37). In ähnlicher Weise äußerte sich Jesus am Jakobsbrunnen in Sychar gegenüber der samaritischen Frau: *»Wenn du die Gabe Gottes kennen würdest und wer es ist, der zu dir spricht: Gib mir zu trinken, so hättest du ihn gebeten, und er hätte dir lebendiges Wasser gegeben«* (Joh 4,10).

Als Jesus zu den Juden über sich als den guten Hirten und über sie als die Schafe sprach, erklärte er: *»Ich bin die Tür der Schafe«* (Joh 10,7), und: *»Ich bin die Tür; wenn jemand durch mich eingeht, so wird er errettet werden«* (V. 9). In Fortführung der Analogie identifizierte sich Jesus selbst nicht nur als die Tür in den Pferch der Schafe, sondern auch als *»der gute Hirte«* (V. 11.14). Jesus sagte, als guter Hirte werde er sein Leben für die Schafe geben (V. 11.15.17-18). Er sorgt auch für seine Schafe, hält Schaden von ihnen fern und befriedigt ihre Bedürfnisse. Die Schreiber des Neuen Testaments bauten auf diesen Anspruch Jesu; sie nannten ihn *»den großen Hirten der Schafe«* (Hebr 13,20) und *»den Oberhirten«* (1Petr 5,4; siehe 2,25).

Jesus wandte sich nach Bethanien, einem Dorf, das unmittelbar bei Jerusalem lag, um Lazarus zum Leben zu erwecken. Er tröstete Martha, eine Schwester von Lazarus, mit den Worten: *»Dein Bruder wird auferstehen«* (Joh 11,23). Als sie ihm erwiderte, sie wisse, *»dass er auferstehen wird in der Auferstehung am letzten Tag«* (V. 24), erklärte er ihr: *»Ich bin die Auferstehung und das Leben«* (V. 25). Er ist die Quelle des ewigen Lebens und daher der Ursprung der Auferstehung zum ewigen Leben für alle, die an ihn glauben (V. 25-26; siehe auch Joh 5,21.24-26.28).

Jesus kündigte an, er werde fortgehen und zum Hause seines Vaters zurückkehren: »*Ich gehe hin, euch eine Stätte zu bereiten*« (Joh 14,2). Diese Ankündigung beunruhigte seine Jünger. Die Feststellung, »*wohin ich gehe, dahin wisst ihr den Weg*« (V. 4), brachte Thomas zu der Erwiderung: »*Herr, wir wissen nicht, wohin du gehst. Und wie können wir den Weg wissen?*« (V. 5). Darauf entgegnete Jesus: »*Ich bin der Weg und die Wahrheit und das Leben*« (V. 6). Und um seine Ausschließlichkeit als der einzige Weg zu Gott hervorzuheben, fuhr er fort: »*Niemand kommt zum Vater als nur durch mich.*« Auf diese Erklärung hin schrieb der Verfasser des Hebräerbriefes: »*Wir haben nun ... durch das Blut Jesu Freimütigkeit zum Eintritt in das Heiligtum, den er uns bereitet hat als einen neuen und lebendigen Weg durch den Vorhang – das ist durch sein Fleisch*« (Hebr 10,19-20).

Als Jesus seinen Jüngern Anweisungen für die Zeit seiner Abwesenheit erteilte, sprach er von dem kommenden »*Geist der Wahrheit*« (Joh 14,17), den er auch »*einen anderen Beistand*« nannte (V. 16; siehe Joh 14,26; 15,26; 16,7). Das hier mit »Beistand« übersetzte griechische Wort (A.d.Ü.: *parakläton*) bedeutet eine Person, die für einen anderen zu Hilfe (im juristischen Sinn) gerufen wird, und könnte so auch mit »Advokat, Anwalt oder Fürsprecher«[6] übersetzt werden. Jesus sagte nicht ausdrücklich: »Ich bin ein Fürsprecher.« Aber als er den Heiligen Geist »einen anderen Fürsprecher« nannte, da meinte er »einen anderen von derselben Art«. So identifizierte er sich praktisch selbst als den Fürsprecher, der bald vom Heiligen Geist abgelöst werden würde. Deshalb erkannte der Apostel Johannes in Jesus unseren »*Beistand bei dem Vater*« (1Jo 2,1), wenn ein Christ sündigt. »Wunderbarer Ratgeber« ist einer der Titel, den Jesaja Jesus zuweist (Jes 9,6).

Zwischen ihm selbst und seinen Jüngern muss eine tiefe geistliche Vertrautheit bestehen, wenn sichergestellt werden soll, dass ihr Dienst im höchsten Grad wirksam ist. Um diese Beziehung zu betonen, erklärte Jesus: *»Ich bin der wahre Weinstock«* (Joh 15,1), und: *»Ich bin der Weinstock, ihr seid die Reben«* (V. 5). Damit stellte sich Jesus selbst in einen Gegensatz zu Israel, denn das *»brachte nur schlechte Beeren«* (Jes 5,2). Über diese sieben *»Ich bin«*-Titel hinaus nannte sich Jesus selbst noch den *»Herrn des Sabbats«* (Mt 12,8; Lk 6,5), *»Meister«* (Mt 23,8) und *»Lehrer«* (V. 10; Mk 14,14).

NAMEN UND TITEL, MIT DENEN ANDERE JESUS BEZEICHNETEN

Einer der bedeutsameren von all den Namen und Titeln, die andere Personen Jesus beilegten, ist wohl *»Emmanuel* [hebr. Immanuel] ... *was übersetzt ist: Gott mit uns«* (Mt 1,23; siehe Jes 7,14). Dieser Name wurde von dem Engel erwähnt, der Joseph den Sohn ankündigte, den Maria gebären sollte. Er kennzeichnet Jesus als den Verheißenen (Jes 7,14; 8,8) und bestätigt sowohl seine Gottheit als auch seine Menschlichkeit und seinen irdischen Dienst. In der Ankündigung des Engels Gabriel bei Maria sagte der Bote Gottes, ihr Sohn würde *»Sohn des Höchsten«* genannt werden (Lk 1,32) und *»der Heilige«* (V. 35). Als der Engel zu den Frauen beim Grab sprach, nannte er ihn *»Jesus, den Nazarener«* (Mk 16,6; siehe Mt 2,23).

Während seines irdischen Dienstes wurde Jesus sowohl von seinen Jüngern als auch von einigen anderen Menschen, die seine Hilfe suchten, als *»Rabbi«* angesprochen. Zuerst wurde dieser Titel von zwei Jüngern von Johannes dem Täufer gebraucht – einer der beiden war Andreas (Joh 1,40). Als sie Johannes verließen, um Jesus zu folgen, fragten sie: *»Rabbi ... wo hältst du dich auf?«* (Joh 1,38).

Später sprach auch Nathanael Jesus als *»Rabbi«* an und auch als *»König Israels«* (Joh 1,49). Dies geschah als Reaktion auf Jesu Demonstration seiner göttlichen Allgegenwart und Allwissenheit (V. 47-48). Zu den anderen, die ihn ebenso ansprachen, gehörten Petrus (Mk 9,5; 11,21), Judas Iskarioth (Mt 26,25.49; Mk 14,45), Nikodemus (Joh 3,2) und die Menschenmenge, die er gesättigt hatte (Joh 6,25). Außerdem wurde Jesus nach seiner Auferstehung von Maria Magdalena *»Rabbuni«* (mein Rabbi) genannt (Joh 20,16). Auch Bartimäus sprach ihn als *»Rabbuni«* an (Mk 10,51), obgleich einige Manuskripte an dieser Stelle »Rabbi« lesen.

Weitere inhaltlich mit *Rabbi* verwandte Titel oder Anreden, die Jesus beigelegt wurden, sind *»Lehrer«* (auch »Rabbi« wird oftmals mit »Lehrer« übersetzt) und *»Meister«*. Der Titel *»Lehrer«* wird von Jüngern Jesu gebraucht (Mk 4,38; 9,38; 10,35; 13,1; Lk 21,7); von Personen, die seine Hilfe suchten (Mk 5,35; 9,17) oder seinen Rat (Mk 10,17.20); von Personen, die sich lobend über ihn äußerten (Mt 8,19; Mk 12,32), und von Pharisäern, Sadduzäern und anderen jüdischen Führern, die ihn ablehnten (Mt 12,38; 22,36; Mk 12,14.19; Lk 7,40; 10,25; 12,14; 19,39). Den Titel *»Meister«* finden wir ausschließlich bei Lukas, und er wird mit einer einzigen Ausnahme (Lk 17,13) nur von Jüngern Jesu benutzt (Lk 5,5; 8,24.45; 9,33.49) – diese Ausnahme sind die zehn Aussätzigen, die bei ihm Heilung suchten. *Epistata*, das mit »Meister« übersetzte griechische Wort, bezeichnet eine führende Persönlichkeit und kennzeichnet so Jesu Autorität.[7]

Ein bedeutsamer im Neuen Testament auf Jesus angewandter Titel ist der des *»Dieners«* oder *»Knechtes«*. Petrus verwendet ihn in seiner Botschaft an die Volksmenge nach der Heilung des lahmen Mannes (Apg 3,13.26), und die Jünger sprechen so von Jesus in ihrem Gebet, als Petrus und Johannes vom Hohen Rat freigelassen werden (Apg 4,27.30). Auch der Apostel Paulus nahm den Titel in seine Beschreibung der Selbstverleugnung Jesu Christi auf (Phil 2,7-8). Die Vorstellung vom dienenden Christus verbirgt sich hinter der Identifikation Jesu als *»das Lamm Gottes, das die Sünde der Welt wegnimmt«* (Joh 1,29.36; siehe Jes

52,13–53,12) durch Johannes den Täufer. Obwohl der Herr Jesus sich niemals selbst als Diener Gottes bezeichnete, steckt diese Vorstellung doch mit in seinen mehrere Dutzend Hinweisen darauf, dass er vom Vater gesandt war, um dessen Willen zu tun und das Werk zu vollbringen, das der Vater zu tun ihm übertragen hatte (z.B.: Joh 4,34; 5,30.36; 6,38; 8,28-29; 12,49-50; 17,4).

Obwohl Jesus sich selbst niemals ausdrücklich einen Propheten nannte, so deutete er doch an, einer zu sein, als er über seine Zurückweisung in Nazareth, seiner Heimatstadt, sprach: *»Ein Prophet ist nicht ohne Ehre, außer in seiner Vaterstadt und in seinem Haus«* (Mt 13,57; siehe Mk 6,4; Lk 4,24; Joh 4,44). Und das gewöhnliche Volk betrachtete ihn eindeutig als einen Propheten (Mt 21,11.46; siehe Mk 6,15; Lk 7,16; 24,19; Joh 4,19; 7,40; 9,17). Als Jesus seine Jünger fragte, was die Menschen über ihn sagten, wer er sei, da lautete eine ihrer Antworten *»einer der Propheten«* (Mt 16,14; Mk 8,28).

Als das Volk Jesus bei zwei Gelegenheiten *»der Prophet«* nannte (Joh 6,14; 7,40), da hatten sie Moses Weissagung im Sinn: *»Einen Propheten wie mich wird dir der Herr, dein Gott, aus deiner Mitte, aus deinen Brüdern, erstehen lassen. Auf ihn sollt ihr hören«* (5Mo 18,15; siehe Apg 3,22; 7,37). Als er von den Juden gefragt wurde: *»Bist du der Prophet?«*, antwortete Johannes der Täufer mit einem entschiedenen *»Nein«* (Joh 1,21), aber er ging davon aus, dass der, der nach ihm käme und den er ankündigen sollte – Jesus –, der Prophet sein würde.

Abgesehen davon, dass er ein Prophet genannt wurde, hat Jesus auch mehrere königliche Titel: *»Fürst des Friedens«* (Jes 9,6); *»König«* (Jer 23,5; Sach 14,9); *»Herrscher über Israel«* (Mi 5,1); *»der König der Juden«* (Mt 27,37; Mk 15,26; Lk 23,3.38; Joh 19,19); *»Erretter«* (Röm 11,26; siehe Jes 59,20); *»der Fürst der Könige der Erde«* (Offb 1,5); *»der Anfang der Schöpfung Gottes«* (Offb 3,14); *»König der Nationen«* (Offb 15,3) sowie *»König der Könige und Herr der Herren«* (Offb 17,14; 19,16).

Darüber hinaus ist Jesus *»Hoherpriester«* der Gläubigen (Hebr 2,17; 3,1; 4,15; 5,10; 6,20; 9,11); *»großer Hoherpriester«* (Hebr 4,14); *»großer Priester«* (Hebr 10,21) und *»Priester«* (Hebr 5,6; 7,3.17.21; 10,12). In dieser priesterlichen Eigenschaft ist er der *»Mittler zwischen Gott und Menschen«* (1Tim 2,5).

Der Titel *»Retter«* oder *»Heiland«*, der oft auf Christus angewandt wird, verweist auf den Zweck seiner Menschwerdung – der Menschheit Rettung zu bringen. Als die Bewohner der samaritischen Stadt Sychar die Worte der Frau über Jesus hörten, sagten sie: *»Wir wissen, dass dieser wahrhaftig der Heiland der Welt ist«* (Joh 4,42). Später bezeichnete Johannes Jesus *»als Heiland der Welt«* (1Jo 4,14). Der Titel *Heiland* wird oft mit anderen Titeln oder Namen kombiniert: *»Heiland Jesus Christus«* (2Tim 1,10); *»Christus Jesus, unser Heiland«* (Tit 1,4); *»Gott und Heiland Jesus Christus«* (Tit 2,13; 2Petr 1,1); *»Jesus Christus unser Heiland«* (Tit 3,6); *»Herr und Heiland Jesus Christus«* (2Petr 2,20; 3,18) sowie *»Herr und Heiland«* (2Petr 3,2).

So, wie beim jüdischen Passahfest Lämmer geopfert wurden, um mit ihrem Blut die Sünden des Volkes zu bedecken, so wurde Jesus am Kreuz geopfert, eine Sühnung für die Sünde. Daher wurde er *»das Lamm Gottes«* genannt (Joh 1,29.36) und *»unser Passah«* (1Kor 5,7).

Als der von Gott gesandte Heiland und Repräsentant Gottes, des Vaters, wird Jesus auch *»Apostel«* genannt, das heißt, der von Gott mit Autorität ausgestattete Gesandte (Hebr 3,1).

Paulus nennt Jesus *»Gottes Bild«* (2Kor 4,4) und *»das Bild des unsichtbaren Gottes«* (Kol 1,15), die exakte Widerspiegelung und Abbildung Gottes, des Vaters (Hebr 1,3). Da der Vater unsichtbar ist (Joh 1,18; 5,37; 6,46; 1Tim 1,17; 1Jo 4,12), hat Jesus ihn der Menschheit geoffenbart (Joh 1,18). Er ist Gottes *»Erstgeborener«* (Röm 8,29; Hebr 1,6; 12,23), und Paulus sagt, Jesus sei *»der Erstgeborene aller Schöpfung«* (Kol 1,15). Das bedeutet nicht, dass er – wie manche Sektierer behaupten – von Gott, dem Vater, geschaffen worden sei, sondern dass er wie der Erstgeborene in einer Familie den Vorrang als *»Erbe aller Dinge«* hat (Hebr 1,2).

Als *»Anfang«* ist er der schöpferische Ursprung aller Dinge. Und als *»der Anfang und das Ende«* (Offb 21,6; 22,13) ist er gleichermaßen Quelle und Höhepunkt aller Schöpfung.

Weil Christus als allererster im Leibe auferstanden ist, nennt Paulus ihn den *»Erstgeborenen aus den Toten«* (Kol 1,18). Auch der Apostel Johannes sprach von Jesus als *»Erstgeborener der Toten«* (Offb 1,5). In der Landwirtschaft werden die ersten geernteten Feldfrüchte als Erstlinge bezeichnet (3Mo 23,10-11), ein Hinweis darauf, dass weitere Früchte folgen sollen. Auf ähnliche Weise ist Jesus in seiner Auferstehung *»der Erstling der Entschlafenen«* (1Kor 15,20), das heißt, Nachfolgende werden ebenso auferweckt werden. Als *»der Erstgeborene aus den Toten«* (Kol 1,18) ist er der Erbe aller, die zum ewigen Leben auferstehen werden.

Eine klare, unverblümte Bestätigung der Gottheit Jesu finden wir in Hebräer 1,8. Der Schreiber zitiert Psalm 45,6 während er von Jesus spricht: *»Dein Thron, o Gott, ist immer und ewig.«* Einen weiteren direkten Hinweis auf Jesu Gottheit, in dem Jesus Gott genannt wird, finden wir in Römer 9,5: *»Christus, der über allem ist, Gott, gepriesen in Ewigkeit.«* Eine weitere Stelle ist Titus 2,13, wo Jesus *»unser großer Gott«* genannt wird. Und Jesaja betitelt ihn *»starker Gott«* und *»Vater der Ewigkeit«* (Jes 9,6). Der Titel *»Vater der Ewigkeit«* bedeutet nicht, dass Jesus, der Sohn, mit Gott, dem Vater, verwechselt werden darf. Der Ausdruck weist vielmehr auf Jesu väterliches Mitgefühl, seinen väterlichen Schutz und seine väterliche Fürsorge hin, vergleichbar der eines fürsorglichen irdischen Vaters.

In Anerkennung seiner Gottheit wurde Jesus von Petrus *»der Heilige und Gerechte«* genannt (Apg 3,14), und Stephanus, Ananias und Johannes sprachen von ihm als von *»dem Gerechten«* (Apg 7,52; 22,14; 1Jo 2,1).

Der Apostel Johannes benutzte zahlreiche Titel für Jesus, darunter *»das Wort«* (Joh 1,1.14); *»das Wort des Lebens«* (1Jo 1,1); *»Fürsprecher«* (1Jo 2,1); *»das Wort Gottes«* (Offb 19,13); *»der treue Zeuge«* (Offb 1,5); *»das Alpha und das Omega«* (Offb 1,8; 21,6; 22,13 – der erste und der letzte Buchstabe des griechischen Alphabets, was seine Fülle zum Ausdruck bringt); *»der Erste und der Letzte«* (Offb 1,17; 2,8; 22,13); *»der Anfang und das Ende«* (Offb 21,6; 22,13); *»der Treue und Wahrhaftige«* (Offb 19,11); *»der Löwe aus dem Stamm Juda«* (Offb 5,5) und *»das Lamm«* (Offb 5,8.12-13; 6,1.3.5.7.16; 7,9-10.14.17; 12,11; 13,8; 14,1.4 [zweimal].10; 15,3; 17,14 [zweimal]; 19,7.9; 21,9.14.22-23.27; 22,1.3).

Eine Reihe von Titeln, die auf Jesus angewandt werden, bringen ihn mit den Menschen in Verbindung, die an ihn glauben, insbesondere in der Gemeinde. Der erste dieser Titel ist *»Urheber«* (Apg 5,31)[8]. Das griechische Wort *archegos* bezeichnet »jemanden, der etwas initiiert oder verursacht« oder, im Hinblick auf eine Person, einen »Gründer, Autoren, Fürsten oder Führer.«[9] Petrus erklärte den Juden im Tempel, *»den Fürsten* [oder Urheber] *des Lebens habt ihr getötet«* (Apg 3,15), und er sprach dabei über Jesus. Der Schreiber des Hebräerbriefes nannte Jesus *»den Urheber ihrer Errettung«* (Hebr 2,10) und *»den Anfänger und Vollender des Glaubens«* (Hebr 12,2).

Ein weiterer Titel, der den Herrn Jesus mit der Gemeinde in Verbindung bringt, ist der *»Bräutigam«*. Johannes der Täufer gebrauchte diese Bezeichnung für Jesus, als er seinen Jüngern erklärte: *»Der die Braut hat, ist der Bräutigam; der Freund des Bräutigams aber, der dasteht und ihn hört, ist hoch erfreut über die Stimme des Bräutigams; diese meine Freude nun ist erfüllt«* (Joh 3,29). Jesus bezog diesen Titel auf sich selbst, als er erklärte, warum seine Jünger nicht fasteten: *»Können etwa die Hochzeitsgäste fasten, während der Bräutigam bei ihnen ist? Solange sie den Bräutigam bei sich haben, können sie nicht fasten. Es werden aber Tage kommen, da der Bräutigam von ihnen weggenommen sein wird, und dann, an jenem Tag, werden sie* *fasten«* (Mk 2,19-20). Auch Jesu Gleichnisse vom Hochzeitsmahl (Mt 22,1-10) und von den zehn Jungfrauen beim Hochzeitsfest (Mt 25,1-13) spielen auf seine Identität als der Bräutigam an. Mit diesem Bild verwandt sind auch die Hinweise auf Christus und seine Gemeinde als Ehemann und Ehefrau (2Kor 11,2; Eph 5,22-33; Offb 19,7-9; 21,9; 22,17).

Ein sehr bildhafter Titel, der Jesus Christus mit seiner Gemeinde in Verbindung bringt, ist der vom *»Haupt des Leibes, der Gemeinde«* (Kol 1,18). Paulus stellt fest: Gott hat *»ihn als Haupt über alles der Gemeinde gegeben, die sein Leib ist«* (Eph 1,22-23). Gläubige werden ermutigt, *»in allem hinzuwachsen zu ihm, der das Haupt ist, Christus«* (Eph 4,15; siehe Kol 2,19), und Christus als *»das Haupt der Gemeinde, er als des Leibes Heiland«* dient als Beispiel für Ehemänner als *»das Haupt der Frau«* (Eph 5,23). Verschiedene Passagen verweisen auf die Gemeinde als Leib Christi und auf die Gläubigen als Glieder dieses Leibes (Röm 7,4; 12,4-5; 1Kor 12,12-14.27; Eph 2,15b-16; 4,4; Kol 1,24; 3,15). Diese Analogie verdeutlicht die Vertrautheit der Beziehung zwischen dem Herrn Jesus und den Gläubigen und die Beziehung zwischen den Gläubigen untereinander.

Jesus Christus wird auch als Stein oder Felsen identifiziert. Im Hinblick auf Israel ist Jesus ein *»Stein des Anstoßes und Fels des Strauchelns«* (Jes 8,14). Paulus schrieb über den Unglauben der Juden: *»Sie haben sich gestoßen an dem Stein des Anstoßes«* und zitierte dann Jesaja 8,14 (Röm 9,32-33; siehe 1Petr 2,8). Psalm 118,22 bezieht sich auf Israels Unglauben und Gottes Aufbauarbeit, die sich darauf gründet: *»Der Stein, den die Bauleute verworfen haben, ist zum Eckstein geworden.«* Jesus zitierte diese Passage bei seiner Auseinandersetzung mit den jüdischen Führern in den Tempelhöfen kurz vor seiner Kreuzigung (Mt 21,42; siehe Mk 12,10; Lk 20,17), und wandte sie auf sich selbst an. Auch Petrus zitierte diese Stelle, als er die Führer im Hohen Rat ansprach (Apg 4,11), sowie in seinem ersten Brief (1Petr 2,7).

Petrus entwickelte das Bild des Herrn Jesus als Stein umfassender als jeder andere. Er beschrieb Jesus als *»einen lebendigen Stein, von Menschen zwar verworfen, bei Gott aber auserwählt, kostbar«* (1Petr 2,4). Er führte das Bild weiter in der Aufforderung an die Gläubigen: *»Lasst euch auch selbst als lebendige Steine aufbauen, als ein geistliches Haus«* (V. 5) und zitierte dann Jesaja 28,16: *»Siehe, ich lege in Zion einen auserwählten, kostbaren Eckstein; und wer an ihn glaubt, wird nicht zuschanden werden«* (V. 6). Auch Paulus verwies auf Jesus Christus als den *»Eckstein«*, und *»in ihm zusammengefügt, wächst der ganze Bau«* der Gläubigen *»zu einem heiligen Tempel im Herrn«* (Eph 2,20-21).

Petrus nannte Jesus auch einen *»Aufseher eurer Seelen«* (1Petr 2,25). In dieser Rolle wacht er liebevoll über die Seinen und lenkt ihre Lebensschritte.

Die Tatsache, dass es so viele Namen und Titel gibt, um den Herrn Jesus zu beschreiben, unterstreicht die Fülle und die Komplexität seiner Person. (Die folgende Tabelle listet die 108 Titel auf, die in diesem Kapitel betrachtet wurden.) Gerade so wie die Vielzahl der Facetten bei einem Diamanten seine Brillanz vermehrt, so offenbaren seine zahlreichen Namen und Titel Christus als Ausstrahlung der Herrlichkeit Gottes (Hebr 1,3).

Namen und Titel Jesu Christi

(die Namen und Titel sind hier in der Reihenfolge aufgeführt, in der sie in diesem Kapitel betrachtet wurden)

Herr Jesus Christus	Jesus von Nazareth
Herr	Christus
Mein Herr	Messias (»der Gesalbte«)
Herr Jesus	Jesus Christus
Der Herr, unsere Gerechtigkeit	Sohn Davids
Jesus	Sohn Abrahams

Ein Spross
Wurzelspross Isais
Gerechter Spross
Wurzel Davids
Wurzel und Geschlecht Davids
Josephs Sohn
Sohn des Zimmermanns
Zimmermann
Marias Sohn
Sohn Gottes
Sohn Gottes, des Höchsten
Sohn des lebendigen Gottes
Sohn des Gesegneten
Mein Sohn
Der einziggeborene Sohn
Der einzige Sohn
Sohn des Menschen
Brot des Lebens
Licht der Welt
Das wahre Licht
Die Tür
Der gute Hirte
Der große Hirte
Der Oberhirte
Die Auferstehung
Der Weg
Die Wahrheit
Das Leben
Der Weinstock
Der wahre Weinstock
Der Herr des Sabbats
Meister
Lehrer
Emmanuel/Immanuel
Sohn des Höchsten
Der Heilige
Jesus der Nazarener
Rabbi
König Israels
Rabbuni
Diener
Lamm Gottes
Der Prophet
Der Fürst des Friedens
König
Herrscher über Israel
König der Juden
Retter
Fürst der Könige der Erde
Anfang der Schöpfung Gottes
König der Nationen
König der Könige und Herr der Herren
Hoherpriester
Großer Hoherpriester
Großer Priester
Priester
Mittler
Heiland der Welt
Heiland
Unser Passah
Apostel
Bild Gottes
Bild des unsichtbaren Gottes

Der Erstgeborene
Der Erstgeborene aller Schöpfung
Der Erbe
Der Anfang
Das Ende
Der Erstgeborene aus den Toten
Der Erstling
Gott
Vater der Ewigkeit
Der Heilige und Gerechte
Der Gerechte
Das Wort
Das Wort des Lebens
Fürsprecher
Wort Gottes
Der treue Zeuge
Das Alpha
Das Omega
Der Erste
Der Letzte
Der Treue und Wahrhaftige
Der Löwe aus dem Stamm Juda
Lamm
Urheber
Fürst
Anfänger und Vollender unseres Glaubens
Der Bräutigam
Das Haupt der Gemeinde
Der Stein
Der Eckstein
Der kostbare Eckstein
Der Aufseher

5. Kapitel

Die Ankündigung der Geburt des Sohnes Gottes

Die Menschen sind, wie es scheint, von jeher mit der Frage beschäftigt, ob andere Planeten außer der Erde von lebendigen Wesen bewohnt sind und ob solche Wesen je die Erde besucht haben. Ein halbes Jahrhundert ist es her, dass Orson Wells einen großen Teil der Vereinigten Staaten für kurze Zeit in Aufruhr und Panik versetzte, indem er eine simulierte Radioreportage über eine angebliche Invasion vom Mars im Rundfunk ausstrahlen ließ. Diese Faszination nahm noch zu, als sich Jahrhundert und Jahrtausend ihrem Ende näherten, und vieles daran mutet geradezu grotesk an. Die Bibel macht deutlich, dass Gottes Engelheere die Himmel bewohnen (Mk 12,25; 13,32; Eph 3,10) und im Dienst Gottes auch Zugang zur Erde haben (1Mo 28,12-13; Lk 2,13-15; Joh 1,51). Engel sind allerdings Geistwesen (Hebr 1,14) mit der Befähigung, körperliche Gestalt anzunehmen, damit sie den Menschen erscheinen und dienen können (1Mo 18,1–19,21; Mt 28,2-7; Apg 1,10-11), sie haben aber keine ihnen wesenseigene Gestalt. Somit ist die Menschwerdung unseres Herrn Jesus Christus das erste und einzige Mal, dass jemand vom Himmel kam und sich mit der Menschheit einsmachte.

In seinem Buch *Mere Christianity* überschreibt C. S. Lewis das Kapitel über die Menschwerdung mit »Die Invasion«. Eine hinsichtlich des Inhalts dieses Kapitels vielleicht angemessenere Darstellung wäre wohl »Die Infiltration«. Denn Lewis schreibt: »Die Welt ist vom Feind besetztes Territorium. Das Christentum erzählt die Geschichte, wie der rechtmäßige König gelandet ist – man könnte sagen, inkognito gelandet – und uns dazu aufruft, uns an einer großen Sabotageaktion gegen die Besatzer zu beteiligen.«[1] Gleichwohl hat Gott viele Male die Menschwerdung seines Sohnes angekündigt – und ebenso auch die Geburt des Vorläufers für seinen Sohn.

Das Jesus-Seminar und die Suche nach dem historischen Jesus

Wir wollen die biblischen Belege für die Menschwerdung des ewigen Sohnes Gottes, für seine Person als Gott-Mensch und für sein irdisches Leben und seinen Dienst genauer betrachten. Zuvor aber ist es wichtig, über die Suche nach dem historischen Jesus zu sprechen, von der die liberal-theologische Bibelforschung in den letzten Jahrhunderten gekennzeichnet ist. Von Bedeutung ist hier das *Jesus-Seminar*, das seit 1985 zu erforschen versucht, was der historische Jesus wirklich gesagt und getan hat. Diese Studie wird »unter der Schirmherrschaft des *Westar-Instituts* vorangetrieben.«[2] Leiter des *Jesus-Seminars* ist Robert W. Funk, der von John Dominic Crossan unterstützt wird. Das erste Treffen von dreißig Gelehrten fand vom 21. bis 24. März 1985 an der *St. Meinrad School of Theology* statt, einem römisch-katholischen Seminar im Süden des US-Bundesstaates Indiana. Seit dieser Zeit treffen sich international halbjährlich an verschiedenen Orten etwa zweihundert Teilnehmer, die auf die eine oder andere Weise in die Untersuchung involviert waren. Ihr Ergebnisband: *The Five Gospels: In Search of the Authentic Words of Jesus,*[3] herausgegeben von Robert W. Funk, Roy W. Hoover und dem *Jesus-Seminar* (New York 1993, Macmillan), verzeichnet siebzig Mitglieder.

In gewisser Hinsicht ist die Suche nach dem historischen Jesus eine Folge der Reformation, und diese zumindest teilweise ein Produkt der Renaissance. Genauer gesagt, die Suche nach dem historischen Jesus ist ein Ergebnis der Aufklärung mit ihrer Betonung des Rationalismus und der wissenschaftlichen Methode. Das beinhaltet die Verneinung der Vorstellung, dass Gott in den Lauf dieser Welt und in menschliche Angelegenheiten eingreift –, die Leugnung des Wunderbaren – wie sie im Deismus repräsentiert ist. »Mit anderen Worten ist«, wie Robert Strimple ausführt, »der Ausgangspunkt der modernen Frage nach dem historischen Jesus ist die Annahme, dass jener Jesus, der uns in den biblischen Evangelien vorgestellt wird, nicht der Jesus der Geschichte ist.«[4]

Hermann Samuel Reimarus (1694-1768) wird allgemein als der Vater der »Suche« nach dem historischen Jesus betrachtet. Ihr Beginn wird 1778 angenommen mit seiner posthum veröffentlichten Schrift »Über die Ziele Jesu und seiner Jünger«, dem sogenannten Wolfenbütteler Fragment. Zu den weiteren führenden Personen der Bewegung gehören David Friedrich Strauss mit seiner Publikation *Kritische Untersuchung des Lebens Jesu* (1835), Johannes Weiss mit seiner Schrift *Die Verkündigung des Reiches Gottes durch Jesus* (1892) und Albert Schweitzer mit seinem Buch *Die Frage nach dem historischen Jesus* (1906).

Der Hauptunterschied zwischen der älteren Fragestellung nach dem historischen Jesus und der, mit der sich das *Jesus-Seminar* identifiziert, liegt in der grundlegenden Haltung der Forschenden gegenüber dem Studium der Evangelien. Die älteren Kritiker versuchten, die Passagen zu finden, die nicht als historisch anzusehen waren (z.B. das Übernatürliche und Wunderbare), und aus dem auszumerzen, was grundsätzlich als historischer Bericht über den Dienst Jesu erachtet wurde. Im Gegensatz dazu versuchen die Teilnehmer des *Jesus-Seminars*, Historisches in einem Basismaterial zu finden, das grundsätzlich als unhistorisch angesehen wird. Was daraus folgt, kann nicht überraschen: »Zweiundachtzig Prozent der Worte, die Jesus in den Evangelien zugeschrieben werden, wurden nach den Ergebnissen des *Jesus-Seminars* nicht wirklich von ihm gesprochen.«[5]

Die Regeln der Beweisführung, die vom *Jesus-Seminar* formuliert wurden und angewandt werden, »um seine Gewichtung der Evangelienüberlieferung zu lenken«[6], ermangeln der Bestätigung durch andere Quellen und sind daher höchst zweifelhaft. Beispielsweise lautet die erste Regel, dass »die Zeugnisse, die die geschriebenen Evangelien bereithalten, vom Hörensagen sind ... Beweise aus zweiter Hand«, da keiner der Schreiber der Evangelien »Ohren- oder Augenzeuge der Worte oder der Ereignisse war, die er berichtete.«[7] Damit wird unterstellt, dass Matthäus und Johannes die Evangelien gar nicht verfasst haben, die ihnen zugeschrieben werden – eine höchst fragwürdige Schlussfolgerung. So wird auch die Verheißung Jesu geleugnet, die er den elf Jüngern gab: der Heilige Geist *»wird euch alles lehren und euch an alles erinnern, was ich euch gesagt habe«* (Joh 14,26). Es wird auch die Versicherung von Lukas als unzutreffend zurückgewiesen, dass er sein Evangelium erst schrieb, nachdem er *»allem von Anfang an genau nachgegangen«* war, damit du, Theophilus *»die Zuverlässigkeit der Dinge erkennst, in denen du unterrichtet worden bist«* (Lk 1,3-4).

Die übrigen vom *Jesus-Seminar* angenommenen Regeln hinsichtlich schriftlicher Zeugnisse werden in ähnlicher Weise ohne jede Begründung vorausgesetzt. Dazu gehört die Vorstellung, dass Aussprüche Jesu in Sammlungen zusammengeführt oder von den Evangelienschreibern vor einem erzählerischen Handlungshintergrund zusammengefasst wurden. Darüber hinaus wurden die Aussprüche oder Gleichnisse Jesu – glaubt man dem *Jesus-Seminar* – von den Schreibern der Evangelien erweitert und ausgeschmückt. Es sei erklärendes Material hinzugefügt und der Text überarbeitet worden, um ihn dem eigenen Standpunkt anzupassen. Diese Schreiber hätten Jesus auch Aussprüche aus der Volksweisheit beziehungsweise ihre eigenen Feststellungen untergeschoben. Jesus wird als galiläischer »Weiser« dargestellt, »außerordentlich anspruchslos, bescheiden, unaufdringlich«[8], und alles in den Evangelien, was diesem Bild entgegensteht, wird einfach ausgetilgt – es ist nicht Teil des historischen Jesus.

Die kritische Beurteilung des *Jesus-Seminars* und seiner Methodik kommt nicht nur von theologisch konservativen Evangelikalen, sondern auch von Katholiken und von theologisch liberalen Protestanten. Im Vorwort zu seinem Buch *The Real Jesus*[9] charakterisiert Luke Timothy Johnson die Arbeit des *Jesus-Seminars* als »eine Art zweitklassiger Gelehrtheit« und als »Ersatzgelehrsamkeit«.[10] An späterer Stelle zitiert er eine Reihe führender Neutestamentler mit kritischen Beurteilungen des Seminars und seiner Ergebnisse – darunter Howard Clark Kee, der »das Seminar als ›eine akademische Schande‹ bezeichnete«.[11]

Johnson erklärt, warum er zu diesem Schluss über das Seminar und seine Behauptungen kommt. »Wie bei der meisten Evangelienkritik begann es auch hier mit der Annahme, dass die Evangelien keine exakte Geschichtsschreibung sind, sondern Erzählungen aus traditionellem Stoff, die mit großem literarischen Können und aus traditionellem Material komponiert worden seien.«[12] Er fuhr fort: »Wir sehen also, dass von Anfang an nicht objektive, unparteiische Forschung auf der Tagesordnung des Seminars stand, sondern ein gesellschaftlicher Feldzug gegen die Art, in der die Kirche die Bibel überwacht, und dagegen, dass in der Kirche eine Art evangelikale eschatologische Theologie die Vorherrschaft hat – eine Theologie also, die sowohl auf die buchstäbliche Wahrheit der Evangelien ausgerichtet ist als auch auf die buchstäbliche Rückkehr Jesu.«[13] Mit Recht kommt Johnson zu dem Schluss: »Jeder Anspruch, den das Seminar hinsichtlich wissenschaftlicher Forschung je erhoben hat, war ... bloßer Vorwand: Die Ergebnisse waren bereits im Voraus festgelegt. Ziel war die Konstruktion eines neuen Evangeliums, das einen nicht endzeitlichen und ›unmythischen‹ Jesus präsentiert.«[14]

Johnson kritisiert auch die Methodik des *Jesus-Seminars*. »Das Versprechen des *Jesus-Seminars*, mittels Methoden der historischen Wissenschaft ›den wahren Jesus‹ zu liefern, ist, wie wir gesehen haben, aus zwei Gründen unaufrichtig. Der erste Grund ist die fehlerhafte historische Methodik des Seminars. Der zweite besteht darin, dass auch die beste historische Rekonstruktion nicht ›den wahren Jesus‹ hervorzerren kann – nicht mehr als ›den wahren Sokrates‹. Die Historiker können eine Reihe wichtiger, tatsächlich entscheidender Angaben über den Dienst Jesu machen, aber die aus den antiken Quellen vorliegenden Belege ermöglichen keine zufriedenstellende Rekonstruktion.«[15]

Sorgfältige Untersuchung und Analyse der Evangelienberichte über Leben und Werk Jesu Christi ist stets zulässig und richtig. Aber ihre Genauigkeit und Glaubwürdigkeit zu leugnen, die von starken, außerbiblischen Belegen gestützt werden, um seine Person, sein Leben und seinen Dienst zu rekonstruieren, wie es das *Jesus-Seminar* versucht, ist gegen jede Vernunft.

DIE ANKÜNDIGUNG DER GEBURT DES VORLÄUFERS

Johannes der Täufer wird im Markusevangelium als Vorläufer Jesu Christi beschrieben. Um den Dienst des Täufers zu bestätigen, zitiert Markus Maleachi 3,1 und Jesaja 40,3 – dieser letztgenannte Vers wird auch von Matthäus (3,3) und von Lukas (3,4) zitiert, sowie von dem Täufer selbst (Joh 1,23). Der Evangelist

Johannes beschreibt Johannes den Täufer als ein *»Zeugnis, dass er zeugte von dem Licht, damit alle durch ihn glaubten. Er war nicht das Licht, sondern er kam, dass er zeugte von dem Licht«* (Joh 1,7-8). Ein Vorläufer war ein Bote, der dem reisenden Hof vorauseilte und die Ankunft des Herrschers verkündigte; das war der Dienst des Täufers. Als sich seine Jünger bei ihm über Jesus beschwerten, *»alle kommen zu ihm«*, da erinnerte Johannes sie daran: *»Ihr selbst gebt mir Zeugnis, dass ich sagte: Ich bin nicht der Christus, sondern ich bin vor ihm hergesandt«* (Joh 3,28).

Die Menschwerdung Christi ist ohne Frage das größte Wunder – Gott verbindet sich selbst als Gott-Mensch mit der Menschheit. Diesem Ereignis angemessen, wird auch die wunderbare Empfängnis seines menschlichen Vorläufers durch einen Engel angekündigt. Jesu Vorläufer ist ein Nachkomme Aarons, des ersten Hohenpriesters in Israel und Bruders Moses – und zwar sowohl durch seinen Vater Zacharias aus der Abteilung des Abia (Lk 1,5) als auch durch seine Mutter Elisabeth. Er sollte Jesus für seinen öffentlichen messianischen Dienst auf der Erde aussondern (Mt 3,13-17; Joh 1,29-34). Der Name seines Vaters, Zacharias, bedeutet »Jahwe gedenkt«, was Gott bei der Geburt des Johannes und der Menschwerdung Jesu gewiss auch tat.

Als Zacharias bei einer Gelegenheit *»in der Ordnung seiner Abteilung den priesterlichen Dienst vor Gott verrichtete, traf ihn, nach der Gewohnheit des Priestertums, das Los, in den Tempel des Herrn zu gehen, um zu räuchern«* (Lk 1,8-9). Die Wahl fiel durch das Los auf ihn, nicht durch Zufall; in der Heiligen Schrift ist über das Los geschrieben: *»All seine Entscheidung kommt vom Herrn«* (Spr 16,33). Als Zacharias seinen Pflichten nachging, *»erschien ihm ein Engel des Herrn«* (Lk 1,11), der sich später selbst als Gabriel zu erkennen gab (V. 19). Der Engel kündigte ihm an, dass seine Gebete um einen Sohn erhört worden seien: Seine Frau Elisabeth werde trotz ihrer Unfruchtbarkeit und ihres fortgeschrittenen Alters empfangen und einen Sohn gebären; dessen Name solle Johannes sein (V. 7.13). Dieses Kind solle ein Nasiräer werden und »*schon vom Mutterleibe an mit Heiligem Geist erfüllt werden*« (V. 15). Mit der Ankündigung der Geburt des Johannes kündigte Gabriel praktisch auch schon die Geburt des Messias an, denn er sagte: »*Er wird vor ihm* [dem Herrn] *hergehen in dem Geist und der Kraft des Elia* [siehe Mal 4,5; Mt 14,11] … *um dem Herrn ein zugerüstetes Volk zu bereiten*« (Lk 1,17).

Zacharias kannte die Geschichte Israels und wusste von dem wunderbaren Geschenk, das Gott mit Isaak seinem Knecht Abraham und dessen Frau Sara gemacht hatte, obwohl sie unfruchtbar und schon weit über die Zeit der Empfängnis und der Schwangerschaft hinaus gealtert war (1Mo 18,9-15; 21,1-7). Er hätte also der Botschaft des Engels vertrauen sollen. Aber, wie viele von uns heute auch, zweifelte er die Offenbarung Gottes an und fragte: »*Woran soll ich dies erkennen? Denn ich bin ein alter Mann, und meine Frau ist weit vorgerückt in ihren Tagen*« (Lk 1,18). Für diesen Mangel an Glauben wurde er von demselben Augenblick an mit Stummheit geschlagen (V. 20.22.62-65). Als seine Zunge wieder gelöst wurde, sang Zacharias dem Herrn ein Loblied, in dem er den Dienst seines Sohnes Johannes als Vorläufer des Messias verstand und verkündigte (V. 76).

DIE ANKÜNDIGUNG DER JUNGFRÄULICHEN EMPFÄNGNIS

Durch die Jahrhunderte hindurch haben Christen von der jungfräulichen Geburt Jesu gesprochen. Das ist ein Teil der Erhöhung Marias durch die römisch-katholische Kirche und deren Lehre, dass Marias Jungfräulichkeit bei der Geburt Jesu unverletzt blieb und dass sie, obwohl sie doch Joseph heiratete, ihr ganzes Leben lang Jungfrau blieb. In Wirklichkeit war die Geburt Jesu eine völlig normale menschliche Geburt. Wunderbar war nur seine Empfängnis; er wurde durch Gott, den Heiligen Geist gezeugt

(Lk 1,35). Aus diesem Grund und nicht, weil Maria etwa sündlos gewesen wäre, nannte ihn der Engel Gabriel *»das Heilige, was geboren werden wird«* und *»Sohn Gottes«* (V. 35).

Botschaft an Maria

Der Engel Gabriel, der Zacharias auf die Geburt seines Sohnes Johannes vorbereitete, erschien darauf einer Jungfrau mit Namen Maria, *»die einem Mann namens Joseph, aus dem Haus Davids, verlobt war«* (Lk 1,27). Dies geschah in Nazareth, einem Städtchen in Galiläa, und ereignete sich im sechsten Monat der Schwangerschaft Elisabeths, der Frau Zacharias'. Gabriel sprach zu Maria, wie schon zu Zacharias: *»Fürchte dich nicht«* (V. 30; siehe Vers 13), ein verständlicherweise notwendiger Zuspruch, wenn ein Engel erscheint! Er nannte Maria *»Begnadigte«* und versicherte ihr, *»der Herr ist mit dir«* (V. 28) und *»du hast Gnade bei Gott gefunden«* (V. 30). Dann fuhr er fort: *»Du wirst schwanger werden und einen Sohn gebären, und du sollst ihm seinen Namen Jesus nennen«* (V. 31). Dieses Kind werde *»Sohn des Höchsten«* genannt werden (V. 32) und der verheißene Messias sein, *»und der Herr, Gott, wird ihm den Thron seines Vaters David geben; und er wird über das Haus Jakobs herrschen in Ewigkeit, und seines Königtums wird kein Ende sein«* (V. 32-33).

Vom ersten Wort Gabriels an klingt alles so, als sage er Maria, was geschehen werde, ohne dass sie überhaupt eine Wahl hätte, diese ihr übertragene Aufgabe anzunehmen oder zurückzuweisen. Aber das stimmt nicht. Menschliche Wesen sind keine Automaten, aber Gott kannte Marias hingegebenen Geist. Maria fragte allerdings: *»Wie wird dies zugehen, da ich von keinem Mann weiß«*, also noch Jungfrau bin (V. 34)? Diese Frage spiegelt keinen Mangel an Glauben; Maria bat nur um eine Erklärung des Vorgangs. Und Gabriel erklärte ihr, dass das Kind durch Gott, den Heiligen Geist, gezeugt und daher *»Sohn Gottes«* genannt werden würde (V. 35). Um Maria zu ermutigen, erzählte ihr Gabriel von der durch Gottes Handeln bewirkten Schwangerschaft ihrer Verwandten Elisabeth. Zweifellos war sich Maria der zu erwartenden Missverständnisse und Beschuldigungen bewusst. Aber die Erwiderung, die sie Gabriel und damit dem Herrn gab, ist ein gutes Beispiel für alle Gläubigen: *»Ich bin die Magd des Herrn; es geschehe mir nach deinem Wort«* (V. 38).

Botschaft an Joseph

Obwohl Gott fromme Alleinerziehende liebt und segnet, ist er doch auch der Schöpfer der Ehe und der Familie, zu der zwei Elternteile gehören (1Mo 1,27-28; 2,20-24). Daher musste er Joseph, den Verlobten Marias, über die Natur und Ursache ihrer Situation aufklären. Joseph war also auch ein Hauptbestandteil des Puzzles, denn er vererbte Jesus durch seinen Vorfahren Salomo den rechtlichen Anspruch auf den Thron Davids (Mt 1,6-16). Maria, die durch ihren Vorfahren Nathan ebenfalls eine Nachkommin Davids war, vererbte Jesus sein leibliches Recht auf den Thron (Lk 3,23-31).

Als Joseph zum ersten Mal von Marias Schwangerschaft erfuhr, wusste er noch nichts von deren übernatürlichem Ursprung. Er *»gedachte, sie heimlich zu entlassen«*, weil er *»sie nicht öffentlich bloßstellen wollte«*, denn er war ein gerechter Mann (Mt 1,19). Das zeigt, dass er Maria aufrichtig liebte. An diesem Punkt von Josephs Überlegungen sandte Gott einen Engel (ob Gabriel oder einen anderen wird nicht gesagt), um Joseph in einem Traum über Marias Rolle im Plan Gottes zu informieren. Der Engel wies Joseph an, Maria als seine Frau zu sich zu nehmen und ihrem Kind den Namen Jesus zu geben, *»denn er wird* *sein Volk erretten von seinen Sünden«* (V. 20-21). Wie Maria, gehorchte Joseph den göttlichen Anweisungen und *»nahm seine Frau zu sich; und er erkannte sie nicht, bis sie ihren erstgeborenen Sohn geboren hatte«* (V. 24-25). Diese Aussage setzt voraus, dass Joseph und Maria nach der Geburt Jesu normale eheliche Beziehungen pflegten – eine Tatsache, die von Hinweisen auf seine Brüder gestützt wird (Mt 12,46-47; 13,55-56; Joh 2,12; 7,3.5.10; Apg 1,14). Die Bibel stützt also nicht die Lehre der römisch-katholischen Kirche über eine fortbestehende Jungfräulichkeit Marias.

Das Ereignis der Geburt Jesu

Joseph und Maria lebten in Nazareth, einem kleinen Städtchen in Galiläa, wo Joseph als Zimmermann arbeitete (Lk 1,26-27). Die Heilige Schrift hatte allerdings vorausgesagt, Bethlehem – wo David geboren worden war – werde der Geburtsort dessen sein, *»der Herrscher über Israel sein soll«* (Mi 5,1), des Messias Gottes. Wie Gott die Angelegenheiten der Menschen und der Völker lenkte, um diese Weissagung zu erfüllen, sollte alle Gläubigen ermutigen, ihm zu vertrauen, dass er seinen Plan ohne Abweichung zu Ende führt. Ohne dass sich einer der Beteiligten der Führung Gottes bewusst war, ging *»eine Verordnung vom Kaiser Augustus aus, den ganzen Erdkreis einzuschreiben … und alle gingen hin, um sich einschreiben zu lassen, ein jeder in seine Vaterstadt«* (Lk 2,1.3). Folglich *»ging auch Joseph von Galiläa, aus der Stadt Nazareth, hinauf nach Judäa, in Davids Stadt, die Bethlehem heißt, weil er aus dem Haus und Geschlecht Davids war, um sich einschreiben zu lassen mit Maria, seiner Verlobten, die schwanger war«* (V. 4-5). In genauer Erfüllung von Gottes Prophetie wurden dort in Bethlehem *»ihre Tage erfüllt, dass sie gebären sollte; und sie gebar ihren erstgeborenen Sohn«* (V. 6-7).

Einen Beleg dafür, dass die Menschwerdung des Sohnes Gottes eine stille, unauffällige »Infiltration« war und keine offene »Invasion«, sehen wir in der Tatsache, dass Maria das Kind Jesus *»in eine Krippe legte, weil in der Herberge kein Raum für sie war«* (V. 7). Der Apostel Johannes schrieb: *»Er kam in das Seine, und die Seinen nahmen ihn nicht an«* (Joh 1,11). Als Jesus zum ersten Mal in seine Heimatstadt Nazareth zurückkehrte, diente er in der Synagoge. Über seine Lehre erstaunt, fragten die Leute: *»Ist dieser nicht der Sohn Josephs?«* (Lk 4,22). Als er ihren Mangel an Glauben zurechtwies, wurden *»alle in der Synagoge von Wut erfüllt«* und *»sie standen auf und stießen ihn zur Stadt hinaus und führten ihn bis an den Rand des Berges, auf dem ihre Stadt erbaut war, um ihn so hinabzustürzen. Er aber schritt durch ihre Mitte hindurch und ging weg«* (V. 28-30). Als er später nach Nazareth zurückkehrte, wurde er von den Leuten als *»Sohn des Zimmermanns«* abqualifiziert (Mt 13,55), und *»sie ärgerten sich über ihn«* (Mk 6,3).

DIE BEKANNTGABE DER GEBURT JESU

Stolze Eltern schicken Geburtsanzeigen ihrer Kinder – besonders ihrer Erstgeborenen – an ihre weitverstreuten Familienmitglieder und an ihre Freunde. Stolze Väter stellen in ihrem Vorgarten geschmückte hölzerne Störche auf, mit bunten Luftballons und einem Plakat, dem die Einzelheiten über den neuen Erdenbürger zu entnehmen sind. Manche Väter haben ganz besondere Ideen, die Geburt ihres Kindes bekanntzugeben. Als meine erstgeborene Tochter zur Welt kam, verschickte ich eine verkleinerte Kopie der Geburtsurkunde zusammen mit ihrem Foto und ihren Fußabdrücken als Geburtsanzeige. Allerdings hat und wird niemand jemals die Geburtsanzeige übertreffen, mit der Gott, der Vater, die Geburt seines Sohnes, unseres Herrn Jesus Christus, bekanntgegeben hat.

»Geburtsanzeige« für die Hirten auf dem Feld

Gott gab die Geburt Jesu den Hirten auf den Feldern nahe Bethlehem bekannt, die *»des Nachts Wache hielten über ihre Herde«* (Lk 2,8). Das war deshalb besonders passend, weil David, Jesu großer Vorfahre, ein Schafhirte war (1Sam 16,11-12; 17,14), und weil Jesus sich selbst später *»der gute Hirte«* nannte, der *»sein Leben gibt für die Schafe«* (Joh 10,11; siehe Verse 14-16). Er wurde auch *»der große Hirte der Schafe«* genannt (Hebr 13,20), *»der Hirte und Aufseher eurer Seelen«* (1Petr 2,25) und *»der Oberhirte«* (1Petr 5,4). Viele Ausleger gehen davon aus, dass diese Hirten für die Schafe sorgten, die im Tempel in Jerusalem als Opfer dargebracht wurden. Wenn das stimmt, dann passt es auch sehr gut, dass diesen Hirten zuerst die Geburt Jesu angezeigt wurde, die Geburt des *»Lammes Gottes, das die Sünde der Welt wegnimmt«* (Joh 1,29; siehe Vers 36) und das eben dadurch auch der Notwendigkeit dieser Opfer ein Ende setzt. Darüber hinaus zeigt es Gottes Interesse an und seine Sorge für geringe, niedrige Menschen in dieser Welt (1Kor 1,27-29).

Lukas berichtet, die »Geburtsanzeige« sei von einem *»Engel des Herrn«* überbracht worden (Lk 2,9). Dieser Engel, dessen Identität in dem Bericht nicht gelüftet wird, brachte den Hirten die Kunde: *»Euch ist heute ein Retter geboren, der ist Christus, Herr, in Davids Stadt«* (V. 11). Das Zeichen für sie sei *»ein Kind, in Windeln gewickelt und in einer Krippe liegend«* (V. 12). Sobald der Engel seinen Bericht beendet hatte, *»war bei ihm eine Menge der himmlischen Heerscharen, die Gott lobten und sprachen: Herrlichkeit Gott in der Höhe, und Friede auf Erden in den Menschen seines Wohlgefallens«* (V. 13-14). Das war eine Geburtsanzeige, die niemals übertroffen werden wird. Sie zeigte die Geburt des ewigen Sohnes Gottes als eine Person an, die auf ewig mit dem menschlichen Geschlecht verbunden ist – als ihr Messias, ihr Heiland, ihr Herrscher und ihr Richter. Diese »Geburtsanzeige« für die Hirten ist gleichzeitig eine Anzeige für das ganze Volk Israel.

»Geburtsanzeige« für die Magier im Morgenland

Gott, der Vater, sandte auch eine »Geburtsanzeige« seines Sohnes an die Heiden. Jahrhunderte zuvor hatte Gott im Buch des Propheten Jesaja zu seinem noch nicht menschgewordenen Sohn gesagt: *»Es ist zu wenig, dass du mein Knecht bist, um die Stämme Jakobs aufzurichten und die Bewahrten Israels zurückzubringen. So habe ich dich auch zum Licht der Nationen gemacht, dass mein Heil reiche bis an die Enden der Erde«* (Jes 49,6; siehe 42,6; 51,4). Den Nationen wurde seine Geburt anders als den Hirten bekanntgemacht. Die Magier kamen nach Jerusalem und fragten nach dem *»König der Juden, der geboren worden ist.«* Sie sagten: *»Wir haben seinen Stern im Morgenland gesehen und sind gekommen, ihm zu huldigen«* (Mt 2,2). Diese Männer, Astrologen und Philosophen aus Parthien, gehörten zu einer Klasse von Wahrsagern, die sich mindestens bis zur Zeit Daniels und seiner drei Freunde zurückverfolgen lässt (Dan 1,3-6.17-20). Daher waren diesen Magiern unzweifelhaft die alttestamentlichen Texte bekannt, die einen Stern und im Zusammenhang damit den künftigen König Israels erwähnten (4Mo 24,17; Jes 60,1-3).

Niemand weiß, was dieser Stern war. Wir kennen nur seine Funktion: die Geburt des Sohnes Gottes anzuzeigen. Alle Versuche, diesen Stern mit einem astronomischen Phänomen, etwa einem als »ein nicht identifizierter Komet ... eine Supernova [oder] mehrere Planeten, [die] in Konjunktion mit einem sehr hell strahlenden Stern standen«[16], zu identifizieren, bleiben als natürliche Erklärungen ergebnislos. W. White schrieb dazu passenderweise: »Die annehmbarste Alternative scheint hier zu sein, dass Gott eine Lichtquelle bereitstellte, die jetzt nicht mehr bestimmt werden kann.«[17] Anscheinend führte der Stern die Magier nicht aus ihrer Heimat nach Jerusalem, aber als sie Jerusalem in Richtung nach Bethlehem verließen (Mt 2,4-8), ging *»der Stern, den sie im Morgenland gesehen hatten, vor ihnen her, bis* *er kam und oben über dem Ort stand, wo das Kindlein war. Als sie aber den Stern sahen, freuten sie sich mit sehr großer Freude«* (V. 9-10). Das zeigt, dass es sich hier um ein übernatürliches Eingreifen Gottes handelte.

Der Stern war anscheinend zum ersten Mal erschienen und von den Magiern in Verbindung mit der tatsächlichen Geburt Jesu in Bethlehem gebracht worden. Die Beratung der Magier (deren Anzahl traditionell als drei angenommen wird, weil Jesus drei Arten von Geschenken mitgebracht wurden), die Zusammenstellung ihrer Karawane und die Vorbereitungen für ihre Reise durch von Räubern heimgesuchte Landschaften sowie auch die Reise selbst benötigten viel Zeit. Folglich war Jesus bei ihrem Besuch kein neugeborenes Baby mehr, das in einer Krippe lag, wie es oftmals in Weihnachtsspielen dargestellt wird. Joseph, Maria und Jesus lebten in einem Haus (Mt 2,11), und Jesus wird *»das Kind«* genannt. Das griechische Wort *paidion* bezeichnet ein Kleinkind, nicht einen Säugling (*brephos*). Als König Herodes klar wurde, dass die Magier in ihre Heimat zurückgekehrt waren, ohne ihn über den Aufenthaltsort des Kindes zu unterrichten, *»sandte er hin und ließ alle Knaben töten, die in Bethlehem und in seinem ganzen Gebiet waren, von zwei Jahren und darunter«* (V. 16). So befand sich Jesus offenbar bereits in dieser Altersstufe.

Die Verkündigung der Geburt Jesu

Die Anzeigen der Geburt Jesu waren im Wesentlichen keine öffentlichen, sondern örtlich begrenzte Kundgaben. Die Magier sahen den Stern und interpretierten ihn in Verbindung mit Weissagungen in alten jüdischen Schriften. Obwohl sie Herodes und den jüdischen Führern in Jerusalem ihre Erkenntnisse mitteilten, blieb die Nachricht doch immer noch im lokalen Bereich. Die Kundgebung des Engels für die Hirten fand des Nachts statt, so dass sie – wenngleich ein strahlendes, blendendes Ereignis – nur von diesen wahrgenommen wurde. Nachdem sie die Botschaft des Engels bestätigt sahen, als sie Maria, Joseph *»und das Kind in der Krippe liegend«* gefunden hatten (Lk 2,16), *»machten sie das Wort bekannt, das über dieses Kindlein zu ihnen geredet worden war«* (V. 17). Aber das konnten sie nur bei einer vergleichsweise geringen Zahl von Menschen im Städtchen Bethlehem tun. Es bestand Bedarf an einer öffentlichen Verkündigung der guten Nachricht von der Geburt des Messias' Israels.

Verkündigung durch Simeon

Als gläubige Juden ließen Joseph und Maria ihren Sohn Jesus am achten Tag beschneiden (3Mo 12,3), und bei dieser Gelegenheit nannten sie ihn Jesus, wie Gabriel Maria aufgetragen hatte (Lk 1,31) und wie Joseph von dem Engel befohlen worden war (Mt 1,21). Nachdem sie gemäß dem Gesetz Moses weitere dreiunddreißig Tage abgewartet hatten, während derer sich Maria reinigen konnte (3Mo 12,4), gingen die beiden nach Jerusalem in den Tempel, um dem Herrn ihren erstgeborenen Sohn, Jesus, darzustellen (2Mo 13,2) und um das Lösungsopfer für ihn nach dem Gesetz Moses darzubringen (V. 12-13). Dieses Opfer sollte in einem Lamm bestehen. Jene, die sich kein Lamm leisten konnten, durften stellvertretend *»zwei Turteltauben oder zwei junge Tauben«* opfern (3Mo 12,8; siehe Lk 2,24). Die Tatsache, dass Tauben dargebracht wurden, offenbart Josephs und Marias niedrigen materiellen Standard.

Simeon war *»ein Mensch, gerecht und gottesfürchtig«*; er *»wartete auf den Trost Israels; und der Heilige Geist war auf ihm«* (Lk 2,25). Er repräsentierte einen gottesfürchtigen, gläubigen Überrest in einer Zeit des Abfalls und der bloßen religiösen Form. Gott hatte ihm geoffenbart, *»dass er den Tod nicht sehen solle, ehe* *er den Christus des Herrn gesehen habe«* (V. 26). Als Joseph und Maria mit Jesus in den Tempel kamen, nahm Simeon, geleitet vom Heiligen Geist (V. 27), Jesus *»auf seine Arme und lobte Gott«* (V. 28). Er erklärte seine Bereitschaft, nun in den Tod abzuscheiden, *»denn meine Augen haben dein Heil gesehen, das du bereitet hast im Angesicht aller Nationen: ein Licht zur Erleuchtung der Nationen und zur Herrlichkeit deines Volkes Israel«* (V. 30-32).

Simeon, der weder vor noch nach diesem Vorkommnis in der Bibel erwähnt wird, segnete Joseph und Maria und verkündete als ein Prophet die folgende Botschaft hinsichtlich Jesu Leben und Dienst als Mensch und Marias kommenden Herzenskummer: *»Dieser ist gesetzt zum Fall und Aufstehen vieler in Israel und zu einem Zeichen, dem widersprochen wird – aber auch deine eigene Seele wird ein Schwert durchdringen – damit die Überlegungen aus vielen Herzen offenbar werden«* (V. 34-35). Zweifellos wurde Simeons Verhalten und seine Worte in den belebten Tempelhöfen von sehr vielen beobachtet und gehört.

Verkündigung durch Hanna

Als *»eine Prophetin«* beschrieben (Lk 2,26), wird Hanna durch ihre Abstammung und ihre persönliche Lebensgeschichte vorgestellt. Nach sieben Ehejahren verwitwet, war sie nun vierundachtzig Jahre alt (V. 36-37). Lukas berichtet, sie *»wich nicht vom Tempel und diente Nacht und Tag mit Fasten und Flehen«* (V. 37), ein Beweis für ihre Hingabe an Gott. Als Simeon fortging, näherte sie sich Joseph, Maria und Jesus. Und Hanna *»redete von ihm* [Jesus] *zu allen, die auf die Erlösung Jerusalems warteten«* (V. 38). Durch Simeon und Hanna wurde die Geburt des Messias Gottes dem Volk Israel öffentlich verkündet – besonders den Demütigen und Frommen, die seine verheißene Ankunft erwarteten und darum beteten.

6. KAPITEL

DIE PERSON DES MENSCHGEWORDENEN SOHNES GOTTES

Unser Herr Jesus Christus ist eine einzigartige Person – nicht in unserem zeitgenössischen, verwässerten Sinn von »ungewöhnlich«, sondern in der absoluten Bedeutung »ein einziger von seiner Art«. Er ist die göttlich-menschliche Person, der Gott-Mensch. Er verbindet fortwährend das ewige Wort Gottes, die zweite Person der dreieinen Gottheit, mit der Menschheit. Als die offenbarende Person der Gottheit war das Wort von Ewigkeit her dazu bestimmt, Mensch zu werden. Die Menschwerdung des Wortes kam nicht daher, dass die Dreieinheit das Los geworfen und das Wort dabei den Kürzeren gezogen hätte; auch wurde es nicht von Gott, dem Vater, und Gott, dem Heiligen Geist, überstimmt. Es war vielmehr seine ureigenste Aufgabe als das Wort, als der Ausdruck Gottes, Gott in menschlicher Form zu offenbaren und darzustellen. Der Apostel Johannes stellt fest: *»Niemand hat Gott jemals gesehen; der eingeborene Sohn, der in des Vaters Schoß ist, der hat ihn kundgemacht«* (Joh 1,18). Das hier mit »kundgemacht« übersetzte griechische Wort (*exägäsato*) kann man im Deutschen auch mit »ausgelegt« wiedergeben.

Im Verlauf seines Dienstes traf der Herr Jesus die gleiche Aussage über seine Person. In Beantwortung der Frage seines Jüngers

Philippus, *»Herr, zeige uns den Vater, und es genügt uns«* (Joh 14,8), antwortet Jesus mit einem Anflug von Trauer in seinem Herzen, wenn nicht auch in seiner Stimme: *»So lange Zeit bin ich bei euch, und du hast mich nicht erkannt, Philippus? Wer mich gesehen hat, hat den Vater gesehen. Und wie sagst du: Zeige uns den Vater?«* (V. 9). Philippus war von Anfang des Dienstes Jesu an (Joh 1,43) als dessen Jünger in Gemeinschaft mit ihm, und dennoch hatte er hier ein Problem mit Jesus. Das bestand darin, dass Jesus aussah wie jeder andere Mensch – vielleicht wie einer der alttestamentlichen Propheten mit der ihnen von Gott verliehenen Macht, Wunder zu wirken. Philippus erkannte Jesus als den verheißenen Messias des Alten Testaments an (V. 45), aber er verstand noch nicht, dass Jesus der Gott-Mensch ist, die Vereinigung von Gottheit und Menschlichkeit in einer Person.

DIE VEREINIGUNG VON GOTT UND MENSCH IN EINER PERSON

Das Konzil von Chalcedon (451 n.Chr.) formulierte eine ziemlich lange und komplizierte Lehraussage über die Person des menschschgewordenen Christus. Man könnte ihren Inhalt kurz als die Vereinigung »völliger Gottheit und vollkommener Menschlichkeit« wiedergeben, »ohne Vermischung, Wandel, Zerteilung oder Spaltung in einer Person auf ewig«.[1] Dies wird die »hypostatische Union«[2] genannt. Wie die Lehre von der Trinität ist sie »eines der kompliziertesten Themen«[3] auf dem Feld der Theologie. Das kommt daher, dass – wie bei der Dreieinheit – die Person Jesu Christi in ihrer Gesamtheit einzigartig ist. Wie bei der Formulierung der Lehre von der Dreieinheit auch, können wir bei unserem Versuch, die Lehre von der Person des menschgewordenen Jesus Christus zu verstehen, nur auf das Zeugnis der Heiligen Schrift zurückgreifen.

Die Formulierung der Lehre von der menschgewordenen Person Christi wird durch die Aussage der Heiligen Schrift noch komplizierter, dass die Menschwerdung ein Herunterkommen, einen Abstieg miteinschließt. Der Apostel Johannes schrieb: *»Das Wort wurde Fleisch und wohnte unter uns«* (Joh 1,14). Der Schreiber des Hebräerbriefes sprach vom Platz, den Jesus einnahm, und möglicherweise auch von seiner zeitweiligen Stellung, als er erklärte, dass er *»kurze Zeit unter die Engel erniedrigt war«* (Hebr 2,9). Wenn diese Aussage sowohl seine Stellung als auch seinen Platz hier auf der Erde betrifft, dann war beides nur zeitweilig, denn in einem anderen Vers betont der Schreiber Jesu Erhabenheit über die Engel bei seiner Erhebung *»zur Rechten der Majestät in der Höhe«* (Hebr 1,3; siehe Verse 4-13).

Das Problem, zu ermitteln, was die Menschschwerdung im Hinblick auf Jesu Gottheit bedeutet, hat seinen Grund in der Aussage des Apostels Paulus, dass Jesus *»in Gestalt Gottes war und es nicht wie einen Raub festhielt, Gott gleich zu sein, sondern er entäußerte sich selbst«* (Phil 2,6-7; Schlachter'2000). Das griechische Verb *kenoo*, das in verschiedenen Übersetzungen (Schlachter'2000, Luther'12) mit »entäußern« wiedergegeben wird, bezeichnet diesen Schritt des Abstiegs Jesu, die *Kenose*[4]. An anderer Stelle schrieb Paulus über Christus, *»dass er, da er reich war, um euretwillen arm wurde«* (2Kor 8,9). Die Krux des Problems besteht darin, was dieses »entäußern« oder »arm werden« eigentlich bedeutet.

Die völlige Gottheit Jesu Christi

Die *Kenose* beinhaltete nicht den Verzicht auf irgendeine der Eigenschaften oder Merkmale der göttlichen Natur – so etwas ist bei einem unveränderlichen Gott nicht möglich. Jesus wäre dann weniger als Gott gewesen. Bereits vor seiner Aussage gegenüber

Philippus hatte Jesus festgestellt: *»Wer an mich glaubt, glaubt nicht an mich, sondern an den, der mich gesandt hat; und wer mich sieht, sieht den, der mich gesandt hat«* (Joh 12,44-45). Sogar schon früher hatte Jesus, als er beim Fest der Tempelweihe in Jerusalem zu den Juden sprach, erklärt: *»Ich und der Vater sind eins«* (Joh 10,30). Das sächliche Geschlecht des mit »eins« wiedergegebenen griechischen Wortes zeigt an, dass Jesus von der Wesenseinheit mit Gott, dem Vater, sprach. Daraufhin hoben die Juden Steine auf, um ihn als Lästerer zu steinigen, und sagten: *»... weil du, der du ein Mensch bist, dich selbst zu Gott machst«* (V. 33). Bereits früher hatte Jesus den Juden gesagt: *»Wahrlich, wahrlich, ich sage euch: Ehe Abraham war, bin ich«* (Joh 8,58), wobei er sich selbst den Namen beilegte, mit dem sich Gott gegenüber Mose und für Israel ausgewiesen hatte (2Mo 3,14). Auch hier erkannten die Juden die Bedeutung des von Jesus erhobenen Anspruches und *»hoben Steine auf, um sie auf ihn zu werfen«* (Joh 8,59).

Wenn Jesu Behauptung, Gott zu sein, nicht der Wahrheit entspricht, dann war er entweder selbst irregeführt oder ein Betrüger. Doch sein Leben, sein Dienst und seine Lehren bieten keinerlei Anhaltspunkt dafür – weder für das eine noch für das andere. Darüber hinaus wird die Göttlichkeit Jesu Christi von anderen Schreibern des Neuen Testaments bestätigt. Ehe er sich der *Kenose* Jesu zuwandte, sprach Paulus über Jesus, dass er *»in Gestalt Gottes war und es nicht für einen Raub achtete, Gott gleich zu sein«* (Phil 2,6). An anderer Stelle beschreibt Paulus Christus als *»das Bild des unsichtbaren Gottes«* (Kol 1,15; siehe 2Kor 4,4), und der Verfasser des Hebräerbriefes schrieb, dass *»er* [Gott] *am Ende dieser Tage zu uns geredet* [hat] *im Sohn«* (Hebr 1,2), *»der Ausstrahlung seiner Herrlichkeit und Abdruck seines Wesens ist«* (V. 3). Paulus nannte Jesus *»Gott«* (Röm 5,2) und bezeichnete ihn als *»unseren großen Gott und Heiland Jesus Christus«* (Tit 2,13).

Jesus legte göttliche Eigenschaften an den Tag. In seinem irdischen Leben und Dienst zeigte Jesus zahlreiche Eigenschaften, die nur Gott zu eigen sind. Als Philippus Nathanael zu Jesus führte, sagte der Herr, Nathanael sei »*wahrhaftig ein Israelit, in dem kein Trug ist*« (Joh 1,47). Das ist mehr als bloße Menschenkenntnis; es ist göttliche Allwissenheit (Ps 139,1-6). Als Nathanael ihn fragte: »*Woher kennst du mich?*«, entgegnete Jesus: »*Ehe Philippus dich rief, als du unter dem Feigenbaum warst, sah ich dich*« (Joh 1,48). Damit demonstrierte er göttliche Allgegenwart (Ps 139,7-12). Jesus nahm göttliche, ewige Existenz für sich in Anspruch, als er Gott, den Vater, bat: »*Und nun verherrliche du, Vater, mich bei dir selbst mit der Herrlichkeit, die ich bei dir hatte, ehe die Welt war*« (Joh 17,5). Bei verschiedenen Gelegenheiten demonstrierte Jesus mehr als menschliches Wissen über die Gedanken einzelner Menschen (Lk 6,8; 11,17; Joh 2,24-25). Der am stärksten herausragende Vorfall dieser Art war, als er der samaritischen Frau am Brunnen in Sychar sagte: »*Du hast recht gesagt: Ich habe keinen Mann; denn fünf Männer hast du gehabt, und der, den du jetzt hast, ist nicht dein Mann*« (Joh 4,17-18). Jesus zeigte auch göttliche Allmacht, als er die Kontrolle über den Sturm übernahm (Mt 8,23-27; siehe Mk 4,36-39; Lk 8,23-24) und als er die Brote und die Fische vermehrte (Mt 14,17-21; 15,34-38; 16,9-10; siehe Mk 6,38-44; 8,5-9). Und er zeigte seine Macht, Tote wieder zum Leben zu erwecken (Lk 7,12-15; Mk 5,22-24.35-43; Joh 11,11-15.21.38-44).

Jesus zeigte, dass er göttliche Privilegien besaß. Auch die Inanspruchnahme göttlicher Privilegien während seines irdischen Dienstes zeigt, dass Jesus bei seiner Menschwerdung nichts von seiner Göttlichkeit verloren hatte. Ein derartiges göttliches Privileg ist die Vergebung von Sünden, die Jesus für sich beanspruchte. Einmal wurde in Kapernaum ein Gelähmter von seinen Freunden auf einem Bett zu Jesus gebracht. Da sie zunächst wegen der Menschenmenge nicht zu ihm gelangen konnten, stiegen sie auf das Dach, deckten es auf und ließen ihren Freund von oben zu Jesus hinab (Mk 2,1-4; siehe Mt 9,1-2; Lk 5,18-19). »*Als Jesus ihren Glauben sah, spricht er zu dem Gelähmten: Kind, deine Sünden sind vergeben«* (Mk 2,5; siehe Mt 9,2; Lk 5,20). Einige der anwesenden »Gesetzeslehrer« beschuldigten Jesus in ihrem Inneren der Lästerung, indem sie bei sich ganz richtig dachten: *»Wer kann Sünden vergeben außer einem, Gott?«* (Mk 2,7; siehe Lk 5,21).

Da er ihre Gedanken kannte (ein Beweis für göttliche Allwissenheit), sprach Jesus zu ihnen: *»Was ist leichter? Zu dem Gelähmten zu sagen: Deine Sünden sind vergeben, oder zu sagen: Steh auf, nimm dein Bett auf und geh umher?«* (Mk 2,9; siehe Mt 9,5; Lk 5,23). Offensichtlich ist es leichter zu sagen, *»deine Sünden sind vergeben«*, denn wer kann schon von außen beurteilen, ob sie wirklich vergeben sind oder nicht? Dann fuhr Jesus fort: *»Damit ihr aber wisst, dass der Sohn des Menschen Vollmacht hat, auf der Erde Sünden zu vergeben – spricht er zu dem Gelähmten: Ich sage dir, steh auf, nimm dein Bett auf und geh in dein Haus«* (Mk 2,10-11; siehe Mt 9,6; Lk 5,24). Und der Mann *»stand auf, nahm sogleich das Bett auf und ging vor allen hinaus«* (Mk 2,12; siehe Mt 9,7; Lk 5,25). Indem Jesus den Gelähmten heilte, demonstrierte er sein göttliches Privileg, Sünden zu vergeben.

Als Jesus bei einer anderen Gelegenheit im Haus eines Pharisäers zu Tisch geladen war, kam *»eine Frau aus der Stadt, die eine Sünderin war«* (Lk 7,37), und wusch die Füße Jesu mit ihren Tränen. Sie *»trocknete sie [...] mit den Haaren ihres Hauptes, dann küsste sie seine Füße und salbte sie mit Salböl«* (V. 38) zum Beweis ihrer Reue und ihres Glaubens. Jesus sprach zu ihr: *»Deine Sünden sind vergeben ... dein Glaube hat dich gerettet. Geh hin in Frieden«* (V. 48.50).

Der Dienst, den diese Sünderin Jesus erwies, war ein Beweis ihres Glaubens an ihn, wofür sie die Vergebung ihrer Sünden erhielt. Dass und wie sie seine Füße wusch, brachte aber auch ihre Verehrung für ihn zum Ausdruck. Das Privileg, Verehrung bzw. Huldigung entgegenzunehmen, ist ein weiteres Vorrecht des menschgewordenen Herrn Jesus. Die Magier, die nach Jerusalem kamen, um nach dem *»König der Juden«* zu suchen, sagten: *»Wir ... sind* *gekommen, ihm zu huldigen«* (Mt 2,2). Als sie zu dem Haus kamen, in dem sich Jesus aufhielt, *»fielen sie nieder und huldigten ihm«* (V. 11). Nachdem Jesus auf dem Wasser gewandelt war, den Sturm gestillt hatte und in das Schiff gestiegen war, warfen sich seine Jünger vor ihm nieder und huldigten ihm (Mt 14,33). Desgleichen tat auch der Mann, der von Geburt an blind gewesen war und den Jesus geheilt hatte (Joh 9,1.38). Es kann nicht überraschen, dass die Frauen (Mt 28,9) und die Jünger (V. 17) Jesus nach seiner Auferstehung huldigten. Nach seiner Himmelfahrt beteten die Jünger den Herrn an, ehe sie nach Jerusalem zurückkehrten (Lk 24,52). Auch Engel beten Jesus an, *»den Erstgeborenen«* (Hebr 1,6). Er nimmt Anbetung an, weil das sein Privileg als menschgewordener Sohn Gottes ist.

Eine bezeichnende Passage in der Bibel, die sich mit der Ausübung göttlicher Privilegien durch Jesus befasst, ist Johannes 5,16-30. Seine grundlegende Beteuerung gegenüber den Juden, mit denen er sprach, lautete: *»Mein Vater wirkt bis jetzt, und ich wirke«* (V. 17). Später sagte er: *»Was der* [Vater] *tut, das tut ebenso auch der Sohn«* (V. 19). Dann nahm Jesus die Autorität für sich in Anspruch, lebendig zu machen, wen er will (V. 21), und zwar sowohl leiblich durch die Auferstehung als auch geistlich durch das von ihm erwirkte Heil. Darüber hinaus erklärte er: *»das ganze Gericht hat er* [der Vater] *dem Sohn gegeben, damit alle den Sohn ehren, wie sie den Vater ehren«* (V. 22-23). Die Autorität Jesu über die Auferstehung der Toten und über das Gericht aller Menschen wird ausführlich in den Versen 25-30 geschildert.

Die vollkommene Menschlichkeit Jesu Christi

Die Person unseres Herrn Jesus Christus vereint in sich vollkommenes Menschsein mit völligem Gottsein. Das bedeutet, dass er völlig frei war von jedem Anflug der sündigen Natur

Adams. Der Engel Gabriel beschrieb den Sohn, den Maria durch den Heiligen Geist empfangen sollte, als *»das Heilige«* (Lk 1,35), und zwar nicht etwa deshalb, weil Maria womöglich sündlos gewesen wäre, wie die Katholiken glauben. Das verschiebt das Wunder nur um eine Generation zurück nach hinten und macht es zudem schwerer zu erklären, denn Maria wurde auf ganz normale Weise von zwei Elternteilen mit der Natur Adams empfangen. Dagegen hatte Gott zu Maria sagen lassen: *»Der Heilige Geist wird über dich kommen, und Kraft des Höchsten wird dich überschatten«* (V. 35). Später in seinem Dienst forderte Jesus die Juden heraus, die seine Lehre zurückwiesen, indem er sagte: *»Wer von euch überführt mich einer Sünde?«* (Joh 8,46).

Obwohl er in seiner Natur und in seinen Handlungen sündlos war, lebte Jesus offenbar ein normales Leben. Lukas berichtet: *»Das Kindlein aber wuchs und erstarkte, erfüllt mit Weisheit, und Gottes Gnade war auf ihm«* (Lk 2,40). Jesus offenbarte diese Weisheit, als Joseph und Maria ihn im Alter von zwölf Jahren mit nach Jerusalem nahmen, und der Knabe versehentlich dort zurückgelassen wurde. Seine Eltern fanden ihn *»nach drei Tagen im Tempel, wie er inmitten der Lehrer saß und ihnen zuhörte und sie befragte. Alle aber, die ihn hörten, gerieten außer sich über sein Verständnis und seine Antworten«* (V. 46-47). Lukas schrieb weiter: *»Er war ihnen untertan … und Jesus nahm zu an Weisheit und Alter und Gunst bei Gott und Menschen«* (V. 51-52). Was für ein Schock muss es für Maria gewesen sein, als ihr nächstes Kind die ersten Anzeichen seiner adamitischen sündigen Natur zeigte, die Jesus niemals an den Tag gelegt hatte!

Die menschliche Natur Jesu war vollkommen in dem Sinn, dass er sündlos blieb. Er war *»ohne Sünde«* (Hebr 4,15); er *»kannte keine Sünde«* (2Kor 5,21) und *»Sünde ist nicht in ihm«* (1Jo 3,5). Seine menschliche Natur war auch darin vollständig, dass zu ihr eine Seele, ein Geist und ebenso ein Leib gehörten. Die Folge davon war, dass Jesus die ganze Palette normaler menschlicher

Gefühle empfinden konnte. Er weinte am Grab des Lazarus (Joh 11,35), und die Juden sagten: *»Siehe, wie lieb hat er ihn gehabt«* (V. 36). Er konnte gerechten Zorn empfinden (Mk 3,5), den er zeigte, als er bei seinem triumphalen Einzug in Jerusalem die Händler und Geldwechsler aus dem Tempel trieb (Mt 21,12-13; siehe Mk 11,15-17; Lk 19,45-46). Im Garten Gethsemane sprach er davon, dass seine Seele *»sehr betrübt«* sei, *»bis zum Tod«* (Mt 26,38; siehe Joh 12,27).

Jesus erlernte von Joseph das Zimmermannshandwerk und war bekannt als *»der Sohn des Zimmermanns«* (Mt 13,55) und als *»der Zimmermann«* (Mk 6,3). Er verspürte Hunger (Mt 4,2), Durst (Joh 4,7; 19,28) und Müdigkeit (Joh 4,6) wie jedes menschliche Wesen. Er wurde *»von dem Teufel versucht«* (Mt 4,1-11; siehe Mk 1,13; Lk 4,1-12). Der Schreiber des Hebräerbriefes erklärt: *»Wir haben nicht einen Hohenpriester, der nicht Mitleid haben könnte mit unseren Schwachheiten, sondern der in allem in gleicher Weise wie wir versucht worden ist, doch ohne Sünde«* (Hebr 4,15; siehe 2,18). Auf Anweisung des Engels nannten ihn seine Eltern Jesus (Lk 1,31; 2,21; Mt 1,21.25); ein bedeutungsvoller Name in der jüdischen Geschichte (Jos 1,1). Und Jesus nannte sich selbst gerne den *»Sohn des Menschen«* (in Mt 8,20 zum ersten von neunundachtzig Mal). Jesus lebte wahrlich als ein Mensch unter Menschen.

Die Beziehung zwischen Gott und Mensch in einer Person

Die Heilige Schrift macht deutlich, dass Jesus die Vereinigung von völliger Gottheit mit vollkommener, vollständiger Menschlichkeit ist. Jesus ist der Gott-Mensch. Die Bibel ist allerdings nicht so deutlich in der Darstellung der Beziehung zwischen der göttlichen und der menschlichen Natur in der Person Christi. Sie weist auf eine *hypostatische Union* hin – eine Vereinigung verschiedener Naturen zur Bildung einer einzigen Person. Jesus ist die gottmenschliche Person, die als eine ungeteilte Person denkt und fühlt und handelt. Er ist keine gespaltene Persönlichkeit, in der die göttliche und die menschliche Natur in einem Konflikt zueinander stehen. In der Heiligen Schrift sprach Jesus niemals davon, dass seine Gottheit und seine Menschlichkeit voneinander getrennt seien – er sprach und handelte stets als eine ungeteilte Person.

Irrlehren über die Einheit Gottes

Der *Nestorianismus*, benannt nach Nestorius († ca. 451 n.Chr.) betrachtet Jesus so, als habe er eine doppelte Persönlichkeit. Dies ist nur einer von mehreren Irrtümern, die aufkamen und wieder verworfen wurden, als die christliche Gemeinde die biblische Lehre hinsichtlich der Person Jesu Christi zu verstehen versuchte. Der früheste dieser Irrtümer wird *Doketismus*[5] genannt; dieser Begriff ist von dem griechischen Verb *dokeo* abgeleitet, das »scheinen« (im Sinne von »scheinbar«) bedeutet. Er lehrt, dass Jesus nur ein Mensch zu sein *schien*; sein Leib war nur eine Erscheinung. Der Apostel Johannes widerlegte diese Ansicht, als er schrieb: »*Jeder Geist, der Jesus Christus, im Fleisch gekommen, bekennt, ist aus Gott; und jeder Geist, der nicht Jesus bekennt, ist nicht aus Gott*« (1Jo 4,2-3). Schon vorher hatte Johannes betont: »*Was von Anfang an war, was wir gehört, was wir mit unseren Augen gesehen, was wir angeschaut und unsere Hände betastet haben vom Wort des Lebens … bezeugen und verkündigen wir euch*« (1Jo 1,1). *Doketismus* wird auch in 2. Johannes 7 erwähnt (»*… viele Verführer sind in die Welt hinausgegangen, die nicht Jesus Christus, im Fleisch gekommen, bekennen…*«) und in Kolosser 2,9 widerlegt: »*Denn in ihm* [Christus] *wohnt die ganze Fülle der Gottheit leibhaftig.*« Ryrie schreibt ganz richtig: »Diese Irrlehre untergräbt nicht nur die Wirklichkeit der Menschwerdung, sondern auch die Gültigkeit des Sühnungswerkes und die leibliche Auferstehung.«[6]

Eine andere frühe Irrlehre hinsichtlich der Person Jesu ist der *Ebionismus*. So nannte man eine Sekte jüdischer Christen in den frühen Jahrhunderten der Kirche. Sie leugnete praktisch die jungfräuliche Empfängnis Jesu und sah in ihm den natürlichen Sohn von Joseph und Maria. Die Ebioniten lehrten, der ewige Christus sei mit dem menschlichen Jesus vereinigt worden, als Johannes Jesus taufte. Einige von ihnen behaupteten, »der Christus« habe Jesus am Kreuz verlassen, und sie begründeten diese Behauptung mit Jesu Ausruf: *»Mein Gott, mein Gott, warum hast du mich verlassen?«* (Mt 27,46; Mk 15,34). Nach dieser Sichtweise starb Jesus als bloßer Mensch und nicht als der Gott-Mensch. Manche Bibellehrer glauben, 1. Johannes 5,6-8 sei eine Widerlegung dieser Irrlehre, die gegen Ende der apostolischen Epoche von Cerinthus aufgebracht und von anderen angenommen wurde. Wenn Jesus wirklich der natürliche Sohn von Joseph und Maria war, dann war er nicht *»das Heilige«* (Lk 1,35), sondern seine Eltern vererbten ihm unabweisbar die adamitische sündige Natur. Wenn er darüber hinaus wirklich als bloßer Mensch starb, dann konnte sein Tod nicht das ein für alle Mal gültige Opfer für die Sünden der Welt sein.

Eine weitere Irrlehre über die Person Christi in der frühen Kirche ist der *Monarchianismus*. Bei dem Versuch, den absoluten Monotheismus im Gegensatz zum *Trinitarianismus*[7] zu bewahren, vertraten ihre Anhänger eine von zwei Ansichten. Die *adoptionistischen* oder *dynamistischen* Monarchianer »vertraten die Ansicht, Jesus sei nur in dem Sinne Gott gewesen, dass eine Kraft oder ein Einfluss von Gott, dem Vater, auf seiner menschlichen Person geruht habe.«[8] Die *modalistischen* Monarchianer, die nach Sabellius (im dritten Jahrhundert n.Chr.) auch *Sabellianer* genannt wurden, lehrten, dass »die einzige Unterscheidung in der Gottheit die bloße Aufeinanderfolge von Zuständen oder Handlungen war.«[9] Der *Modalismus* wird allerdings durch die Anwesenheit der drei unterschiedenen Personen des dreieinen Gottes bei der Taufe Jesu durch Johannes den Täufer widerlegt: *»Er sah den Geist Gottes wie eine Taube herabfahren und auf ihn* [Jesus] *kommen«* (Mt 3,16); Gott, der Vater, bezeichnete mit einer *»Stimme aus den Himmeln«* Jesus als *»mein geliebter Sohn«* (V. 17; siehe Mk 1,10-11; Lk 3,21-22). Diese Gruppierung wurde auch unter der Bezeichnung *Patripassionisten* bekannt, weil sie lehrte, Gott, der Vater, habe als Jesus Christus (Gott, der Sohn) gelitten und sei als dieser gestorben. Eine zeitgenössische Version dieser Irrlehre finden wir in der *Jesus-Only-Bewegung.*

Der *Arianismus*, benannt nach seinem Urheber Arius (ca. 250-336 n.Chr.), leugnete die ewige Existenz und die völlige Gottheit des Wortes, das in Jesus Christus Mensch wurde. Der Arianismus lehrte, dass der *Logos* nicht ewig war, sondern vom Vater aus dem Nichts geschaffen wurde, um als Werkzeug für die Erschaffung der Welt zu dienen. Daher sei er nicht von Natur Gott gewesen, sondern ein veränderliches Geschöpf.[10] Diese Irrlehre wird in unserer heutigen Zeit sowohl von Jehovas Zeugen als auch von den Mormonen (»Kirche Jesu Christi der Heiligen der letzten Tage«) vertreten. Charles Taze Russell, der Gründer der *Wachtturm Bibel- und Traktatgesellschaft*, deren Mitglieder später als die *Zeugen Jehovas* bekannt wurden, beschrieb Jesus Christus als »das Höchste der ganzen Schöpfung Jehovas. So war er auch der Erste, die einzige direkte Schöpfung Gottes, der ›einzig gezeugte‹. Und dann schuf er – als Kraft Jehovas und in seinem Namen – alle Dinge: Engel, Fürstentümer und Gewalten sowie die ganze irdische Schöpfung.«[11] Der mormonische Autor James E. Talmadge bekannte sich zwar zur Vorexistenz Christi vor seiner Empfängnis durch Maria und seiner Geburt in Bethlehem, aber er lehrte, dass Jesus nicht Gott war, keine Person der Trinität. Talmadge schrieb: »Er lebte bei dem Vater als körperloser Geist, der Erstgeborene der Kinder des Vaters.«[12]

Ein weiterer antiker Irrtum wird nach seinem Urheber Eutyches (ca. 378-454 n.Chr.) *Eutychianismus* genannt. Im Gegensatz zum Nestorianismus lehrten Eutyches und seine Anhänger, dass in dem menschgewordenen Christus Göttlichkeit und Menschlichkeit zu einer Natur verschmolzen wurden, wie die Zutaten in einem Kuchen. Infolgedessen war Jesus nicht völlig göttlich, und doch war er mehr als menschlich; er hatte eine gottmenschliche Natur, aber er war keine gottmenschliche Person, kein Gott-Mensch. Diese Irrlehre ist auch unter der Bezeichnung *Monophysitismus* bekannt geworden. Das bedeutet »eine Natur« in dem Sinne, dass Jesus *eine* Mischnatur besaß, nicht eine göttliche und eine menschliche. Eine Variation dieser Ansicht besteht darin, dass Christus, obwohl er zwei Naturen besaß, doch nur einen Willen hatte. Diese Variation trägt die Bezeichnung *Monotheletismus*. Aber obwohl Jesus seinen menschlichen Willen im Sinne von Wünschen oder Begehren zum Ausdruck bringen konnte, wie er es bei seinem Gebet im Garten Gethsemane tat (Mt 26,39.42), folgte sein persönlicher Wille im Sinne moralischer Entscheidungen doch immer dem Willen Gottes, des Vaters. So als sei sein Wille vollständig von Gott diktiert.

Da irrige Vorstellungen über das Verhältnis von Göttlichkeit und Menschlichkeit in der menschgewordenen Person Christi schon vor dem Ende der apostolischen Generation aufkamen, ist es verständlich, dass die Kirche dieser Zeit um eine Position in dieser Frage rang, die in Übereinstimmung mit der biblischen Lehre war. Das Thema wurde unter den Gemeindeleitern diskutiert und in Ergebnisschriften von Kirchenkonzilien formuliert, bis es mit den Konzilien von Chalcedon (451 n.Chr.) und Konstantinopel (680 n.Chr.) mehr oder weniger endgültig entschieden war. Moderne Versionen dieser antiken Irrlehren unterstreichen allerdings, dass es unbedingt notwendig ist, unablässig wachsam zu bleiben, um die wahrhafte biblische Lehre zu bewahren.

Beschreibung der Einheit Gottes

Die Berichte über das Leben Jesu in den Evangelien helfen uns, richtige Schlussfolgerungen über die Beziehung zwischen der göttlichen und der menschlichen Natur in der Person Christi zu ziehen. Wir können feststellen, dass Jesus seine Göttlichkeit niemals dafür einsetzte, sich selbst das Leben leichter zu machen. Als ihn der Teufel herausforderte zu beweisen, dass er Gottes Sohn war, und seinen Hunger durch Verwandlung der Steine in Brot zu stillen (Mt 4,3; Lk 4,3), was Jesus zweifellos hätte tun können, da wies er das zurück. Seine Zurückweisung geschah nicht einfach deshalb, weil es eine Herausforderung des Teufels war – er wollte auch seinen Hunger nicht mittels seiner göttlichen Macht stillen. Er sandte auch niemals seine Jünger voraus und versetzte sich dann einfach dorthin, um sie wieder zu treffen – vielmehr wandelte er mit ihnen auf den staubigen Straßen des Landes und wurde auch mit ihnen müde. Ehe er über das Wasser ging, um seine Jünger in dem Schiff zu treffen, mit dem er sie vorausgeschickt hatte, blieb er zurück, um zu beten (Mt 14,23). Außerdem wollte er den impulsiven, fragenden Petrus lehren, im Glauben auf ihn zu schauen, statt auf die aktuellen Umstände (V. 15-33; siehe Joh 6,16-21).

Andererseits war die menschliche Natur Jesu zwar bei Empfängnis und Geburt sündlos (Lk 1,35), aber doch Zielobjekt der Versuchung und des Sündenfalls – gerade so wie die sündlose menschliche Natur Adams und Evas, ehe sie Gott ungehorsam wurden und sündigten (1Mo 1,26-28; 2,15-18.20-25; 3,6-13.16-23). Da die menschliche Natur Jesu jedoch in einer Person mit seiner göttlichen Natur verbunden war, sündigte er nicht, als er vom Teufel versucht wurde, und auch zu keinem anderen Zeitpunkt seines irdischen Lebens – er konnte überhaupt nicht sündigen. Theologisch nennt man dies die Unfehlbarkeit Christi.

Manche evangelikale Christen vertreten zwar energisch, dass Jesus niemals sündigte, bestehen aber gleichzeitig darauf, dass er hätte sündigen *können*. Sie begründen diesen Glauben an die Fähigkeit Christi zu sündigen damit, dass seine Menschlichkeit wahrhaftig und echt war. Charles Hodge stellte fest: »Wenn er wahrhaft Mensch war, muss er in der Lage gewesen sein, zu sündigen.«[13] Diese Argumentation lässt allerdings die Tatsache außer Acht, dass die wahrhaftige Menschlichkeit Jesu von der Empfängnis an ohne sündige Natur war (Lk 1,35). Sie übersieht auch die Tatsache, dass seine menschliche Natur in einer Person mit der göttlichen Natur des ewigen Sohnes Gottes, des Wortes, vereinigt war. Obwohl Jesus eine wahrhaft menschliche Natur besaß, war er mehr als ein wahrer Mensch – er war der Gott-Mensch.

Christen, die glauben, Jesus sei fähig zur Sünde gewesen (wenn er auch niemals sündigte), begründen dies gern auch mit ihrem Verständnis von Versuchung und von der Realität der Versuchung Jesu. Über diesen Punkt schrieb Hodge: »Versuchung setzt die Möglichkeit der Sünde voraus. Wenn es Christus aufgrund der Art seiner Person unmöglich war zu sündigen, dann war seine Versuchung irreal und wirkungslos, und er kann nicht mit den Seinen mitempfinden.«[14]

Diese Vorstellung missversteht allerdings die Bedeutung von Versuchung. Das Wort bedeutet im Hebräischen, im Griechischen, im Englischen, im Deutschen und in vielen anderen Sprachen in erster Linie »prüfen« oder »durch eine Prüfung erproben«, und erst in zweiter Linie »anstiften, Böses zu tun«. Das Alte Testament stellt fest, dass Israel *»den HERRN«* versuchte (2Mo 17,2; 5Mo 6,16; Mal 3,15), und das Neue Testament spricht davon, Gott zu versuchen (Apg 5,9; 15,10; 1Kor 10,9). Jeder würde wohl zustimmen, dass Gott aufgrund »der Art seiner Person« nicht sündigen kann. Aber Gott kann offensichtlich versucht werden und ist versucht in dem Sinne von »geprüft werden« und »durch eine Prüfung erprobt werden«. Aber das ist weit entfernt von jeder Möglichkeit Jesu, zu sündigen. Ein kleiner Schlepper, der einen riesigen Ozeandampfer angreift, kann ihn nicht zum Kentern bringen; nichtsdestoweniger bleibt es immer noch ein wirklicher Angriff. Mit anderen Worten: Damit eine Versuchung real ist, muss der Versuchte (Jesus) nicht leicht anfällig für Sünde sein.

Als Hodge schrieb, dass Christi Unfehlbarkeit seine Versuchung »irreal und wirkungslos« machte, missverstand er sowohl die Person Christi als auch den Charakter seiner Prüfung. Nach vierzig Tagen des Fastens war Jesus hungrig und menschlich begierig auf Nahrung in einem Grad, den wenige von uns, wenn überhaupt, jemals erlebt haben. Darüber hinaus war es ihm dank seiner göttlichen Natur möglich, Steine in Brot zu verwandeln. Allerdings waren die Wünsche der sündlosen menschlichen Natur Jesu und die Allmacht seiner göttlichen Natur immer der Kontrolle der vereinigten Person des Gott-Menschen und ihrem Willen unterworfen. Der entschied und handelte immer im Gehorsam unter dem Willen Gottes, des Vaters (Joh 5,10; 8,59). Daher war es Christus unmöglich, zu sündigen.

Darüber hinaus konnte er mit seinem Volk mitfühlen und tat das auch (Hebr 2,9-18; 4,14-16). Das ist nicht nur deshalb wahr, weil Jesus die normalen menschlichen Gefühle und Begierden seines Volkes losgelöst von einer sündigen Natur erlebte, sondern auch deshalb, weil ihn seine Allwissenheit in die Lage versetzte, sie zu kennen und mit den Menschen mitzufühlen.

Wir haben bereits darüber gesprochen, wie Jesus die Allwissenheit, Allmacht und Allgegenwart Gottes widerspiegelte. Aber die Heilige Schrift offenbart auch, dass er aufgrund seiner menschlichen Natur ein eingeschränktes Wissen hatte. Als er mit Jairus zu dessen Haus eilte, *»folgte ihm eine große Volksmenge, und sie drängten ihn«* (Mk 5,24). *»Eine Frau, die zwölf Jahre mit einem Blutfluss behaftet war«* (V. 25), kam und *»rührte sein Kleid an«* (V. 27). Sie dachte: *»Wenn ich nur seine Kleider anrühre, werde ich geheilt werden«* (V. 28). Als er fühlte, dass Kraft von ihm ausgegangen war, fragte Jesus: *»Wer hat meine Kleider angerührt?«* (V.

30). Vielleicht wusste Jesus, wer sie war, und so fragte er nur, um sie zum Sprechen zu ermutigen. Seine Frage könnte auch Unwissenheit vom Standpunkt seiner menschlichen Natur aus widerspiegeln. Als die geheilte Frau vortrat, forderte Jesus sie auf: *»Tochter, dein Glaube hat dich geheilt; geh hin in Frieden und sei gesund von deiner Plage«* (V. 34). Als er später in der Ölbergrede vom Kommen des Sohnes des Menschen redete, sagte Jesus: *»Von jenem Tag aber und jener Stunde weiß niemand, auch nicht die Engel in den Himmeln, sondern mein Vater allein«* (Mt 24,36; Mk 13,32; siehe Apg 1,7). Auch hier zeigte er wieder einen gewissen Mangel an Kenntnis, der in seiner menschlichen Natur begründet war. Dieser Ausdruck der Merkmale seiner beiden Naturen, der göttlichen und der menschlichen, in einer Person bezeichnet man als *communio naturae*, als Gemeinschaft der Naturen. Es ist die Lehre, dass »die Merkmale beider Naturen zu der einen Person gehören, ohne die Naturen zu vermischen und ohne die Person zu zerteilen.«[15]

Unser Herr Jesus *»machte sich selbst zu nichts«* (Phil 2,7) – vielleicht genauer übersetzt: *»er entäußerte sich«* (Schlachter'2000) – ohne in irgendeiner Weise seine Göttlichkeit oder eine seiner göttlichen Eigenschaften oder Merkmale abzulegen. Es bedeutete vielmehr, seine göttlichen Möglichkeiten freiwillig zeitweise nicht zu benutzen, wenn er zum Beispiel unter menschlicher Müdigkeit litt oder wenn sein Wissen eingeschränkt war. Dennoch besaß Jesus zu jeder Zeit eine völlig göttliche Natur. Die Herrlichkeit dieser göttlichen Natur wurde allerdings verschleiert, so dass Christus Jesus *»den Menschen gleich geworden«* war (V. 7-8). Zu gewissen Zeiten wurde dieser Schleier gelüftet, zum Beispiel als Jesus seine Jünger Petrus, Jakobus und Johannes mit *»auf einen hohen Berg«* nahm. *»Und er wurde vor ihnen umgestaltet. Und sein Angesicht leuchtete wie die Sonne, seine Kleider aber wurden weiß wie das Licht«* (Mt 17,1-2; Mk 9,2-3). Seine Verklärung macht deutlich, warum der Apostel Johannes schreiben konnte:

»Wir haben seine Herrlichkeit angeschaut, eine Herrlichkeit als eines Eingeborenen vom Vater, voller Gnade und Wahrheit« (Joh 1,14). Betroffen von der Einzigartigkeit Jesu Christi schrieb Napoleon Bonaparte: »Alles an Christus versetzt mich in Erstaunen. Sein Geist überwältigt starke Männer, und sein Wille beschämt mich. Zwischen ihm und jedem anderen auf der Welt gibt es keinen Vergleich. Er ist wahrhaftig ein Wesen für sich.«[16]

Phillips Brooks, ein berühmter Prediger des neunzehnten Jahrhunderts, äußerte sich auf interessante Weise über die Menschlichkeit und die Göttlichkeit Jesu:

»Hier ist ein Mann, geboren in einem völlig unbedeutenden Dorf, das Kind einer Frau vom Lande. Aufgewachsen ist er in einem anderen, ebenso unbedeutenden Dorf. Er arbeitete in einer Zimmermannswerkstatt, bis er dreißig geworden war, und dann war er drei Jahre lang ein Wanderprediger. Er schrieb niemals ein Buch. Er bekleidete niemals irgendein Amt. Er besaß niemals ein Haus. Er hatte niemals eine Familie. Er ging nie zur Schule. Er entfernte sich niemals weiter als dreihundert Kilometer von seinem Geburtsort. Er tat nichts von dem, was große Menschen auszeichnet. Er hatte kein Zeugnis über sich außer seinem eigenen. Er hatte nichts mit der Welt zu tun außer der Kraft seiner göttlichen Menschlichkeit. Als er noch ein junger Mann war, wandte sich die öffentliche Meinung gegen ihn. Er wurde seinen Feinden überliefert und zwischen zwei Räubern an ein Kreuz genagelt. Seine Scharfrichter spielten, während er starb, um das einzige Besitztum, das er auf der Erde hatte: sein Untergewand. Als er gestorben war, wurde er vom Kreuz herabgenommen und dank des Mitgefühls eines Freundes in einem geborgten Grab bestattet. Und am dritten Tag stand er auf aus den Toten. Neunzehn Jahrhunderte kamen und gingen, und heute ist er das Kernstück des menschlichen Geschlechts ... Ich bewege mich innerhalb erlaubter Grenzen, wenn ich sage, dass alle Armeen, die je marschierten, und alle Flotten, die je aufgestellt wurden, und alle Parlamente, die je zusammentraten, und alle Könige, die je regierten, zusammengenommen das Leben der Menschen auf der Erde nicht so stark beeinflusst haben wie dieses eine einzigartige Leben. Die Erklärung? Er ist der Sohn Gottes, der auferstandene Heiland.«[17]

Lewis Sperry Chafer schrieb diesen Kommentar über den menschgewordenen Christus:

»Er war erschöpft, doch er rief die Erschöpften zu sich, um ihnen Ruhe zu geben. Er war hungrig, doch er selbst war ›*das Brot des Lebens*‹. Ihn dürstete, doch er selbst war das ›*lebendige Wasser*‹. Er litt Folterqualen, aber er heilte jede Krankheit und linderte jeden Schmerz. Er ›*wuchs und wurde stark im Geist*‹, doch er war vor aller Ewigkeit. Er wurde versucht, aber er, als Gott, konnte nicht versucht werden. Er schränkte selbst sein Wissen ein, aber er war die Weisheit Gottes. Er sagte: ›*Mein Vater ist größer als ich*‹ (im Hinblick auf seine Erniedrigung, in der er für eine kurze Zeit niedriger als die Engel gemacht worden war). Aber er sagte auch: ›*Wer mich gesehen hat, hat den Vater gesehen*‹, und: ›*Ich und der Vater sind eins.*‹ Er betete, was menschlich ist, doch er selbst erhörte Gebete. Er sagte: ›*Dies ist eure Stunde und die Macht der Finsternis*‹, doch ihm ist alle Macht gegeben im Himmel und auf Erden. Er schlief auf einem Kissen im Schiff, doch er erhob sich und wies den Sturm zurecht. Er wurde getauft, was nur eine menschliche Handlung war, doch bei dieser Gelegenheit offenbarte Gott, dass er sein Sohn war. Er unternahm eine Zweitagereise nach Bethanien und kannte doch den Augenblick, in dem Lazarus starb. Er weinte an seinem Grab, doch er rief den Verstorbenen aus den Toten zurück. Er bekannte, dass er getötet werden würde, doch nur einen Augenblick zuvor hatte er die inspirierte Erklärung des Petrus vernommen, dass er der

Christus war, der Sohn des lebendigen Gottes. Er fragte: ›*Wer sagen die Leute, ist der Sohn des Menschen?*‹, aber Johannes teilt uns mit, dass er ›*nicht nötig hatte, dass jemand Zeugnis gebe von dem Menschen; denn er selbst wusste, was in dem Menschen war.*‹ Er war hungrig, obwohl er Steine in Brot hätte verwandeln können. Er tat es nicht, denn hätte er es getan, dann hätte er nicht leiden können, wie Menschen leiden. Er rief: ›*Mein Gott, mein Gott, warum hast du mich verlassen?*‹, aber er selbst war dieser Gott, zu dem er rief, der ›*in Christus war, um die Welt mit sich selbst zu versöhnen.*‹ Er starb, doch er ist das ewige Leben. Er wirkte in seinem Erdenleben im Rahmen dessen, was vollkommen menschlich war, und er wirkte ebenso in seinem Erdenleben in dem, was vollkommen göttlich war. Sein Erdenleben bezeugt daher sowohl seine Menschlichkeit als auch seine Göttlichkeit, und beide Offenbarungen sind gleichermaßen wahr.«[18]

7. Kapitel

Erdenleben und Erdendienst des Sohnes Gottes

Der Herr Jesus Christus war vom Augenblick seiner Zeugung durch den Heiligen Geist an (Lk 1,35) die Vereinigung des ewigen Wortes, der zweiten Person der dreieinen Gottheit, mit vollkommener, vollständiger Menschlichkeit. Obwohl es nicht ausdrücklich gesagt wird, war Jesus zweifellos wie Johannes der Täufer *»schon von Mutterleibe an mit Heiligem Geist erfüllt«* (V. 15). Aufgrund seiner Zeugung durch den Heiligen Geist war Jesus *»das Heilige«* (V. 35), frei von adamitischer Sündennatur, und seine göttliche Natur bewahrte ihn sogar als Kind und als Heranwachsenden davor, zu sündigen.

In den Evangelien wird allerdings wenig über Jesu Kindheit und Jugend berichtet: seine Beschneidung und Namensgebung am achten Tag (Lk 2,21); Marias Reinigung und Jesu Auslösung als Erstgeborener durch das vorgeschriebene Opfer dreiunddreißig Tage später (3Mo 12; Lk 2,22-24); Flucht und Aufenthalt in Ägypten bis zum Tod des Herodes (Mt 2,13-15) und die Rückkehr in Josephs und Marias ursprüngliche Heimatstadt Nazareth in Galiläa nach Herodes' Tod (V. 19-23). Das einzige weitere Ereignis aus dem Leben Jesu vor seiner Taufe durch Johannes, das in den Evangelien Erwähnung findet, war die Reise mit seinen

Eltern zum Passahfest nach Jerusalem, als er zwölf Jahre alt war (Lk 2,41-42). Jesus dürfte schon früher mit seinen Eltern auf Reisen gegangen sein, »aber mit zwölf wurde ein jüdischer Junge ein ›Sohn des Gesetzes‹ und begann, die Verordnungen Gottes zu befolgen, die zur Erinnerung an den Gebetsriemen angebracht wurden.«[1] Dieser Brauch wird von den Juden heute in der *Bar Mizwa* gepflegt, im Alter von dreizehn Jahren. Lukas schrieb, dass *»das Kind wuchs und erstarkte, erfüllt mit Weisheit, und Gottes Gnade war auf ihm«* (V. 40). Und nach dem Vorfall in Jerusalem *»ging er mit ihnen hinab und kam nach Nazareth, und er war ihnen untertan ... und Jesus nahm zu an Weisheit und Alter und Gunst bei Gott und Menschen«* (V. 51-52).

Ob sich Jesus als Kind seiner göttlichen Natur bewusst war, wird nicht mitgeteilt, aber vielleicht war er es auch noch gar nicht. Als seine Eltern ihn im Tempel fanden, erwiderte er seiner Mutter Maria auf ihre Frage: *»Was ist es, dass ihr mich gesucht habt? Wusstet ihr nicht, dass ich in dem sein muss, was meines Vaters ist?«* (V. 49). Es will mir scheinen, dass dies ein erstes Anzeichen dafür war, dass er sich seiner einzigartigen Beziehung zu Gott bewusst wurde. Die apokryphen und pseudoepigraphischen Evangelien sind allerdings voll von fantastischen Geschichtchen über den jungen Jesus, der tote Spielkameraden zum Leben erweckt, Wunden und Knochenbrüche heilt und der Spielzeugvögel aus Ton berührt, die daraufhin lebendig werden und wegfliegen. Aber die Schlichtheit und Nüchternheit der wahren Evangelien zeigen deren Echtheit im Gegensatz zu derart bizarren Märchengeschichten.

DIE TAUFE JESU

Johannes der Täufer, der Sohn des Zacharias, begann seinen Dienst *»im fünfzehnten Jahr der Regierung des Kaisers Tiberius ... unter dem Hohenpriestertum von Hannas und Kaiphas«* (Lk 3,1-2).

Aufgrund der Schwierigkeiten, die sich ergeben, wenn man biblische Ereignisse mit dem heute gültigen Kalender in Übereinstimmung bringen will, müssen wir den Dienstbeginn des Täufers irgendwo zwischen 27 und 29 n.Chr. ansetzen. Nach reiflicher Abwägung aller vorhandenen Angaben hat ein Spezialist für biblische Chronologie Johannes' Dienstbeginn »irgendwann im Jahr 29 n.Chr.«[2] angenommen. Das würde Johannes den Täufer im dreißigsten Lebensjahr sehen, in dem Alter, in dem die Priester und Leviten ihren Dienst im Tempel aufnahmen (4Mo 3,2-3.22-23.29-30). Johannes war zum Priesterdienst berechtigt (Lk 1,5). Da Jesus nur wenig mehr als sechs Monate jünger war als Johannes (V. 36-38), war auch er dreißig Jahre alt, als er zu Johannes kam und seinen Dienst aufnahm.

Die Formulierung, mit der der Dienst des Johannes eingeführt wird, ist bezeichnend: *»Das Wort Gottes* [kam] *zu Johannes«* (Lk 3,2). Eine im Wesentlichen gleiche Formulierung führt in die Bücher der Propheten Haggai (Hag 1,1), Sacharja (Sach 1,1) und Maleachi ein (Mal 1,1), der drei nachexilischen Propheten vor den vier Jahrhunderten des »Schweigens« Gottes gegenüber Israel. Man könnte daher sagen, dass Johannes' Dienst die alttestamentliche prophetische Tradition nahtlos fortsetzte. Als Johannes vom Tetrarchen Herodes ins Gefängnis geworfen wurde (Mt 14,3-12; 11,1-2), sagte Jesus über ihn: *»Was seid ihr hinausgegangen zu sehen? Einen Propheten? Ja, sage ich euch, und mehr als einen Propheten«* (Mt 11,9; Lk 7,26).

Johannes der Täufer markiert gleichzeitig den Übergang zu einer neuen Epoche im Fortgang des ewigen Heilsplans Gottes. Jesus bezeichnete Johannes als den Vorläufer für Israels Messias, indem er Maleachi 3,1 zitierte (Mt 11,10), und als *»Elia, der kommen soll«*, wenn das jüdische Volk ihn annehmen würde (Mt 11,14; 17,10-13; Mk 9,11-13; Lk 1,17; Joh 1,21-23; siehe Mal 4,5). Jesus rühmte Johannes, denn er sagte: *»Wahrlich, ich sage euch, unter den von Frauen Geborenen ist kein Größerer aufgestan-*

den als Johannes der Täufer« (Mt 11,11; Lk 7,28). Die Tatsache, dass Johannes der Täufer seinen Dienst *»in der Wüste von Judäa«* (Mt 3,1) *»jenseits des Jordan«* versah (Joh 1,28) anstatt in Jerusalem, zeigt, dass er abseits der etablierten jüdischen Religionshierarchie der Priester, Schriftgelehrten, Pharisäer und Sadduzäer stand. Versuche, Johannes den Täufer in Verbindung mit der Essener-Sekte vom Toten Meer zu bringen, weil er in der judäischen Wüste diente, entbehren jeder Grundlage. Der Engel Gabriel hatte ihn seinem Vater Zacharias beschrieben als einen, der *»in dem Geist und der Kraft des Elia«* kommt (Lk 1,17) und von Geburt an als ein Nasiräer lebt, der *»weder Wein noch starkes Getränk trinken wird«* (V. 15; 4Mo 6,1-4). Johannes kleidete sich wie Elia (Mt 3,4; 2Kö 1,8), er ernährte sich so ähnlich wie Elia (Mt 3,4; 1Kö 17,3), und auch sein Aufenthaltsort war ähnlich (Mk 1,4; Lk 3,3; 1Kö 17,3) – in Erfüllung der Weissagung von Jesaja 40,3-5.

Als Vorläufer des Messias bestand der Dienst des Täufers darin, das jüdische Volk zur Buße zu rufen, *»denn das Reich der Himmel ist nahe gekommen«* (Mt 3,2), er *»predigte die Taufe der Buße zur Vergebung der Sünden«* (Mk 1,4; Lk 3,3). Johannes ermahnte die verschiedenen Menschengruppen, die zu ihm kamen – Steuereinnehmer, Soldaten und gewöhnliche Leute –, *»der Buße würdige Früchte«* zu bringen (Lk 3,8), und er gab jeder Gruppe besondere Anweisungen (V. 10-14). Er brandmarkte die Pharisäer und Sadduzäer, die zu ihm kamen, als *»Otternbrut«* (Mt 3,7) und warnte sie, sich nicht darauf zu verlassen, Nachkommen Abrahams zu sein, ohne die Frucht echter Buße zu tragen (V. 8-9).

Johannes der Täufer verkündigte auch: *»Der nach mir kommt, ist stärker als ich, dessen Sandalen zu tragen ich nicht würdig bin; er wird euch mit Heiligem Geist und Feuer taufen«* (Mt 3,11; Mk 1,7; Lk 3,16; Joh 1,15.26.30). Johannes erklärte: *»Damit er Israel offenbar werde, deswegen bin ich gekommen, mit Wasser zu taufen«* (Joh 1,31); dies geschah, als Jesus von Johannes getauft wurde. Jesu Taufe »mit Feuer« bezieht sich vermutlich auf sein kommendes Gericht, in dem er sein Reich wie durch Feuer von den Ungläubigen reinigen wird (siehe Mt 3,12). Der Apostel Johannes schrieb, dass Johannes der Täufer Jesus auch als *»das Lamm Gottes, das die Sünde der Welt wegnimmt«*, bezeichnete (Joh 1,29; siehe Vers 36). Johannes erkannte seine Rolle in Gottes Programm und nahm sie an. Seinen Jüngern erklärte er, als sie die wachsende Popularität Jesu beklagten (Joh 3,26): *»Ihr selbst gebt mir Zeugnis, dass ich sagte: Ich bin nicht der Christus, sondern ich bin vor ihm hergesandt … er muss wachsen, ich aber abnehmen«* (V. 28.30).

Wie bereits bemerkt, war Jesus annähernd sechs Monate jünger als Johannes der Täufer (Lk 1,36), folglich war er dreißig Jahre alt, als Johannes ihn taufte. Als Jesus zu ihm kam, zögerte Johannes. Er sagte: *»Ich habe nötig, von dir getauft zu werden. Und du kommst zu mir?«* (Mt 3,14). Jesus erwiderte ihm: *»Lass es jetzt so sein; denn so gebührt es uns, alle Gerechtigkeit zu erfüllen«* (V. 15). Viele Bibelleser haben darüber gerätselt, was das bedeuten mag. Jesus brauchte nicht über Sünde Buße zu tun wie die anderen, die Johannes taufte. Aber er musste sich mit den Sündern gleichmachen, für die er das erlösende Opfer seines Todes darbringen würde. In gewissem Sinn markierte seine Taufe durch Johannes auch seine öffentliche Einführung in sein messianisches Amt und in den damit verbundenen Dienst, da sie zu seiner Salbung durch den Heiligen Geist und zur Anerkennung durch Gott, den Vater, führte, als er aus dem Wasser heraufstieg (V. 16).

Obwohl die Salbung Jesu von herrlicherer Art war, folgte sie dem Brauch Israels, seine Könige zu salben (1Sam 10,1; 1Kö 1,34-35.38-39; 19,16; 2Kö 9,6; 11,12), seine Priester (2Mo 28,41; 29,7; 30,30-33; 40,13-15) und bei mindestens einer Gelegenheit (möglicherweise bei mehreren) einen Propheten (1Kö 19,16; siehe 1Chr 16,22; Ps 105,15). Diese Salbung kennzeichnete ihre Einsetzung und Amtseinführung.

Obwohl Jesus höchstwahrscheinlich von Geburt an mit dem Heiligen Geist erfüllt war wie Johannes der Täufer (Lk 1,15), kennzeichnete das Herabsteigen des Heiligen Geistes auf ihn *»wie eine Taube«* (Joh 1,32.33; siehe Mt 3,16; Mk 1,10; Lk 3,21) seine Identität als der verheißene Messias und seine Einsetzung in Amt und Dienst. Dies wurde auch durch eine vom Himmel herab hörbare Stimme bestätigt, die sagte: *»Dieser ist mein geliebter Sohn, an dem ich Wohlgefallen gefunden habe«* (Mt 3,17; siehe Mk 1,11; Lk 3,22). Gott, der Vater, wiederholte dieselben Worte seiner Zustimmung zu Jesus bei dessen Verklärung (Mt 17,5; Mk 9,7; Lk 9,35). Wie schon einmal festgestellt, waren bei der Taufe Jesu alle drei Personen der Gottheit anwesend: Jesus, der menschgewordene Sohn Gottes; Gott, der Heilige Geist, und Gott, der Vater.

JESU BOTSCHAFT UND DIENST ALS GOTTES VERHEISSENER MESSIAS

Das ewige Wort Gottes wurde in Jesus Mensch, um *»das Lamm Gottes«* zu werden, *»das die Sünde der Welt wegnimmt«* (Joh 1,29). Es kam aber in Jesus auch als der im Alten Testament verheißene Messias für Gottes Volk Israel. Das geht aus Gabriels Ankündigung an Maria hervor (Lk 1,32-33) und auch aus der Verkündigung des Engels an die Hirten (Lk 2,11). Das jüdische Volk auf seinen Messias vorzubereiten, war Ziel und Dienst Johannes des Täufers. Daher war es von Beginn seines irdischen Dienstes an bis zu seiner Kreuzigung ein wichtiger Teil der Botschaft und des Handelns Jesu, sich dem jüdischen Volk als der verheißene Messias vorzustellen.

Bei Beginn seines Dienstes war die Botschaft Jesu die gleiche wie die des Johannes: *»Tut Buße, denn das Reich der Himmel ist nahe gekommen«* (Mt 4,17; siehe 3,2; Mk 1,14-15). Als Jesus *»in ganz Galiläa umherzog«*, verkündigte er *»das Evangelium des Reiches«* (Mt 4,23; 9,35). Als er nach Nazareth zurückkehrte, las er in der Synagoge aus der messianischen Prophetie Jesajas, der auf seinen irdischen Dienst hinwies (Lk 4,18-19; siehe Jes 61,1-2a), und sagte: »*Heute ist diese Schrift vor euren Ohren erfüllt*« (Lk 4,21). Jesus ging in seinem irdischen Dienst im Rahmen seines ersten Kommens nicht buchstäblich daran, »*Gefangenen Befreiung auszurufen*« (V. 18). Er tat es aber doch in dem Sinne, dass er von der leiblichen Knechtschaft der Krankheit befreite (z.B. Lk 5,12-13), von der Knechtschaft der Behinderung (Joh 5,3-8) und aus der geistlich-seelischen Sklaverei (Lk 8,2- 3.27-33.25). Darüber hinaus versäumte er gewiss nicht, »*Armen gute Botschaft zu verkündigen … und Blinden, dass sie wieder sehen*« (z.B. Joh 9,1-7), »*Zerschlagene in Freiheit hinzusenden*«, und er verkündete auch »*ein angenehmes Jahr des Herrn*«. Den zwölf Aposteln trug er auf: »*Geht nicht auf einen Weg der Nationen, und geht nicht in eine Stadt der Samariter; geht aber vielmehr zu den verlorenen Schafen des Hauses Israel. Wenn ihr aber hingeht, predigt und sprecht: Das Reich der Himmel ist nahe gekommen*« (Mt 10,5-7; siehe Lk 9,21).

Als Johannes der Täufer im Gefängnis Herodes' des Tetrarchen schmachtete und Jesus nichts unternahm, um ihn zu befreien, da begann er sich zu fragen, ob Jesus wirklich der verheißene Messias war. So sandte er zwei seiner Jünger zu Jesus, die ihm seine Frage überbrachten: »*Bist du der Kommende, oder sollen wir auf einen anderen warten?*« (Lk 7,19; Mt 11,3). Jesus trug den beiden auf, Johannes zu erzählen, was sie gesehen hatten: dass Blinde das Augenlicht erhielten, dass Lahme gehen konnten, dass Aussätzige rein wurden, dass Taube hören konnten, dass Tote auferstanden und dass den Armen gute Botschaft verkündigt wurde (Lk 7,22; Mt 11,4-5). Am Ende seines irdischen Dienstes zeigte sich Jesus dem jüdischen Volk mit seinem triumphalen Einzug in Jerusalem eindeutig als der Messias Israels in Erfüllung alttestamentlicher Prophetie (Mt 21,1-11; Mk 11,1-11; Lk 19,28-40; Joh 12,12-16; siehe Jes 62,11; Sach 9,9).

Es ist aber wichtig, zu erkennen, dass Jesu Selbstoffenbarung als Messias sowohl von den jüdischen Führern als auch vom Volk zurückgewiesen wurde. Vor den Hohenpriestern und dem ganzen Hohen Rat (Mk 14,55) antwortete Jesus *»Ich bin es!«* auf die Frage des Hohenpriesters: *»Bist du der Christus, der Sohn des Hochgelobten?«* (Mk 14,61-62; siehe Mt 26,63-64; Lk 22,66-70). Aber sie verurteilten ihn als Lästerer, anstatt sein Zeugnis anzunehmen (Mk 14,63-64; siehe Mt 26,65-66). In gleicher Weise antwortete Jesus, als er von Pilatus gefragt wurde: *»Bist du der König der Juden?«*, mit den Worten: *»Du sagst es«* (Lk 23,3; Joh 18,33-37).

Als Pilatus dem jüdischen Volk und seinen Führern Jesus als *»Christus«* (Mt 27,22) und als *»König der Juden«* vorstellte (Mk 15,12; Joh 19,14), da schrien sie : *»Weg, weg! Kreuzige ihn!«* (Joh 19,15; siehe Mt 27,22-23; Mk 15,12-13). Als Pilatus die Juden fragte: *»Euren König soll ich kreuzigen?«*, antworteten die Hohenpriester: *»Wir haben keinen König außer dem Kaiser«* (Joh 19,15). Mehr noch: Als Pilatus den Juden deutlich machte, dass sie den Tod Jesu verantworten müssten, antwortete *»das ganze Volk und sprach: Sein Blut komme über uns und über unsere Kinder«* (Mt 27,25). Diese Zurückweisung Jesu als Messias und als König durch das jüdische Volk und seine Führer hat Auswirkungen auf den Dispensationalismus[3], der im 8. Kapitel betrachtet wird.

Jesu irdischer Dienst und seine Botschaft kennzeichneten ihn ebenso als Propheten wie als den verheißenen Messias. Jesus sprach von sich selbst als von einem Propheten, als er auf seinen bevorstehenden Tod in Jerusalem hindeutete: *»Es geht nicht an, dass ein Prophet außerhalb Jerusalems umkomme«* (Lk 13,33). Er wurde von anderen oft als Prophet bezeichnet, wegen seiner Wunder (Mk 6,15; Lk 7,16; Joh 6,14; 9,17), seiner Lehre (Joh 7,40) und seiner besonderen Kenntnis individueller Lebensumstände (Joh 4,19). Die ihm nachfolgten, nannten ihn *»Jesus, der Prophet, der von Nazareth in Galiläa«* (Mt 21,11; siehe Vers 46; Lk 24,19).

Der prophetische Dienst Jesu umfasste sowohl sein Predigen und Lehren als auch die Voraussagen über seinen Tod und seine Auferstehung (Joh 2,19.21-22; Mt 16,21); die Zerstörung des

Tempels (Mt 24,2) sowie das Zeichen seiner Ankunft und *»der Vollendung des Zeitalters«* (V. 3) sowie weitere Ereignisse. Ein großartiges Beispiel für seine Lehre ist die Bergpredigt (Mt 5–7), die man auch schon als die »Regierungserklärung des Königs« bezeichnet hat. Lewis Sperry Chafer sagt, sie »wurde gegeben ... als eine Darlegung der Reichsproklamation, die breiten Raum im irdischen Dienst Christi einnahm. Sie ist der bevollmächtigte Erlass des Königs und betrifft das Wesen des Reiches, die Anforderungen an seine Bürger und die Bedingungen für das Hineinkommen.«[4] Sowohl Johannes der Täufer als auch Jesus predigten: *»Tut Buße, denn das Reich der Himmel ist nahe gekommen«* (Mt 3,2; 4,17). So diente die Bergpredigt zwar ebenso als eine Richtschnur für die unmittelbare Zuhörerschaft Jesu wie für die heutigen Leser, aber letzten Endes bezieht sie sich auf das Tausendjährige Reich der Gerechtigkeit und des Friedens. Als Jesus mit der Bergpredigt zum Ende kam, *»da erstaunten die Volksmengen sehr über seine Lehre; denn er lehrte sie wie einer, der Vollmacht hat* [was bei ihm der Fall war], *und nicht wie ihre Schriftgelehrten«* (Mt 7,28-29; siehe 13,54; 22,33; Mk 1,22; 6,2; 11,18; Lk 4,32; Joh 7,46).

Jesu Beglaubigung als Messias: seine Wunder

Breiten Raum im Dienst Jesu nahmen Wundertaten ein, von denen er ein breites Spektrum wirkte. Die Evangelien berichten über fünfunddreißig verschiedene Wunder Jesu.[5] Das erste war die Verwandlung von Wasser in Wein, die in Johannes 2,1-10 berichtet wird. Johannes nannte die Wunder Jesu »Zeichen« (Joh 2,11). Im Neuen Testament werden vier griechische Begriffe verwendet, die alle von Fall zu Fall mit »Wunder« übersetzt werden. Auf der Grundlage dieser Begriffe definiert Henry Thiessen ein Wunder als »ein einzigartiges und außerordentliches Ereignis, das Verwunderung erregt (*teras*), in der Kraft Gottes gewirkt wurde (*dynamis*), eine praktische, wohltätige Handlung vollbringt (*ergon*) und einen Boten und seine Botschaft als von Gott gekommen bestätigt (*semeion*).«[6] Diese Definition ist ganz sicher auf die Wunder Christi anwendbar, besonders was seine Bestätigung als Gottes verheißener Messias betrifft.

Die Wunder Jesu stehen in Übereinstimmung mit alttestamentlichen Weissagungen und weisen ihn als den Christus aus (Jes 35,5-6; 61,1). Jesus vollbrachte niemals ein Wunder zu seiner eigenen Genugtuung (Mt 4,2-4) oder Erhebung (V. 5-7), sondern stets nur zum Wohle anderer (z.B. die Speisung der Fünftausend [Mt 14,14-21] und der Viertausend [Mt 15,32-39]) oder zum Ausweis seiner Identität als Gottes Messias, als Sohn Gottes, gegenüber anderen (z.B. die Stillung des Sturms [Mt 8,23-27] und das Wandeln auf dem See [Mt 14,25-33]). Jesu Wunder befreiten von körperlichen Leiden und aus mancherlei Not (z.B.: Mt 8,2-4; 9,2-8; 12,9-13), erweckten Tote zum Leben (Mt 9,18-19.23-25; Lk 7,11-15; Joh 11,11-14.17-44), und er trieb Dämonen aus (Mt 8,28-33; 9,32-33; 12,22; 17,14-18; Mk 1,21-28). Er vollbrachte auch Wunder in der Natur, wie etwa den unerwarteten, ergiebigen Fischzug (Lk 5,1-11; Joh 21,1-11), die Bereitstellung der Steuermünze (Mt 17,24-27), und er ließ einen fruchtlosen Feigenbaum verdorren (Mt 21,18-19). Zweifellos wirkte Jesus noch viele andere Wunder, denn bei zahlreichen Gelegenheiten schrieb Matthäus über Jesus: Er *»heilte jede Krankheit und jedes Gebrechen unter dem Volk«* (Mt 4,23-24; siehe 8,16; 9,35; 11,21.23; 12,15; 14,14.36; 15,30-31; 19,2; 21,14). Der Apostel Johannes stellte fest: *»Es gibt aber auch viele andere Dinge, die Jesus getan hat«* (Joh 21,25), was ganz ohne jeden Zweifel Wunder einschließt.

Da sich Jesus in seinem irdischen Leben und Dienst in erster Linie dem jüdischen Volk als Gottes verheißener Messias offenbarte, reiste er vorwiegend zwischen Galiläa und Judäa hin und her. Bei einer seiner Reisen zwischen Galiläa und Jerusalem umging er Samaria, wo ein Mischvolk lebte, indem er durch das Zehnstädtegebiet (Dekapolis) zog. Als Jesus die zwölf Apostel aussandte, wies er sie an: *»Geht nicht auf einen Weg der Nationen, und geht nicht in eine Stadt der Samariter; geht aber vielmehr zu den verlorenen Schafen des Hauses Israel«* (Mt 10,5-6). Einmal, als Jesus *»sich in die Gegenden von Tyrus und Sidon zurückzog«* (Mt 15,21), kam eine Frau zu ihm, deren Tochter von Dämonen besessen war, und bat ihn um Hilfe (V. 22.25). Matthäus bezeichnete sie als eine *»kanaanäische Frau«*, und Markus schrieb, sie *»war eine Griechin, eine Syro-Phönizierin von Geburt«* (Mk 7,26). Um seinen messianischen Dienst zu betonen, sagte Jesus: *»Ich bin nur gesandt zu den verlorenen Schafen des Hauses Israel«* (Mt 15,24). In Erwiderung ihrer dringenden Bitte, *»Herr, hilf mir!«* (V. 25), antwortete er: *»Es ist nicht schön, das Brot der Kinder zu nehmen und den Hunden hinzuwerfen«* (V. 26), wobei er immer noch seinen messianischen Dienst für das jüdische Volk hervorhob und zweifellos gleichzeitig die Echtheit des Glaubens dieser Frau auf die Probe stellte. *»Ja, Herr«*, entgegnete sie, *»doch es essen ja auch die Hunde von den Krumen, die von dem Tisch ihrer Herren fallen«* (V. 27). *»Da antwortete Jesus und sprach zu ihr: O Frau, dein Glaube ist groß. Dir geschehe, wie du willst! Und ihre Tochter war geheilt von jener Stunde an«* (V. 28).

Es ist wichtig, darauf hinzuweisen, dass der Herr Jesus erkannte, dass seine messianische Mission die ganze Menschheit einschloss (siehe Jes 42,6-7; 49,6) und dass er bei zahlreichen Gelegenheiten auch Heiden und Samaritern diente. Der Hauptmann, dessen hochgeschätzter Diener erkrankt war, war zweifellos ein Heide, vermutlich ein Römer (Lk 7,2) – ein Schluss, der sich aus der Tatsache ergibt, dass er *»Älteste der Juden zu ihm [Jesus] sandte«*, die ihn um Hilfe bitten sollten (V. 3). Die berichteten Jesus: *»Er ist würdig, dass du ihm dies gewährst, denn er liebt unsere Nation, und er selbst hat uns die Synagoge erbaut«* (V. 4-5). Als der Mann bekannte, er traue Jesus zu, dass der nur ein Wort sprechen brauche und daraufhin sein Diener geheilt sei, redete Jesus *»zu der Volksmenge, die ihm folgte, und sprach: Ich sage euch, selbst nicht in Israel habe ich so großen Glauben gefunden«* (V. 9), und er heilte den Diener.

Als er die Juden dafür zurechtwies, dass sie nicht auf seine Wundertaten eingingen und ihn als ihren Messias anerkannten, verwies Jesus auf die Dienste, die alttestamentliche Propheten Heiden erwiesen hatten – als Beispiele für Gottes Absichten, die die ganze Menschheit zu umspannen. Er erinnerte die Leute in Nazareth daran, dass Elia in *»Sarepta in Sidonia einer Frau, einer Witwe«*, gedient hatte (Lk 4,26), und dass Elisa *»Naaman, den Syrer«*, vom Aussatz heilte (V. 27). Als Jesus den Bewohnern der Städte Galiläas vorwarf, dass sie versäumten, Buße zu tun, erklärte er ihnen: *»Wenn zu Tyrus und Sidon die Wunderwerke geschehen wären, die unter euch geschehen sind, längst hätten sie in Sack und Asche Buße getan«* (Mt 11,21), und *»wenn in Sodom die Wunderwerke geschehen wären, die in dir geschehen sind, es wäre geblieben bis auf den heutigen Tag«* (V. 23). Diese Aussagen belegen Jesu göttliche Allwissenheit.

Jesus diente auch Samaritern, obwohl *»die Juden nicht mit den Samaritern verkehren«* (Joh 4,9). Der Groll zwischen diesen Völkern geht zurück auf die Völker des Landes – die Vorfahren der Samariter – die die Versuche der Juden behinderten, nach ihrer Rückkehr aus dem babylonischen Exil Jerusalem wieder aufzubauen (Esr 4). Jesus zog einmal mit seinen Jüngern auf dem Weg nach Jerusalem durch Samaria. Aber die Leute in dem Dorf, in das er Jünger vorausgesandt hatte, um Vorbereitungen für seinen Aufenthalt zu treffen, *»nahmen ihn nicht auf, weil sein Angesicht nach Jerusalem hin gerichtet war«* (Lk 9,53). Diese Feindseligkeit erklärt die Verwunderung der samaritischen Frau am Brunnen von Sychar, als Jesus sie bat: *»Gib mir zu trinken«* (Joh 4,7). Das Gespräch führte zu einem geistlichen Dienst, den Jesus ihr erwies, zu der Enthüllung, dass er der Messias war (V. 25-26), und zu seinem geistlichen Dienst an vielen der samaritischen Bewohner Sychars (V. 29-30.39-41).

Erstaunlicherweise führte Jesus den Juden ausgerechnet Samariter als Beispiele für Dankbarkeit und Hilfsbereitschaft vor Augen. Es geschah, dass er in einem Dorf an der Grenze zwischen Galiläa und Samaria zehn Aussätzige heilte (Lk 17,11). *»Einer aber von ihnen kehrte zurück, als er sah, dass er geheilt war, und verherrlichte Gott mit lauter Stimme; und er fiel aufs Angesicht zu seinen Füßen und dankte ihm; und das war ein Samariter«* (V. 15-16). Ob das Gleichnis vom guten Samariter nun ein Bericht über ein tatsächliches Ereignis ist oder nicht – der Samariter und nicht der Priester oder der Levit war derjenige, der Mitleid mit dem Opfer der Räuber hatte (Lk 10,30-37). Als die Griechen, die israelitische Proselyten waren, beim Passahfest in Jerusalem zu Philippus kamen und baten: *»Herr, wir möchten Jesus sehen«* (Joh 12,20-21), da frohlockte Jesus über die weltweite Erlösung und das Heil, die durch seinen Tod ins Werk gesetzt werden sollten. Er sagte: *»Und ich, wenn ich von der Erde erhöht bin«* – ein Hinweis auf seine Kreuzigung, nicht auf seine Himmelfahrt –, *»werde alle zu mir ziehen«* (V. 32). Er meinte damit nicht, dass alle gerettet würden, sondern dass Menschen jeder Nation und Rasse zu ihm kommen würden, einschließlich der anwesenden Heiden aus Griechenland (V. 20). Er zieht Menschen zu sich, ohne sie zu diskriminieren, ohne Beachtung ihrer Nationalität oder ihrer ethnischen Abstammung.[7] Nikodemus erklärte er bei Nacht: *»So hat Gott die Welt geliebt, dass er seinen eingeborenen Sohn gab, damit jeder, der an ihn glaubt, nicht verloren gehe, sondern ewiges Leben habe«* (Joh 3,16). Der Apostel Johannes schrieb: *»So viele ihn aber aufnahmen, denen gab er das Recht, Kinder Gottes zu werden, denen, die an seinen Namen glauben«* (Joh 1,12).

JESU AUFTRAG, ALS ERLÖSUNGSOPFER AM KREUZ ZU STERBEN

Nicht nur die Menschwerdung des ewigen Wortes Gottes war Teil des ewigen Heilsplanes der dreieinen Gottheit, sondern auch sein stellvertretendes Erlösungsopfer am Kreuz, um Heil und ewiges Leben für alle zu erwirken, die an ihn glauben. Das Buch der Offenbarung nennt ihn *»das geschlachtete Lamm von Grundlegung der Welt an«* (Offb 13,8). Im Brief an die Hebräer heißt es: *»Darum spricht er* [Christus], *als er in die Welt kommt: Schlachtopfer und Gaben hast du nicht gewollt, einen Leib aber hast du mir bereitet ... da sprach ich: Siehe, ich komme, um deinen Willen, o Gott, zu tun«* (Hebr 10,5.7). Eine verschleierte Weissagung über den Tod Jesu erhielt Maria, als Simeon zu ihr sprach: *»Deine eigene Seele wird ein Schwert durchdringen«* (Lk 2,35). Und ob er sich nun der vollen Bedeutung seiner Worte bewusst war oder nicht – Johannes der Täufer bezeichnete Jesus bei seiner Taufe als *»das Lamm Gottes, das die Sünde der Welt wegnimmt«* (Joh 1,29-36).

Eine Frage allerdings, über die nachgedacht werden muss, ist diese: Wann wurde dem menschgewordenen Christus bewusst, dass er als Gottes Erlösungsopfer für die Sünde am Kreuz sterben würde? Manche Theologen sagen, er wusste nichts von seinem künftigen Opfertod. Anscheinend lebte er jedoch schon von einem ziemlich frühen Zeitpunkt seines Dienstes an in diesem Bewusstsein. Als er beim Passahfest die Händler und Geldwechsler aus dem Tempel trieb, nachdem er zuvor bei einer Hochzeit Wasser in Wein verwandelt hatte, *»sprachen die Juden zu ihm: Was für ein Zeichen der Vollmacht zeigst du uns, dass du dies tust?«* (Joh 2,18). Jesu geheimnisvolle Erwiderung lautete: *»Brecht diesen Tempel ab, und in drei Tagen werde ich ihn aufrichten«* (V. 19). Johannes erklärt: *»Er aber sprach von dem Tempel seines Leibes. Als er nun aus den Toten auferweckt war, gedachten sei-*

ne Jünger daran, dass er dies gesagt hatte, und sie glaubten der Schrift und dem Wort, das Jesus gesprochen hatte« (V. 21-22).

Jesu Nachtgespräch mit Nikodemus ereignete sich offenbar bei demselben Aufenthalt in Jerusalem. Er erklärte Nikodemus: *»Wie Mose in der Wüste die Schlange erhöhte, so muss der Sohn des Menschen erhöht werden, damit jeder, der an ihn glaubt, ewiges Leben habe«* (Joh 3,14). Diese beiden Aussagen Jesu offenbaren, dass sich unser Herr sowohl der Art und der Bedeutung seines Todes als auch seiner darauffolgenden Auferstehung bewusst war.

Jesus begann, die Notwendigkeit seines Todes und die Tatsache seiner Auferstehung seinen Jüngern mitzuteilen, nachdem Petrus – zweifellos als Sprecher der ganzen Gruppe – erklärt hatte: *»Du bist der Christus, der Sohn des lebendigen Gottes«* (Mt 16,16; Mk 8,29; Lk 9,20; siehe Joh 11,27). Jesus legte ihnen dar, *»dass er nach Jerusalem hingehen müsse und von den Ältesten und Hohenpriestern und Schriftgelehrten vieles leiden und getötet und am dritten Tag auferweckt werden müsse«* (Mt 16,21; Mk 8,31; Lk 9,22). Petrus, der vermutlich wieder für die ganze Gruppe sprach, entgegnete: *»Gott behüte dich, Herr! Dies wird dir nicht widerfahren«* (Mt 16,22). Mit ihrer Erkenntnis, dass Jesus der Messias war, verbanden Petrus und die anderen Jünger offenbar die Wiederherstellung des Königreichs Israel und die Aufrichtung der Herrschaft Jesu auf dem Thron Davids, nicht aber die Zurückweisung des Messias und seinen Tod als leidender Knecht Gottes (Jes 52,13–53,12). Etwas früher, vor seiner Offenbarung an die Apostel hinsichtlich seines künftigen Todes und seiner darauffolgenden Auferstehung, hatte Jesus auf die Frage von einigen *»der Schriftgelehrten und Pharisäer«* nach einem Zeichen (Mt 12,38; 16,1; Mk 8,11; Lk 11,16) geantwortet: *»Ein böses und ehebrecherisches Geschlecht begehrt ein Zeichen, und kein Zeichen wird ihm gegeben werden als nur das Zeichen Jonas, des Propheten. Denn gleichwie Jona drei Tage und drei Nächte in dem Bauch des großen Fisches war, so wird der Sohn des Menschen drei Tage und drei*

Nächte im Herzen der Erde sein« (Mt 12,39-40; 16,4; Mk 8,12; Lk 11,29-30.32). Damit sagte er nicht nur ein wenig geheimnisvoll seinen Tod voraus, sondern er bestätigte auch, dass es sich bei dem wunderbaren Erlebnis des Propheten Jona um ein tatsächliches Ereignis gehandelt hatte.

Nachdem er gegenüber seinen Aposteln die Notwendigkeit seines Todes und seiner Auferstehung enthüllt hatte, *»richtete er sein Angesicht fest darauf, nach Jerusalem zu gehen«* (Lk 9,51). Bemerkenswerterweise bezieht Lukas dies nicht auf Jesu Erwartung seines drohenden Todes, sondern auf die Vorausschau seiner Verherrlichung: *»Als sich die Tage seiner Aufnahme* [in den Himmel] *erfüllten …«* Jesus fasste den Entschluss, dem Willen Gottes zu gehorchen, obwohl das den Tod am Kreuz beinhaltete. Das wird durch das unmittelbar Folgende verdeutlicht und noch unterstrichen. Als ein angehender Jünger zuerst nach Hause gehen und seiner Familie Lebewohl sagen wollte, erwiderte Jesus: *»Niemand, der seine Hand an den Pflug gelegt hat und zurückblickt, ist tauglich für das Reich Gottes«* (V. 62). Auf dieser letzten Reise Jesu nach Jerusalem erklärte er seinen Aposteln erneut, dass sie mit seiner Gefangennahme, seinem Leiden, seinem Tod und seiner Auferstehung enden werde (Lk 18,31-34).

Ungeachtet seines festen Entschlusses, als der sündlose, ins Fleisch gekommene Sohn Gottes dessen Willen zu erfüllen, schreckte Jesus verständlicherweise davor zurück, *»für uns zur Sünde gemacht«* zu werden (2Kor 5,21; siehe Gal 3,13). Dieser Schrecken zeigt sich in Jesu qualvollem Gebet im Garten Gethsemane, in der Nacht, in der er gefangengenommen wurde. Als er Petrus, Jakobus und Johannes bat, zu wachen, während er fortfuhr zu beten, sagte er: *»Meine Seele ist sehr betrübt, bis zum Tod«* (Mt 26,38; Mk 14,34). Dann ging Jesus *»ein wenig weiter und fiel auf sein Angesicht und betete und sprach: Mein Vater, wenn es möglich ist, so gehe dieser Kelch an mir vorüber; doch nicht wie ich will, sondern wie du willst«* (Mt 26,39; Mk 14,35-36; Lk 22,41-42). Im

Alten Testament symbolisierte ein Kelch oder Becher manchmal Zorn (Jer 25,15). Jesus wusste also, dass sein bevorstehender Tod bedeutete, er würde den Zorn Gottes, des Vaters, über die Sünde tragen. Obwohl Christus ohne Sünde war (2Kor 5,51), trug er die Sünden der Welt an sich selbst (1Petr 2,24). So ist er zu einem *»Fluch für uns geworden«*, denn *»verflucht ist jeder, der am Holz hängt«* (Gal 3,13).

Lukas berichtet, dass *»ihm ein Engel vom Himmel erschien, der ihn stärkte. Und als er in ringendem Kampf war, betete er heftiger. Es wurde aber sein Schweiß wie große Blutstropfen, die auf die Erde herabfielen«* (Lk 22,43-44). Nachdem er die Jünger schlafend vorfand, ging Jesus wieder fort und betete: *»Mein Vater, wenn dieser Kelch nicht vorübergehen kann, ohne dass ich ihn trinke, so geschehe dein Wille«* (Mt 26,42; Mk 14,36). Er fand die Jünger wieder schlafend vor, ging ein drittes Mal fort und wiederholte dasselbe Gebet (Mt 26,44), was die Tiefe seiner Qual offenbart (siehe Hebr 5,7-8).

Als sie Jesus gefangen nahmen, streckte einer seiner Begleiter die Hand aus, *»zog sein Schwert und schlug den Knecht des Hohenpriesters und hieb ihm das Ohr ab«* (Mt 26,51). Johannes teilt mit, dass Petrus dieser Jünger war (Joh 18,10). Jesus machte dazu zwei interessante Aussagen. Zuerst erklärte er Petrus: *»Meinst du, dass ich nicht jetzt meinen Vater bitten könne und er mir mehr als zwölf Legionen Engel stellen werde? Wie sollten denn die Schriften erfüllt werden, dass es so geschehen muss?«* (Mt 26,53-54). Das zeigt, dass er die Situation völlig in der Hand hatte. Dann fuhr er fort: *»Den Kelch, den mir der Vater gegeben hat, soll ich den nicht trinken?«* (Joh 18,11), das zeigt seine vollständige Unterordnung unter den Willen Gottes. Als Pilatus zu Jesus sagte: *»Weißt du nicht, dass ich Macht habe, dich loszugeben, und Gewalt habe, dich zu kreuzigen?«*, entgegnete dieser: *»Du hättest keinerlei Macht über mich, wenn sie dir nicht von oben gegeben wäre«* (Joh 19,10-11).

Der jüdische Hohe Rat verurteilte Jesus als *»des Todes schuldig«*, weil er Gott gelästert habe (Mt 26,65-67; Mk 14,63-64; Lk

22,70-71). Sie brachten ihn zu dem römischen Gouverneur Pilatus, weil sie sagten, »*es ist uns nicht erlaubt, jemanden zu töten ... damit das Wort Jesu erfüllt würde, das er sprach, um anzudeuten, welches Todes er sterben sollte*« (Joh 18,31-32). Pilatus erklärte den Juden, dass der Tod Jesu dennoch in ihre Verantwortung falle (Mt 27,24), worauf sie erwiderten: »*Sein Blut komme über uns und über unsere Kinder!*« (V. 25). Aber neben den Juden waren natürlich die jüdische Obrigkeit und ebenso die Heiden verantwortlich für die Zurückweisung und Kreuzigung Jesu.

Die geistliche Atmosphäre der Kreuzigung Jesu eröffnet sich uns in dem Umstand, dass »*von der sechsten Stunde an eine Finsternis über das ganze Land kam bis zur neunten Stunde*« (Mt 27,45; Mk 15,33; Lk 23,44). »*Um die neunte Stunde aber schrie Jesus mit lauter Stimme auf ...* Mein Gott, *mein* Gott, *warum hast du mich verlassen?*« (Mt 27,46; Mk 15,34). In diesem Augenblick, als Jesus die Sünden der Welt trug, wandte sich Gott, der Richter über die Sünde, von Jesus Christus, seinem menschgewordenen Sohn und Träger der Sünde ab, soweit es das persönliche menschliche Bewusstsein Jesu betraf. Jesus rief: »*Mein Gott, mein Gott*«, nicht »mein Vater, mein Vater«, denn Gott, der Vater, verließ seinen einzigen Sohn nicht. Es gab niemals eine Spaltung zwischen den Personen der Gottheit, und es wird sie auch niemals geben. Dann »*rief Jesus mit lauter Stimme und sprach: Vater, in deine Hände übergebe ich meinen Geist*« (Lk 23,46). Johannes berichtet, dass Jesus sagte: »*Es ist vollbracht!*« (Joh 19,30), um die völlige Vollendung seines versöhnenden, erlösenden Opfers für die Sünde anzuzeigen. Damit, so fährt Johannes fort, »*neigte Jesus das Haupt und übergab den Geist*« (V. 30; Mt 27,50).

Mit der Kennzeichnung »v.Chr.« und »n.Chr.« zählen unsere Kalender die Jahre von der Menschwerdung des ewigen Wortes Gottes in Jesus Christus an. Aber in einem sehr bedeutsamen Sinn ist sein Tod und nicht seine Geburt der Dreh- und Angelpunkt der ganzen kosmischen Geschichte. Ein Anzeichen für diese Tatsache ist, dass genau in diesem Augenblick *»der Vorhang des Tempels in zwei Stücke zerriss, von oben bis unten«* (Mt 27,51; Mk 15,38; Lk 23,45). Das wirkte Gott, um zu zeigen, dass der mosaische Bund und sein System mit den zahllosen Opfergaben und Darbringungen von Opfern hier endete, weil nun das eine, letzte, vollkommene Opfer dargebracht worden war (siehe Hebr 7,26-28; 9,11–10,4.9-12). Die jüdische Opferpraxis wurde zweifellos fortgesetzt – bis zur Zerstörung des Tempels unter dem römischen General Titus im Jahr 70 n.Chr. – und die jüdische Gottesverehrung besteht bis auf den heutigen Tag. Aber der Tod Jesu markiert das Ende des mosaischen Bundes und die Aufrichtung des Neuen Bundes, der sich auf das vollendete Werk Christi gründet.

Der Tod Jesu markiert auch die Erfüllung der Prophetie Gottes an die Schlange im Garten Eden, dass er, das heißt der Teufel, die Ferse des Samens der Frau zermalmen werde (1Mo 3,15). Beim Tod Jesu schien es zunächst so, als hätten Satan und seine Mächte des Bösen gesiegt. In Wahrheit allerdings geschah genau das Gegenteil; der Tod Jesu Christi, gefolgt von seiner tatsächlichen Auferstehung, kennzeichnete Satans Niederlage. *»Weil nun die Kinder Blutes und Fleisches teilhaftig sind, hat auch er* [Jesus Christus] *in gleicher Weise daran Anteil gehabt, um durch den Tod den zunichte zu machen, der die Macht des Todes hat, das ist den Teufel«* (Hebr 2,14; siehe Joh 12,31; 1Jo 3,8). Satan ist noch nicht von dieser Welt genommen worden, aber er ist ein besiegter Feind, und seine letzte Bestimmung ist gewiss (Offb 20,1-3.7-10). Christen können sich über den Sieg freuen, den Christus über die bösen Mächte errungenen hat (Eph 6,10-17; 1Petr 5,8-9; 1Jo 4,4).

Das Kreuz Jesu Christi, des menschgewordenen Sohnes Gottes, war das »Ausrufezeichen« Gottes, des Vaters – seine Bekundung *»Es ist vollbracht«* für das Heil derer, die an ihn glauben.

Teil 3

Der verherrlichte Christus Gottes

8. Kapitel

Christi Himmelfahrt hin zur Rechten Gottes des Vaters

Als der Apostel Paulus den Herrn Jesus Christus als Beispiel für die richtige geistliche Haltung eines Christen vorstellte, ging er geradewegs von der Demut und dem Gehorsam Jesu gegenüber Gott in Leiden und Tod (*»Er erniedrigte sich selbst und wurde gehorsam bis zum Tod, ja, zum Tod am Kreuz!«*) zu den Höhen seiner Verherrlichung über (*»Darum hat Gott ihn auch hoch erhoben und ihm den Namen verliehen, der über jeden Namen ist«* (Phil 2,8-9). Unser Herr tat das Gleiche, als er in seinem hohenpriesterlichen Gebet bat: *»Vater, die Stunde ist gekommen; verherrliche deinen Sohn, damit der Sohn dich verherrliche ... ich habe dich verherrlicht auf der Erde; das Werk habe ich vollbracht, das du mir gegeben hast, dass ich es tun sollte. Und nun verherrliche du, Vater, mich bei dir selbst mit der Herrlichkeit, die ich bei dir hatte, ehe die Welt war«* (Joh 17,1.4-5). Lukas stellte den schweren Gang Jesu nach Jerusalem, um dort zu leiden und zu sterben, in unmittelbare Verbindung damit, dass für ihn die Zeit gekommen war, in den Himmel aufgenommen zu werden (Lk 9,51).

In dieser Hinsicht ist die Begegnung Jesu mit Maria Magdalena am frühen Morgen seines Auferstehungstages interessant. Als Maria erkannte, dass es nicht der Gärtner, sondern Jesus war, wollte sie ihn wahrscheinlich umarmen, denn er sagte zu ihr: »*Rühre mich nicht an, denn ich bin noch nicht aufgefahren zum Vater*« (Joh 20,17). Manche Ausleger lehren, dass der auferstandene Jesus im Begriff war, zum Himmel aufzufahren, um sein Blut in das Allerheiligste des himmlischen Heiligtums hineinzutragen (Hebr 9,11-14.23-26). Sie kommen zu dem Schluss, dass eine Umarmung Marias ihn und sein Blut verunreinigt und die Darbringung seines Blutes im Himmel unwirksam gemacht hätte. Allerdings suchte Jesus Maria etwas ganz anderes zu vermitteln. Obwohl er in ihren Augen derselbe wie vor seiner Kreuzigung zu sein schien, war er doch jetzt verändert. Er hatte einen unsterblichen Leib, und sein Platz war jetzt im Himmel zur Rechten Gottes. Auch aus der göttlichen Perspektive war der Wechsel von der Gruft zum Thron ein Riesenschritt. Jesu Erscheinungen nach seiner Auferstehung und sein Dienst als auferstandener Christus waren nur eine Zwischenstation auf seinem Weg zu seiner rechtmäßigen Verherrlichung.

VERHERRLICHT IN DER AUFERSTEHUNG

Wenn die Erhöhung zur Rechten Gottes, des Vaters, das Ziel der Verherrlichung Christi war, warum verbrachte er dann vierzig weitere Tage damit (Apg 1,3), seinen Jüngern zu erscheinen und ihnen als Auferstandener zu dienen? Zunächst einmal erhielten sie dadurch viele sichere Beweise für die Tatsache, dass er lebte (V. 3). Die Führer der Juden hatten die Soldaten bestochen, die die Gruft Jesu bewacht hatten, um diese Geschichte verbreiten zu können: »*Seine Jünger kamen bei Nacht und stahlen ihn, während wir schliefen*« (Mt 28,13). Die Jünger wussten zwar, dass das nicht stimmte, aber ohne Erscheinungen des auferstandenen Jesus konnten sie nicht wissen, was mit seinem Leib geschehen war.

Zweitens benötigten die Jünger seine Anweisungen, um sich auf ihren Dienst nach seiner Himmelfahrt vorzubereiten. Lukas schrieb, dass der auferstandene Jesus mit seinen Jüngern *»über die Dinge redete, die das Reich Gottes betreffen«* (Apg 1,3). Er ermahnte sie auch, *sich »nicht von Jerusalem zu entfernen, sondern auf die Verheißung des Vaters zu warten – die ihr von mir gehört habt; denn Johannes taufte mit Wasser, ihr aber werdet mit Heiligem Geist getauft werden nach nicht mehr vielen Tagen«* (V. 4-5).

Während Jesu Dienst vor seinem Tod waren die Jünger innerlich so sehr mit seiner Identität als Messias und mit der Erwartung der Wiederherstellung des Königreiches Israel beschäftigt, dass sie die Offenbarungen, die er ihnen über seinen bevorstehenden Tod und seine Auferstehung gab, nicht begreifen konnten (Mt 16,22; Mk 8,31-32; 9,31-32; Lk 9,21-22.44-45). Die beiden Jünger, denen Jesus auf dem Weg nach Emmaus erschien, machten das deutlich. Ihre Gesichter zeigten, dass sie niedergeschlagen waren (Lk 24,17), und sie erzählten Jesus: *»Wir aber hofften, dass er der sei, der Israel erlösen solle«* (V. 21). Sogar noch nach seiner Auferstehung fragten die elf, als sie sich mit dem auferstandenen Jesus trafen: *»Herr, stellst du in dieser Zeit für Israel das Reich wieder her?«* (Apg 1,6). Diese Frage zeigt, dass sie erwarteten, das Reich werde mit dem Heiligen Geist kommen. Offenbar tat Christus nach seiner Auferstehung einen bedeutenden Dienst, als er seine Jünger lehrte und besonders Simon Petrus ausdrückliche persönliche Instruktionen gab (Joh 21,15-19). Darüber hinaus erhielten die elf Jünger seinen großen Missionsauftrag (Mt 28,18-20; siehe Apg 1,8).

Der unsterbliche Leib des Herrn

Es ist wichtig, sich in Erinnerung zu rufen, dass der Herr Jesus der erste Mensch war, der die persönliche Auferstehung erlebte und einen unsterblichen Leib annahm. Der Apostel Paulus bestätigte: *»Nun aber ist Christus aus den Toten auferweckt, der Erstling der Ent-*

schlafenen« (1Kor 15,20), und er offenbarte, dass *»in Christus alle lebendig gemacht werden. Jeder aber in seiner eigenen Ordnung: der Erstling, Christus«* (V. 22-23). Allen, die er als Tote ins Leben zurückgerufen hatte, einschließlich Lazarus, der bereits vier Tage im Grab lag (Joh 11,39), wurde das leibliche irdische Leben zurückgegeben; sie wurden aber nicht zur Unsterblichkeit erweckt. Daher mussten sie irgendwann wieder sterben. Anscheinend galt das auch für jene, die in Verbindung mit dem Erdbeben, das sich ereignete, als Jesus auf dem Hügel Golgatha starb, zum Leben erweckt wurden (Mt 27,52). Da sie allerdings *»nach seiner Auferweckung aus den Grüften kamen und in die heilige Stadt gingen und vielen erschienen«* (V. 53), könnte ihre Erweckung zum Leben nach Jesu Auferstehung stattgefunden haben und so deren wirkliche Auferstehung gewesen sein. Wenn das stimmt, dann wurden sie zur Zeit der Himmelfahrt Jesu mit in den Himmel aufgenommen.

In seiner Pfingstpredigt sagte Petrus: *»Den* [diesen Jesus] *hat Gott auferweckt, nachdem er die Wehen des Todes aufgelöst hatte, wie es denn nicht möglich war, dass er von ihm behalten würde«* (Apg 2,24). Dann zitierte er aus einem Psalm Davids: *»Auch mein Fleisch wird in Hoffnung ruhen; denn du wirst meine Seele nicht im Hades zurücklassen, noch zugeben, dass dein Frommer Verwesung sehe«* (V. 26-27; Ps 16,9-10). Petrus hob hervor, dass David hier nicht über sich selbst gesprochen hatte, da er *»gestorben* (war) *und begraben wurde und sein Grab bis auf diesen Tag unter uns ist«* (Apg 2,29). Stattdessen sprach er prophetisch *»von der Auferstehung des Christus, dass er weder im Hades zurückgelassen worden ist, noch sein Fleisch die Verwesung gesehen hat. Diesen Jesus hat Gott auferweckt, wovon wir alle Zeugen sind«* (V. 31-32).

Die Sache ist die, dass eben dieser misshandelte Leib Jesu (Jes 52,14), den man an das Kreuz genagelt und in Joseph von Arimathäas eigene, neue Gruft gelegt hatte (Mt 27,60; siehe Lk 23,53; Joh 19,41), zum ewigen Leben auferweckt wurde – unsterblich und unverweslich. Die Eigenschaften seines Auferstehungsleibes sind das Vorbild für die Auferstehungsleiber, die die Gläubigen erhalten werden – entweder, wenn unser Herr in der Luft kommen wird, um seinen Leib, die Gemeinde, in den Himmel zu entrücken (1Thes 4,13-18), oder wenn er zur Erde zurückkehrt, um sein Reich aufzurichten (Offb 20,4-6). Paulus erklärte den Korinthern: *»So ist auch die Auferstehung der Toten. Es wird gesät in Verweslichkeit, es wird auf erweckt in Unverweslichkeit. Es wird gesät in Unehre, es wird auferweckt in Herrlichkeit; es wird gesät in Schwachheit, es wird auferweckt in Kraft; es wird gesät ein natürlicher Leib, es wird auferweckt ein geistlicher Leib … Und wie wir das Bild des Irdischen getragen haben, so werden wir auch das Bild des Himmlischen tragen«* (1Kor 15,42-44.49).

Die Tatsache, dass Jesu Auferstehungsleib mit dem Leib identisch war, den man in die Gruft gelegt hatte, wird durch Jesu Aufforderung bekräftigt, dass jene, die sich am Abend seines Auferstehungstages versammelt hatten, seine Hände und Füße betrachten sollten (Lk 24,39-40). Offenbar trug sein Leib noch die Nägelmale seiner Kreuzigung. Thomas, der nicht dabeigewesen war, erklärte: *»Wenn ich nicht in seinen Händen das Mal der Nägel sehe und meine Finger in das Mal der Nägel lege und lege meine Hand in seine Seite, so werde ich nicht glauben«* (Joh 20,25). Als Jesus der Gruppe und diesmal auch Thomas eine Woche später erschien (V. 26), forderte er Thomas auf: *»Reiche deinen Finger her und sieh meine Hände, und reiche deine Hand her und lege sie in meine Seite«* (V. 27). Jesus hatte seinen Jüngern auch schon zuvor gesagt: *»Betastet mich und seht, denn ein Geist hat nicht Fleisch und Bein, wie ihr seht, dass ich habe«* (Lk 24,29). Früher an diesem Auferstehungsmorgen hatte Maria Magdalena anscheinend den auferstandenen Jesus umarmt (Joh 20,17), und als Jesus den Frauen erschien und sie begrüßte, *»traten sie zu ihm, umfassten seine Füße und warfen sich vor ihm nieder«* (Mt 28,9).

Ein weiterer Beleg für die körperliche Wirklichkeit des Auferstehungsleibes Jesu ist die Tatsache, dass er Nahrung zu sich nahm. Lukas berichtet, dass er gebratenen Fisch aß (Lk 24,42). Lukas berichtet nicht, dass er etwas aß, als er mit den beiden Jüngern in Emmaus zusammensaß. Aber *»als er mit ihnen zu Tisch lag, nahm er das Brot und segnete es; und als er es gebrochen hatte, reichte er es ihnen«* (V. 30). Als Jesus den Jüngern am Ufer des galiläischen Meeres erschien, hatte der Herr *»ein Kohlenfeuer entzündet und Fisch darauf liegen und Brot«* (Joh 21,9). Dann lud Jesus sie ein: *»Kommt her, frühstückt!«* Und er *»nimmt das Brot und gibt es ihnen, und ebenso den Fisch«* (V. 12-13). Johannes sagt zwar nicht, Jesus habe bei dieser Gelegenheit gegessen, aber es ist wahrscheinlich, dass er es tat.

Gleichzeitig hatte Jesu Auferstehungsleib Eigenschaften, die ihn von dem normalen, irdischen Leib unterschieden. Als Johannes an diesem Auferstehungsmorgen zu den Frauen am leeren Grab kam, da traf – so Matthäus – Jesus plötzlich mit ihnen zusammen (Mt 28,9). Es schien, als erscheine er aus dem Nirgendwo. An diesem Abend, als *»die Türen, wo die Jünger waren, aus Furcht vor den Juden verschlossen waren, kam Jesus und trat in die Mitte«* (Joh 20,19; Lk 24,36). Anscheinend hatte er die Möglichkeit zu erscheinen, wie er wollte. Das beinhaltet ebenso die Fähigkeit zu verschwinden, denn die Augen der Emmausjünger *»wurden aufgetan, und sie erkannten ihn; und er wurde vor ihnen unsichtbar«* (Lk 24,31). Der Vorfall mit diesen beiden Jüngern offenbart auch die Fähigkeit des auferstandenen Jesus, seine Identität zu verbergen, denn *»ihre Augen wurden gehalten, so dass sie ihn nicht erkannten«* (V. 16). Dies hielt an, bis *»ihre Augen aufgetan wurden, und sie erkannten ihn«* (V. 31). Maria Magdalenas Unvermögen, den auferstandenen Jesus zu erkennen, ehe er sie beim Namen rief (Joh 20,16), war möglicherweise eher die Folge ihres verstörten Zustands und ihrer Tränen sowie der Flüchtigkeit des Blicks, mit dem sie die Person streifte, die zu ihr sprach – weniger wohl ein übernatürliches Hindernis für ihre Fähigkeit, zu erkennen (V. 14-15).

Die leere Gruft

Der stärkste Beweis für die Echtheit der Auferstehung Jesu ist die Tatsache des leeren Grabes. Die von den bestochenen Soldaten in Umlauf gebrachte Geschichte, seine Jünger hätten den Leichnam Jesu gestohlen, während die Wächter schliefen, *»verbreitete sich bei den Juden bis auf den heutigen Tag«* (Mt 28,15). Diese Geschichte war offensichtlich falsch. Wenn die Jünger den Leib gestohlen hätten, warum sollten sie dann bereit sein, für ihre Verkündigung der Auferstehung Jesu Verfolgung und Tod zu erleiden?

Moderne Skeptiker haben die Ansicht vertreten, dass Maria Magdalena und die anderen Frauen in der Finsternis am frühen Morgen einfach zur falschen Gruft kamen und Halluzinationen von Engeln und von Jesus hatten. Aber als Joseph von Arimathäa den Leib Jesu in sein eigenes neues Grab legte (Mt 27,60), *»waren dort Maria Magdalena und die andere Maria, die dem Grab gegenüber saßen«* (V. 61). Markus schrieb: *»Maria Magdalena und Maria, die Mutter des Joses, sahen zu, wohin er gelegt wurde«* (Mk 15,47), und Lukas sagte: *»Es folgten aber die Frauen nach, die mit ihm aus Galiläa gekommen waren, und besahen die Gruft und wie sein Leib hineingelegt wurde«* (Lk 23,55). Daher wussten sie ganz sicher, wo Jesus bestattet worden war.

Dass sie zur falschen Gruft gegangen sein sollten, bedarf einer überaus großen Vorstellungskraft. Wenn wir diese Vorstellung als richtig unterstellen, müssen Simon Petrus und Johannes auch zur falschen Gruft gerannt sein (Joh 20,2-4). Und nicht nur das – auch die Leinenstreifen (V. 5-7) und das Totengewand (V. 7) lagen dann in der falschen Gruft. Als die Jünger begannen, die Auferstehung Jesu zu verkündigen, hätten all die römischen Soldaten und Beamten oder die Führer der Juden nur zur richtigen Gruft gehen und sie öffnen müssen – dann hätten sie problemlos den Leichnam Jesu zeigen können, leicht zu identifizieren anhand der Kreuzigungswunden. Außerdem hätte Joseph, der Besitzer des Grabes, obwohl er ein geheimer Jünger war, dasselbe tun können.

Die Erscheinungen des auferstandenen Herrn

Lukas erklärte, Jesus »*hat sich auch nach seinem Leiden* [den Aposteln] *in vielen sicheren Kennzeichen lebendig dargestellt, indem er sich vierzig Tage hindurch von ihnen sehen ließ*« (Apg 1,3). Ryrie listet zehn Auferstehungserscheinungen Christi auf[1] – eigentlich sind es elf, wenn man den Tag der Himmelfahrt für sich zählt. Fünf dieser Erscheinungen fanden am Auferstehungstag statt, der Rest während der vierzig Tage seines Auferstehungsdienstes. Der Apostel Paulus schließt auch noch mit ein, dass ihm Jesus auf der Straße nach Damaskus erschien (Apg 9,3-7), obgleich sich diese Erscheinung nach der Himmelfahrt unseres Herrn ereignete (1Kor 15,8-9). Eine weitere Erscheinung nach der Himmelfahrt ist die, die dem ersten Märtyrer Stephanus widerfuhr (Apg 7,55-56). Ryrie kommt zu dem Ergebnis: »Insgesamt können 538 Personen *angegeben* werden (549, wenn die elf [Mt 28,16] von den fünfhundert [1Kor 15,6] unterschieden werden müssen), die den auferstandenen Heiland gesehen haben.«[2] Das schließt ein, dass sich weitere Erscheinungen vor den Augen von noch mehr Menschen ereignet haben können, was gut möglich ist.

Moderne Skeptiker tun die biblischen Berichte über die Auferstehungserscheinungen Jesu als Halluzinationen ab; psychisch hervorgerufen durch die inständige Hoffnung und den starken Wunsch der Jünger, Jesus möge noch am Leben sein. Nach der Heiligen Schrift war der psychische Zustand der Jünger dem genau entgegengesetzt. Nachdem sie »*die Gruft, und wie sein Leib hineingelegt wurde*« gesehen hatten, gingen die Frauen nach Hause und »*bereiteten wohlriechende Öle und Salben*« (Lk 23,55-56).

Markus berichtet: »*Als der Sabbat vergangen war, kauften Maria Magdalena und Maria, die Mutter des Jakobus, und Salome wohlriechende Öle, um hinzugehen und ihn zu salben*« (Mk 16,1), wobei sie sich gegenseitig fragten: »*Wer wird uns den Stein von der Tür der Gruft wegwälzen?*« (V. 3; siehe Lk 24,1). Natürlich waren sie nicht auf eine Auferstehung vorbereitet.

Als Maria Magdalena am Auferstehungsmorgen zu der Gruft ging und sah, dass der Stein von der Eingangsöffnung weggewälzt war (Joh 20,1), rannte sie zu Simon Petrus und den anderen Jüngern und berichtete ihnen: »*Sie haben den Herrn aus der Gruft weggenommen, und wir wissen nicht, wo sie ihn hingelegt haben*« (V. 2). Sie sagte nicht: »Jesus ist aus den Toten auferstanden.« Als sie zum Grab zurückkehrte, stand sie weinend davor (V. 11). Als die Engel in der Gruft sie fragten, warum sie denn weine, antwortete sie: »*Weil sie meinen Herrn weggenommen und ich nicht weiß, wo sie ihn hingelegt haben*« (V. 13). Als Jesus ihr dann erschien und die gleiche Frage stellte, meinte sie, es sei der Gärtner. Daher sagte sie: »*Herr, wenn du ihn weggetragen, so sage mir, wo du ihn hingelegt hast, und ich werde ihn wegholen*« (V. 15). Zu keiner Zeit nahm sie an, dass Jesus auferstanden war, bis seine Erscheinung vor ihren Augen sie überzeugte.

Dieselbe traurige und verzagte Haltung sehen wir bei den beiden Jüngern auf dem Weg nach Emmaus. Als Jesus sich ihnen näherte und sie fragte, was sie miteinander beredeten (Lk 24,16-17), »*blieben sie niedergeschlagen stehen*« (V. 17). Obgleich sie Berichte gehört hatten, dass Jesus lebte (V. 22-24), waren sie ganz offensichtlich nicht von der Hoffnung auf seine Auferstehung erfüllt. Auch nachdem die anderen Apostel Thomas berichtet hatten, dass sie den auferstandenen Jesus sahen, zweifelte dieser (Joh 20,24-28). Als »*die elf Jünger nach Galiläa gingen, an den Berg, wohin Jesus sie bestellt hatte*« (Mt 28,16; 28,7.10), fährt Matthäus fort: »*Als sie ihn sahen, warfen sie sich vor ihm nieder; einige aber zweifelten*« (V. 17). Anstatt psychisch hervorgerufene Halluzinationen eines auferstandenen Jesus zu sehen, mussten die Jünger vielmehr von seiner Realität überzeugt werden, durch »*viele sichere Kennzeichen*« (Apg 1,3).

Den Gnadenstoß versetzt dem Argument der Skeptiker, Jesu Auferstehungserscheinungen seien psychisch hervorgerufene Halluzinationen, der Bericht des Paulus: »*Er erschien mehr als fünfhundert Brüdern auf einmal, von denen die meisten bis jetzt übrig geblieben, einige aber auch entschlafen sind*« (1Kor 15,6). Halluzinationen wie etwa Marienerscheinungen sind individuelle Erfahrungen; sie geschehen immer nur einer Person zu einer bestimmten Zeit, obgleich sie möglicherweise von verschiedenen Individuen zu verschiedenen Zeiten wahrgenommen werden. Die Erscheinung des auferstandenen Jesus vor mehr als fünfhundert Menschen auf einmal kann nicht als Halluzination erklärt werden; sie muss wahr sein.

VERHERRLICHT IN DER HIMMELFAHRT

Als die Mission Jesu auf der Erde mit seinem Opfertod und seiner Auferstehung abgeschlossen war (Joh 17,4; 19,30), wurde er durch seine Auffahrt zum Ehrenplatz an der Rechten des Vaters im Himmel verherrlicht (Joh 17,5). Als beispielsweise Lukas über den Weg Jesu zum Sterben in Jerusalem berichtete, schrieb er, dass »*sich die Tage seiner Aufnahme* [in den Himmel] *erfüllten*« (Lk 9,51). Jesu Auferstehungserscheinungen und sein Dienst an den Jüngern, um ihnen für ihre Aufgaben Anweisungen zu geben (Mt 28,18-20; Lk 24,25-27; Joh 21,15-19; Apg 1,3-8), waren notwendig und wichtig, aber nur eine zeitweilige »Unterbrechung« seiner Reise vom Kreuz zur Krone.

Eine Reihe von Faktoren zeigt die Bedeutung der öffentlichen, sichtbaren Auffahrt des auferstandenen Jesus von der Erde zum Himmel. Zunächst einmal mussten die Jünger mit Sicherheit wissen, dass er sie verlassen hatte. Seit seiner Auferstehung war er vierzig Tage bei ihnen gewesen. Er war hier und da einem Einzelnen oder einer Gruppe erschienen, aber niemals unablässig mit ihnen zusammen, wie es vor seinem Tod gewesen war. Sie mussten wissen, dass sie nicht mehr die stete persönliche Gegenwart des Herrn genießen konnten, dass ihnen aber die Kraft des Heiligen Geistes für ihr Zeugnis und für ihren Dienst als Botschafter Christi zur Verfügung stand (Mt 28,18-20; Joh 14,16.26; 16,7-15; Apg 1,4-5.7-8).

Zweitens mussten die Jünger Jesus in seinem unsterblichen Auferstehungsleib in den Himmel auffahren sehen, denn dies ist die Art, in der Christen als Glieder am Leib Christi, der Gemeinde, in der Entrückung zum Himmel auffahren werden (1Kor 15,51-58; 1Thes 4,16-18).

Drittens mussten die Jünger beobachten, wie Jesus *»vor ihren Blicken emporgehoben wurde, und eine Wolke nahm ihn auf vor ihren Augen weg«* (Apg 1,9; siehe Mk 16,19; Lk 24,51), und die Worte der Engel hören: *»Dieser Jesus, der von euch weg in den Himmel aufgenommen worden ist, wird so kommen, wie ihr ihn habt hingehen sehen in den Himmel«* (Apg 1,11). Diese Verheißung der Rückkehr des aufgefahrenen Herrn Jesus zur Erde bezieht sich auf sein zweites Kommen, um sein Reich der Gerechtigkeit und des Friedens auf dem Thron Davids aufzurichten. Diese Verheißung bezieht sich nicht auf die Entrückung, sein Kommen in der Luft, um seine Gemeinde zu sich zu holen. Bei seinem zweiten Kommen in Macht und Herrlichkeit wird seine leibliche Erscheinung von der ganzen Welt gesehen werden (*»Siehe, er kommt mit den Wolken, und jedes Auge wird ihn sehen«*; Offb 1,7), aber bei der Entrückung werden ihn nur die Heiligen des Gemeindezeitalters sehen. Mit seiner Auffahrt zur Rechten Gottes, des Vaters im Himmel endete das erste Kommen des menschgewordenen Sohnes Gottes, und sein gegenwärtiger Dienst begann.

9. Kapitel

Christi gegenwärtiger Dienst zur Rechten Gottes des Vaters

Als zwölfjähriger Junge nahm ich den Herrn Jesus als meinen Heiland in mein Leben auf und sah mich nun wiederholt dem Problem gegenüber, der Versuchung nachzugeben und in Sünde zu fallen. Ich war voller Schuldgefühle und Gewissensbisse und hätte gern gelobt, nicht wieder zu sündigen, aber nach wie vor konnte ich es nicht. Ich war frustriert und fragte mich, warum der Herr mir nicht half, zu widerstehen. In meiner täglichen Bibellese hatte ich erfahren, dass der verherrlichte Jesus von Gott *»zu seiner Rechten in der Himmelswelt gesetzt«* worden ist (Apg 2,33; 5,31; Eph 1,20; Kol 3,1), wo er *»sich für immer gesetzt* [hat] *zur Rechten Gottes«* (Hebr 10,12; 8,1; 12,2). In meinem kindlichen Geist stellte ich mir vor, wie er ungezwungen dort saß, Däumchen drehte und nichts unternahm, mir aus meinem Dilemma zu helfen. Als meine Bibelkenntnis zunahm und ich im Christsein wuchs, begriff ich glücklicherweise die Fürsorge des Herrn in der Sendung des Heiligen Geistes und in Christi gegenwärtigem Dienst für die Seinen zur Rechten Gottes, des Vaters. Der Führung des Heiligen Geistes zu folgen und den gegenwärtigen Dienst meines Herrn für mich persönlich in Anspruch zu nehmen, machte mich zwar nicht frei von Sünde, aber es half mir, ein siegreiches Christenleben zu führen.

DIE STELLUNG CHRISTI ZUR RECHTEN GOTTES

In der antiken Welt war der Platz zur Rechten eines Monarchen der Ehrenplatz. Er wurde einem siegreichen General oder einem weisen, treuen Ratgeber zugestanden. Er ist zu Recht dem Herrn Jesus zuerkannt worden als dem, der den Auftrag vollkommen ausgeführt hat, der ihm von Gott gegeben wurde (Joh 17,4) – dem, der bei seinem Tod am Kreuz auf Golgatha Satan, die Sünde und den Tod besiegt hat. David hatte geschrieben: *»Setze dich zu meiner Rechten, bis ich deine Feinde gemacht habe zum Schemel deiner Füße«* (Ps 110,1). Jesus bezog sich selbst auf diese Textstelle, als er sich mit den Pharisäern über seine Identität als der Christus auseinandersetzte. Auf seine Frage: *»Wessen Sohn ist er?«*, antworteten sie richtig: *»Der Sohn Davids«* (Mt 22,42; Mk 12,35). Um ihnen zu zeigen, dass er mehr war als nur ein Mensch, fragte Jesus sie: *»Wie nennt David ihn denn im Geist Herr?«* (Mt 22,43). Dann zitierte er Psalm 110,1 und fragte: *»Wenn nun David ihn Herr nennt, wie ist er sein Sohn?«* (Mt 22,44-45; Mk 12,36-37). In ähnlicher Weise hob der Apostel Petrus in seiner Pfingstpredigt hervor, *»nicht David ist in die Himmel aufgefahren«*, und dann zitierte auch er Psalm 110,1 als eine Prophetie auf die Verherrlichung Jesu (Apg 2,34).

Von großer Wichtigkeit ist die Tatsache, dass der Thron zur Rechten Gottes der Thron Gottes des Vaters ist, nicht der Thron Jesu. Der Schreiber des Briefes an die Hebräer schrieb, Jesus *»hat sich gesetzt zur Rechten auf den Stuhl Gottes«* (Hebr 12,2 [Luther'12]; siehe auch Mt 5,34; 23,22; Apg 7,49). Der verherrlichte Christus sagte in seinen Sendschreiben, die er durch den Apostel Johannes an die sieben Gemeinden richtete: *»Wer überwindet, dem werde ich geben, mit mir auf meinem Thron zu sitzen, wie auch ich überwunden und mich mit meinem Vater auf seinen Thron gesetzt habe«* (Offb 3,21). Darüber hinaus muss der verherrlichte Jesus als der geehrte Eine zur Rechten Gottes, des Vaters, bleiben, bis Gott sein Versprechen erfüllt, seine Feinde zum Schemel seiner Füße zu machen (Ps 110,1; siehe auch Mt 22,44; Mk 12,36). Alles gegenwärtige Handeln unseres Herrn zum Aufbau und Dienst für seine Gemeinde ist gesondert zu sehen – von seinem Verharren an der Rechten Gottes bis zur Erfüllung dieses Versprechens – und beeinträchtigt diesen Dienst auch nicht.

Die Verfechter der theologischen Position, die man *progressiven Dispensationalismus*[1] nennt, fassen die Stellung Jesu zur Rechten Gottes anders auf. Sie sind Dispensationalisten, denn »sie betrachten die Gemeinde als *eine neue Offenbarung der Gnade*, eine neue Heilszeit in der Erlösungsgeschichte«[2] und sie stimmen bei, dass »die Gemeinde eine neue Einrichtung ist, die zu Pfingsten ihren Anfang nahm.«[3] Gleichzeitig aber bestehen sie darauf, dass »die Herrschaft Jesu zur Rechten Gottes zuallererst und in entscheidender Weise Verheißungen erfüllt, die David gegeben wurden.«[4] Sie erkennen eine zukünftige tausendjährige Heilszeit an, in der Christus sichtbar auf der Erde in Jerusalem mit Israel als dem Haupt der Nationen regieren wird, aber jetzt »sitzt Jesus als der Erbe Davids im Himmel und regiert von dort aus.«[5] Die Folge ist, dass sie glauben, die Heilszeit des gegenwärtigen Dienstes Christi vom Himmel her und die künftige tausendjährige Heilszeit seien »zusammengeschlossen als Aspekte der messianischen Herrschaft Christi«[6] zu betrachten. »*Beide* Heilszeiten werden im Neuen Testament als Erfüllung des Davidischen Bundes gesehen.«[7]

Der Unterschied dieser Anschauung zum traditionellen Dispensationalismus beginnt mit der Lehre des progressiven Dispensationalismus über Jesu Selbstoffenbarung als der verheißene Messias in seinem irdischen Dienst bei seinem ersten Kommen. Gemäß dieser Betrachtungsweise leitete Jesu Selbstoffenbarung gegenüber dem jüdischen Volk sein messianisches Reich ein. »Im Lukasevangelium wird deutlich, dass mit der Gegenwart Jesu und besonders mit seiner Auferstehung und Himmelfahrt das

Reich seinen Anfang nimmt.« Und »bei Jesu Kommen, und besonders bei seiner Himmelfahrt zur Rechten Gottes, wurde Jesus in sein Amt als König eingeführt.«[8]

Zur Stützung ihres Standpunkts, dass die Gegenwart Christi die Aufrichtung seines messianischen Reiches markierte, verweisen progressive Dispensationalisten auf die Wunder Jesu: dass er Kranke heilte, Blinden das Augenlicht gab, Lahme gehend machte und Tote auferweckte. Jesus trug den Jüngern des Täufers Johannes auf, dem inhaftierten Johannes diese Wunder als bestätigende Beweise dafür zu beschreiben, dass er derjenige war, *»der kommen soll«* (Mt 11,3) – der Christus, den Johannes angekündigt hatte (Mt 3,2.11-12). Niemand stellt die Tatsache in Frage, dass solche Wunder Jesu Identität als Israels Messias demonstrieren. Aber Wunder zu vollbringen ist nicht das Gleiche, wie die Aufrichtung seines messianischen Reiches einzuläuten. Stattdessen kennzeichneten ihn die Wunder als den Messias, der sich dem jüdischen Volk als solcher vorstellte.

Als sein Dienst andauerte, stellten sich die religiösen Führer der Juden in zunehmendem Maß gegen ihn und verwarfen ihn als ihren Messias, bis Kaiphas, *»der jenes Jahr Hoherpriester war«* (Joh 11,49), gegenüber dem Hohen Rat äußerte, *»dass es euch nützlich ist, dass ein Mensch für das Volk sterbe und nicht die ganze Nation umkomme«* (V. 50). Johannes fuhr fort: *»Von jenem Tag an ratschlagten sie nun, um ihn zu töten«* (V. 53). Später schrieb Johannes, als er im Besonderen über die Juden in Jerusalem sprach: *»Obwohl er aber so viele Zeichen vor ihnen getan hatte, glaubten sie nicht an ihn«* (Joh 12,37). Diese Zurückweisung Jesu erfüllte Jesaja 53,1. Die Zurückweisung durch das jüdische Volk war endgültig, als Pilatus Jesus der Menge als ihren König präsentierte und der Mob daraufhin schrie: *»Weg, weg! Kreuzige ihn!«* und die Hohenpriester sagten: *»Wir haben keinen König außer dem Kaiser«* (Joh 19,15). Angesichts einer solchen Zurückweisung des Königs durch seine Untertanen kann das Reich schwerlich aufgerichtet worden sein.

Progressive Dispensationalisten machen viel Aufhebens von der Aussage des Petrus, dass das Wunder der in Zungen redenden Jünger – eine Folge der Erfüllung mit dem Heiligen Geist am Pfingsttag – das Ereignis gewesen sei, *»was durch den Propheten Joel gesagt ist«* (Apg 2,16). Sie zitieren Joel 2,28-32 und heben hervor, dass der Beginn der gegenwärtigen Heilszeit der Gemeinde als Geschehnis *»in den letzten Tagen«* (Apg 2,17) bezeichnet werde. Das ist allerdings nicht ganz richtig, weil *»in den letzten Tagen«* Petrus' und nicht Joels Worte sind, der sagte: *»Und danach …«* (Joe 3,1). Der progressive Dispensationalismus liegt hier allerdings zumindest teilweise richtig, denn der Schreiber des Hebräerbriefes gebrauchte den Ausdruck *»am Ende dieser Tage«* im Hinblick auf Jesu Menschwerdung und sein erstes Kommen (Hebr 1,2). Obwohl die Ausgießung des Heiligen Geistes zu Pfingsten *zu dem passt*, was Joel prophezeit hat, sprach dieser von einer Ausgießung in der finsteren Zeit, die dem zweiten Kommen Christi auf die Erde unmittelbar vorausgeht (Joe 3,3-5), und nicht von der Ausgießung zum Beginn der Gemeinde.

Progressive Dispensationalisten richten die Aufmerksamkeit auch auf zwei Zitate aus den Psalmen Davids in der Pfingstpredigt des Petrus (Ps 16,8-11; 110,1). Diese Zitate sprechen prophetisch von der Auferstehung Jesu in einem Leib, der nicht verwest. Daraus zogen progressive Dispensationalisten folgenden Schluss: Da Gott Jesus durch Auferstehung und Himmelfahrt *»sowohl zum Herrn als auch zum Christus gemacht hat, diesen Jesus, den ihr gekreuzigt habt«* (Apg 2,36), erfülle er nun den davidischen Bund und regiere im Himmel. Richtig ist, dass Jesus Davids Großenkel ist (Lk 1,32), aber der Kern des davidischen Bundes ist Gottes Verheißung an David: *»Dein Haus* [d.h.: deine Blutslinie] *aber und dein Königtum sollen vor dir Bestand haben für ewig, dein Thron soll feststehen für ewig«* (2Sam 7,16; siehe auch 7,13; Ps 89,29-30.35-38) auf der Erde, nicht im Himmel. Christus erfüllt derzeit nicht den Davidischen Bund; stattdessen sitzt er jetzt zur Rechten Gottes und wartet, *»bis ich* [Gott] *deine Feinde gemacht habe zum Schemel deiner Füße«* (Hebr 10,13; siehe Ps 110,1). In der Zukunft wird er wieder auf die Erde zurückkehren, um Davids Thron zu besteigen und Gottes Verheißungen an David zu erfüllen.

Eigentlich war das, was Petrus sowohl in seiner Pfingstbotschaft als auch in seiner Predigt in der Säulenhalle Salomos (Apg 3,11-26) verkündigte, ein Appell an das jüdische Volk. Ein Aufruf, umzukehren und Jesus als seinen Messias anzunehmen, damit er zurückkehren und sein messianisches Reich aufrichten könne. Es war eigentlich eine Neuauflage des Reichsangebotes. Petrus sagte: *»So tut nun Buße und bekehrt euch, dass eure Sünden ausgetilgt werden, damit Zeiten der Erquickung kommen vom Angesicht des Herrn,* ***und er den euch vorausbestimmten Jesus Christus sende****. Den muss freilich der Himmel aufnehmen bis zu den Zeiten der Wiederherstellung aller Dinge, von denen Gott durch den Mund seiner heiligen Propheten von jeher geredet hat«* (Apg 3,19-21; Hervorhebung durch den Autor). Zwar reagierten viele einzelne der Juden zustimmend auf Petrus' Botschaft (*»etwa dreitausend«* am Pfingsttag; Apg 2,41) und auf das Zeugnis der Apostel (*»Der Herr aber tat täglich hinzu, die gerettet werden sollten«*; Vers 47), aber die religiösen Führer der Juden wiesen seine Botschaft zurück und verfolgten die Apostel und andere in zunehmendem Maß (Apg 4,3.5-7.18-21; 5,17-27.41). Das resultierte schließlich im Martyrium des Stephanus (Apg 6,12; 7,54-60) und in einer mit rasender Geschwindigkeit anwachsenden Verfolgung, die alle Gläubigen mit Ausnahme der Apostel überall hin zerstreute (Apg 8,1.3).

Progressive Dispensationalisten anerkennen zusammen mit den Anhängern einer Lehre, die sie selbst *revidierten Dispensationalismus*[9] nennen, einen einzigen Neuen Bund – von Christus gestiftet beim Passahmahl mit den Zwölfen am Abend vor seiner Festnahme und seinem Tod (Mt 26,17-20.26-29; Mk 14,12-17.22-25; Lk 22,7-20). Dieses Bundes gedenkt seine Gemeinde im Herrenmahl (1Kor 11,23-26); sie verkündigt *»den Tod des*

Herrn bis er kommt« (V. 26). Für das Volk Israel, das durch die zwölf Apostel repräsentiert wird, wird der Neue Bund mit der Aufrichtung des messianisches Reiches wirksam – bei der Rückkehr Christi auf die Erde. Jesus erklärte den Zwölfen: *»Ich sage euch aber, dass ich von nun an nicht mehr von diesem Gewächs des Weinstocks trinken werde bis zu jenem Tag, da ich es neu mit euch trinken werde in dem Reich meines Vaters«* (Mt 26,29; Mk 14,25; Lk 22,16.18). In dieser noch zukünftigen Zeit werden die bußfertigen, erlösten Israeliten die Segnungen des Neuen Bundes empfangen, wie ihnen von Mose (5Mo 30,1-10) und den Propheten prophezeit worden war (Jes 11,10–12,6; 14,1-3; 25,6-9; 26,1–27,13; 59,20–60,22; Jer 31,1-25; Dan 2,44-45; 7,15-18.23-27; 12,1-2; Joe 2–3). Einige der Segnungen des Neuen Bundes, die jetzt schon von seiner Gemeinde genossen werden, sind die gleichen, die auch den Erlösten Israels im messianischen Reich bereitet sind. Israel wird dann auch viele weitere Segnungen erleben.

Auch progressive Dispensationalisten sehen in den geistlichen Segnungen des Neuen Bundes die Verheißungen, die Gott David im davidischen Bund gab. Allerdings werden in den Verheißungen des davidischen Bundes keine geistlichen Segnungen erwähnt. Diese Verheißungen handeln nur von einem Haus (einer Blutslinie), einem Reich und einem Thron, die aufgerichtet werden und ewig währen (2Sam 7,16; Ps 89,29-30.34-38). Die geistlichen Segnungen des Neuen Bundes werden allerdings im Zusammenhang mit der Aufrichtung des messianischen Reiches über das Volk Israel ausgegossen werden. Das geschieht aber nicht deshalb, weil etwa diese Segnungen ein Teil des davidischen Bundes wären, sondern vielmehr aufgrund von Israels Umkehr und seiner Rückkehr zum Glauben an den Herrn.

Der progressive Dispensationalismus macht den gleichen Fehler bei der Verquickung der geistlichen Segnungen des Neuen Bundes mit den Verheißungen des abrahamitischen Bundes (1Mo 17,1-8; 15,18-20). Gott erklärte Abraham: *»Du sollst ein*

Segen sein … und in dir sollen gesegnet werden alle Geschlechter der Erde« (1Mo 12,2-3). Abraham ist auch ein Segen als das strahlende, alttestamentliche Beispiel der Rechtfertigung aus Glauben (1Mo 15,4-6; Röm 4,1-25; Gal 3,6-9). Gottes besondere Verheißungen in dem mit ihm geschlossenen Bund waren allerdings, dass seine Nachkommenschaft wie die Sterne des Himmels sein werde (1Mo 15,5) und dass Gott »… *dir* [Abraham] *und deinen Nachkommen nach dir das Land deiner Fremdlingschaft geben* [werde], *das ganze Land Kanaan, zum ewigen Besitz«* (1Mo 17,8; siehe auch 15,8). Wenn Israel im Tausendjährigen Reich in das Land Kanaan zurückkehrt und es als sein ewiges Eigentum in Besitz nimmt, dann wird das Volk die geistlichen Segnungen des Neuen Bundes erleben – Segnungen, die eine Folge der Verheißungen des abrahamitischen Bundes sind, im Besonderen der Verheißung *»in dir sollen gesegnet werden alle Geschlechter der Erde«* (1Mo 12,3).

In Hebräer 7,4–10,25 wird der Neue Bund dem mosaischen Bund und dem Opfersystem gegenübergestellt, und das levitische Priestertum wird mit diesem Bund in Verbindung gebracht. Er ist die Ablösung des alten mosaischen Bundes (Hebr 8,8-13; Jer 31,31-34). Der Neue Bund wird auch mit einem besseren Hohenpriester in Verbindung gebracht, einem *»nach der Ordnung Melchisedeks«* (Hebr 6,20). Dieser neue Hohepriester ist natürlich der Herr Jesus, der *»sich nicht selbst verherrlicht* [hat], *um Hoherpriester zu werden«* (Hebr 5,5), sondern er wurde *»von Gott begrüßt als Hoherpriester nach der Ordnung Melchisedeks«* (V. 10). Gott, der Vater, sagte zu ihm: *»Du bist Priester in Ewigkeit nach der Ordnung Melchisedeks«* (V. 6; siehe auch 7,21; Ps 110,4).

Da *»dieser Melchisedek, König von Salem, Priester Gottes, des Höchsten«* war (Hebr 7,1; 1Mo 14,18) und Christus *»Priester nach der Ordnung Melchisedeks«* ist, verknüpfen progressive Dispensationalisten den priesterlichen Dienst Christi mit seiner Identität als dem davidischen König. Aus dieser Verknüpfung ziehen sie den Schluss, dass er gegenwärtig diese Segnungen seines Königtums spendet – als Teil seiner Herrschaft als davidischer König im Himmel. Sie glauben, dass »das Priestertum nach der Ordnung Melchisedeks Teil des davidischen Bundes sei.«[10] Sie kommen zu dieser Anschauung auf der Grundlage, dass die Feststellung *»Du bist Priester in Ewigkeit nach der Weise Melchisedeks«* (Ps 110,4) in denselben Psalm eingebunden ist wie die Aussage *»Der Herr sprach zu meinem Herrn: Setze dich zu meiner Rechten, bis ich deine Feinde gemacht habe zum Schemel deiner Füße«* (V. 1). Allerdings enthält dieser Psalm keinen Hinweis auf den davidischen Bund; noch sind derartige Aussagen Verheißungen dieses Bundes. Die Vertreter dieser Auslegung glauben auch, dass »das Priestertum nach der Ordnung Melchisedeks ein Amt ist, das dem Sohn Davids als Teil seiner Erbschaft gegeben wurde.«[11] Aber die Bibel sagt an keiner Stelle, dass das Priestertum nach Melchisedek ein Teil des Erbes Christi, des Nachkommen Davids sei.

Darüber hinaus diente Melchisedek Abram als ein *»Priester Gottes, des Höchsten«*; nahezu tausend Jahre vor Davids Herrschaft. Daher kann das Priestertum nach Melchisedek kein Amt sein, das dem Sohn Davids als Teil seines Erbes gegeben wurde, wie der progressive Dispensationalismus behauptet. Stattdessen ist das Gegenteil richtig: Davids Sohn zu sein ist eine Ehre, die Christus, dem Priester nach der Ordnung Melchisedeks, als Teil seiner Erbschaft verliehen wurde. Nun sagt der progressive Dispensationalismus allerdings, dass die Ausgießung geistlicher Segnungen durch Christus ein Teil seiner gegenwärtigen Herrschaft als davidischer König im Himmel sei. Weiter: Obwohl Melchisedek *»König von Salem«* war, diente er Abram, segnete ihn und Gott den Höchsten und empfing von Abram *»einen Zehnten von allem«* als Priester Gottes des Höchsten (1Mo 14,18-20). Da Abram kein Bewohner von Salem war, hatte Melchisedek keine echte Beziehung zu ihm. Ein König zu sein bedeutet nicht notwendigerweise, als König zu herrschen. Christus ist jetzt König, aber er regiert jetzt nicht als der davidische König, der den davidischen Bund erfüllt. David wurde von Samuel zum König Israels gesalbt (1Sam 16,1.12-13) und zwar mehr als fünfzehn Jahre, bevor er öffentlich zum König über Juda gesalbt wurde, und siebeneinhalb weitere Jahre vor seiner öffentlichen Salbung zum König über ganz Israel (2Sam 5,2-5; 1Chr 11,1-3; 12,38). Daher kann Jesus Christus als Sohn und Erbe Davids jetzt natürlich der davidische König sein, ohne aber als solcher zu herrschen, bis er auf die Erde zurückkehrt und das Reich aufrichtet.

In vielerlei Hinsicht liegt das Problem der anderen Betrachtungsweise des progressiven Dispensationalismus in der Auslegung der Aussagen in Psalm 110,1.4, dem Zitat von Psalm 110,1 in Apostelgeschichte 2,34-35 und der Verknüpfung dieser Verse mit der Erfüllung des davidischen Bundes. In einem ausgezeichneten Artikel über die Auslegung von Psalm 110 schreibt Elliott Johnson: »Ist Jesu gegenwärtige Stellung zur Rechten Gottes von königlichem, davidischem Status? Gleich mehrere Beobachtungen an Psalm 110,1 und an Petrus' Zitat dieser Stelle in Apostelgeschichte 2,34-35 helfen uns zu zeigen, dass die Antwort auf diese Frage ›nein‹ lauten muss: 1. Das gegenwärtige Sitzen des Messias zeigt, dass er auf eine in der Zukunft liegende Eroberung wartet ... 2. Die gegenwärtige Stellung des Messias gibt uns keinen Hinweis darauf, dass er gekrönt oder inthronisiert worden ist ... 3. Seine gegenwärtige wartende Position macht deutlich, dass er sich den Anordnungen Jahwes unterordnet.«[12] Im Gegensatz zum progressiven Dispensationalismus schließt Johnson aus Psalm 110, dass die gegenwärtige Zeit nicht die Herrschaft des Messias auf dem Thron Davids einschließt.«[13]

Christi gegenwärtiger Dienst durch den Heiligen Geist

Johannes der Täufer hatte Jesus als den angekündigt, der *»euch mit Heiligem Geist und Feuer taufen«* wird (Mt 3,11; Mk 1,8; Lk 3,16). Jesus selbst belehrte die Apostel über den zukünftigen Dienst des Heiligen Geistes. An dem Abend vor seiner Festnahme und Kreuzigung erklärte er ihnen: *»Es ist euch nützlich, dass ich weggehe, denn wenn ich nicht weggehe, wird der Beistand* [der Heilige Geist; Joh 14,16-17] *nicht zu euch kommen; wenn ich aber hingehe, werde ich ihn zu euch senden«* (Joh 16,7). Später berichtet Johannes, dass Jesus im Verlauf seiner Erscheinung bei den Aposteln am Abend seines Auferstehungstages den Auftrag erteilte: *»›Wie der Vater mich ausgesandt hat, sende ich auch euch.‹ Und als er dies gesagt hatte, hauchte er sie an und spricht zu ihnen: ›Empfangt Heiligen Geist!‹«* (Joh 20,21-22). Diese Gabe des Heiligen Geistes vor dem Pfingsttag geschah anscheinend, um die Apostel zu befähigen, Leben, Dienst, Tod und Auferstehung Jesu zu begreifen und sie zu der Prophetie des Alten Testaments in Beziehung zu setzen – eine Vorbereitung auf Pfingsten und auf das, was darauf folgte (siehe Lk 24,8; Joh 12,16; 2,17.22).

Im Verlauf des Dienstes nach seiner Auferstehung wies Jesus seine Jünger an, *»sich nicht von Jerusalem zu entfernen, sondern auf die Verheißung des Vaters zu warten – die ihr,* [sagte er], *von mir gehört habt; denn Johannes taufte mit Wasser, ihr aber werdet mit Heiligem Geist getauft werden nach nicht mehr vielen Tagen«* (Apg 1,4-5). Unmittelbar vor seiner Himmelfahrt sagte Jesus den Jüngern in Erwiderung ihrer Frage hinsichtlich der Wiederherstellung des Reiches (V. 6) für Israel: *»Aber ihr werdet Kraft empfangen, wenn der Heilige Geist auf euch gekommen ist; und ihr werdet meine Zeugen sein, sowohl in Jerusalem als auch in ganz Judäa und Samaria und bis an das Ende der Erde«* (V. 8). Diese Taufe mit dem Heiligen Geist ereignete sich am Pfingsttag und wird von Petrus als das beschrieben, *»was durch den Propheten Joel gesagt ist«* (Apg 2,16-21; siehe Joe 3,1-5).

Der Anfang der Gemeinde Christi

Obwohl die Ausgießung des Heiligen Geistes am Pfingsttag mit einem Teil der Prophetie Joels in Einklang steht, kennzeichnet sie auch etwas vollkommen Einzigartiges im ewigen Plan Gottes: den Beginn der Gemeinde des Herrn Jesus Christus. Sie ist gebildet aus jenen, die durch die Taufe des Heiligen Geistes als Glieder seines Leibes untrennbar mit ihm verbunden sind (1Kor 12,13; Gal 3,27- 28; Eph 4,4-5). Der Beginn der Gemeinde am Pfingsttag enthält eine bemerkenswerte Symbolik, denn dieser Tag wurde in Israel mit der Darbringung der Erstlingsfrucht gefeiert (3Mo 23,15-21). Die Taufe mit dem Heiligen Geist in den Leib Christi im Augenblick der Annahme des rettenden Glaubens ist in sich selbst kein Erfahrungserlebnis in dem Sinn, dass irgendwelche äußerlichen Zeichen damit verbunden wären. Aber am Pfingsttag war sie von solchen begleitet, denn *»plötzlich geschah aus dem Himmel ein Brausen, als führe ein gewaltiger Wind daher«*, und *»es erschienen ihnen zerteilte Zungen wie von Feuer, und sie setzten sich auf jeden einzelnen von ihnen«*, und *»sie wurden alle mit Heiligem Geist erfüllt«* und *»fingen an, in anderen Sprachen zu reden, wie der Geist ihnen gab auszusprechen«* (Apg 2,1-4). Diese Aufsehen erregenden Zeichen markierten den Beginn der Gemeinde und dienten als ein Zeugnis für das jüdische Volk, wie Petrus in seiner Predigt erklärte.

Jesus selbst hatte den Beginn der Gemeinde als etwas völlig Neues vorausgesagt, als er auf Petrus' Bekenntnis reagierte: *»Du bist der Christus, der Sohn des lebendigen Gottes«* (Mt 16,16). Er erklärte: *»Auf diesem Felsen werde ich meine Gemeinde bauen«* (V. 18). Der Gebrauch der Zukunftsform »werde bauen« zeigt an, dass die Gemeinde Christi etwas ganz Neues ist; nicht nur eine Fortsetzung oder Abwandlung der Nation Israel als Gottes auserwähltes Volk. Denn die Gemeinde setzt sich aus Juden und Menschen aus den Heidennationen zusammen, die auf Augenhöhe als Glieder des Leibes Christi miteinander verbunden sind (1Kor 12,13; Gal 3,27-28). Darum bezeichnet sie der Apostel Paulus als ein Geheimnis (Eph 3,3-12; 5,32; Kol 1,25-27) – etwas, das in der Vergangenheit verborgen und unbekannt war, nun aber klar und vollkommen geoffenbart und verkündet worden ist.

Obwohl die Gemeinde zu Pfingsten ihren Anfang nahm, begriffen ihre Führer deren wahres Wesen nur nach und nach, denn zunächst bestand sie ja ausschließlich aus Juden. Petrus wurde durch seinen Besuch bei Kornelius – einem zum Judentum bekehrten Heiden (Apg 10,1-2) – in die wahre Natur der Gemeinde eingeführt. Durch eine Vision erhält er die Anweisung Gottes: »*Was Gott gereinigt hat, mach du nicht gemein*« (V. 15). Als »*der Heilige Geist auf alle fiel, die das Wort hörten, während Petrus noch diese Worte redete*« (V. 44), »*befahl* [er], *dass sie getauft würden im Namen Jesu Christi*« (V. 48), denn Petrus sagte: »*Könnte wohl jemand das Wasser verwehren, dass diese nicht getauft würden, die den Heiligen Geist empfangen haben wie auch wir?*« (V. 47). Auch hier war die Taufe mit Heiligem Geist mit Zeichen verbunden »*denn sie hörten sie in Sprachen reden und Gott erheben*« – ein äußerliches Zeichen für Petrus und seine Begleiter, dass diese Taufe wirklich geschehen war. Als Petrus bei seiner Rückkehr nach Jerusalem getadelt wurde, legte er alles dar, was sich ereignet hatte, und sagte: »*Wenn nun Gott ihnen die gleiche Gabe gegeben hat wie auch uns, die wir an den Herrn Jesus Christus geglaubt haben, wer war ich, dass ich hätte Gott wehren können?*« (Apg 11,17). Die Versammlung stimmte zu und erklärte: »*Dann hat Gott also auch den Nationen die Buße gegeben zum Leben*« (V. 18).

Der nächste und letzte Schritt zum Begreifen des einzigartigen Wesens der Gemeinde Christi wurde getan, als Paulus und Barnabas von ihrer ersten Missionsreise nach Antiochien in Syrien zurückkehrten. Da *»erzählten sie alles, was Gott mit ihnen getan und dass er den Nationen eine Tür des Glaubens aufgetan habe«* (Apg 14,27). Da erhob sich die Frage, wie die Gläubigen aus den Heidennationen aufgenommen werden sollten. Denn Kornelius, wenngleich ein Heide, war bereits ein Proselyt zum Judentum gewesen, ehe er Christus angenommen hatte. Einige judäische Besucher in Antiochien bestanden darauf: *»Wenn ihr nicht beschnitten worden seid nach der Weise* Moses, *so könnt ihr nicht errettet werden«* (Apg 15,1). Aber Paulus und Barnabas diskutierten diesen Standpunkt kontrovers (V. 2), denn er bedeutete, dass Gläubige mit dem Judentum eins werden mussten, um Christen werden zu können. Das hätte aber die Gemeinde zu einem Zweig des Judentums gemacht.

Das Thema wurde nach Jerusalem getragen, wo die Apostel und die Ältesten zusammenkamen, um die Frage zu erörtern (Apg 15,6), ob man die Heiden *»beschneiden und ihnen gebieten muss, das Gesetz* Moses *zu halten«* (V. 5). Petrus erinnerte sie an die Erfahrung bei Kornelius und schloss: *»Nun denn, was versucht ihr Gott, ein Joch auf den Hals der Jünger zu legen, das weder unsere Väter noch wir zu tragen vermochten? Vielmehr glauben wir, durch die Gnade des Herrn Jesus in derselben Weise errettet zu werden wie auch jene«* (V. 10-11). Dann, nachdem Barnabas und Paulus über ihre Erlebnisse berichtet hatten, wies Jakobus darauf hin, dass Petrus' Erfahrung durch die alttestamentliche Prophetie gestützt wurde, und zitierte im Wesentlichen Amos 9,11-12. Jakobus empfahl, *»man solle die, welche sich von den Nationen zu Gott bekehren, nicht beunruhigen«*, sondern ihnen schreiben, *»dass sie sich enthalten von den Verunreinigungen der Götzen und von der Unzucht und vom Erstickten und vom Blut«* (Apg 15,19-20). Auf diese Weise sollte vermieden werden, dass überall im ganzen Römischen Reich Juden gekränkt oder beleidigt würden (V. 21).

Die Heilige Schrift betont die Einzigartigkeit der Gemeinde, des Leibes Christi, als ein Geheimnis Gottes, das in den vergangenen Zeitaltern – im Alten Testament – verborgen war. Deshalb ist es falsch, wenn der progressive Dispensationalismus in dem Dienst des Heiligen Geistes sowie im gegenwärtigen Dienst Christi die Erfüllung seiner Herrschaft zur Rechten Gottes als davidischer König nach den Verheißungen des davidischen Bundes sieht. Das trübt die Einzigartigkeit der Gemeinde – auch dann, wenn der progressive Dispensationalismus daran festhält, dass die Gemeinde eine neue Einrichtung ist, die am Pfingsttag begann.

Sendung des Ratgebers

Während seines öffentlichen Dienstes war der Herr Jesus nahezu ständig in Begleitung seiner Jünger – angefangen von dem Ruf, ihm nachzufolgen (Joh 1,43; Mt 4,19-22; 9,9) bis zu seiner Himmelfahrt zur Rechten Gottes. Das lag in der Art eines jüdischen Rabbis, *»was übersetzt heißt: Lehrer«* (Joh 1,38); ein Titel, der auf Jesus angewandt wurde (V. 49; 3,2; 4,31; 6,25; Mt 23,7-10; siehe auch Joh 20,16) und auch auf Johannes den Täufer (Joh 3,26). Wenn sie reisten und das Evangelium vom Reich der Himmel verkündigten, lehrte Jesus sowohl die breite Öffentlichkeit als auch seine Jünger (Mt 5,1-2; 7,28-29; 24,3; Lk 24,25-27; Apg 1,3).

Als Jesus auf der Erde weilte, war er allerdings durch seinen irdischen Leib beeinträchtigt. Seine Jünger auszusenden, um seine *»Zeugen* [zu] *sein … bis an das Ende der Erde«* (Apg 1,8; siehe Mt 28,19; Lk 24,47-48), erforderte seine Verherrlichung zur Rechten Gottes und die Befähigung der Jünger durch den Heiligen Geist. Es war, wie Jesus ihnen sagte: *»Ich sage euch die Wahrheit: Es ist euch nützlich, dass ich weggehe, denn wenn ich nicht weggehe, wird der Beistand nicht zu euch kommen; wenn ich aber hingehe, werde ich ihn zu euch senden«* (Joh 16,7). Unmittelbar vor seiner Himmelfahrt teilte Jesus ihnen mit: *»Ihr werdet Kraft empfangen, wenn der Heilige Geist auf euch gekommen ist«* (Apg 1,8).

Im Johannesevangelium bereitete Jesus die Apostel auf die Sendung des Heiligen Geistes vor und belehrte sie über den Dienst des Geistes für sie. Das griechische Wort für Ratgeber ist *parakletos*, es wird hier und da auch schon einmal einfach mit »Paraklet« wiedergegeben. Es bedeutet wörtlich »jemanden zur Hilfe berufen« (im juristischen Sinn) und wird daher verschiedentlich auch mit »Beistand«, »Anwalt« oder »Fürsprecher« übersetzt.[14] In diesem Sinn wird es übrigens auch auf den Dienst des Herrn Jesus für uns bei Gott, dem Vater, angewandt (1Jo 2,1). Jesus nannte den Heiligen Geist *»einen anderen Beistand«*, den der Vater nach seinen Worten den Jüngern geben werde, weil er selbst ihn darum gebeten habe, dass er in Ewigkeit bei ihnen sei (Joh 14,16). Der Ausdruck *»einen anderen«* ist deshalb bedeutsam, weil er einen anderen von derselben Art bezeichnet, mit anderen Worten, einen wie Christus.

Jesus erklärte, dass der Heilige Geist nicht nur der ständige Begleiter und Fürsprecher der Jünger sein würde, sondern auch ihr Lehrer, der sie an alles erinnern werde, was Jesus ihnen gesagt hatte (Joh 14,26). Später teilte Jesus ihnen mit: *»Wenn der Beistand gekommen ist, den ich euch von dem Vater senden werde, der Geist der Wahrheit, der von dem Vater ausgeht, so wird der von mir zeugen«* (Joh 15,26). Noch später sagte er: *»Noch vieles habe ich euch zu sagen, aber ihr könnt es jetzt nicht tragen. Wenn aber jener, der Geist der Wahrheit, gekommen ist, wird er euch in die ganze Wahrheit leiten; denn er wird nicht aus sich selbst reden, sondern was er hören wird, wird er reden, und das Kommende wird er euch verkündigen. Er wird mich verherrlichen, denn von dem Meinen wird er nehmen und euch verkündigen. Alles, was der Vater hat, ist mein; darum sagte ich, dass er von dem Meinen nimmt und euch verkündigen wird«* (Joh 16,12-15).

Der Herr Jesus erklärte, er werde den Heiligen Geist nicht nur senden, damit er in und durch seine Nachfolger wirke, sondern auch, damit er den Unerlösten diene. Er teilte den Aposteln mit: *»Wenn er gekommen ist, wird er die Welt überführen von Sünde und* *von Gerechtigkeit und von Gericht. Von Sünde, weil sie nicht an mich glauben; von Gerechtigkeit aber, weil ich zum Vater gehe und ihr mich nicht mehr seht; von Gericht aber, weil der Fürst dieser Welt gerichtet ist«* (Joh 16,8-11). Blum erklärt dazu: »Überführung ist nicht dasselbe wie Bekehrung, aber erstere ist erforderlich, um zur letzteren zu kommen ... Der Geist wirkt auf das Denken der Unerlösten ein, um ihnen die Wahrheit Gottes zu zeigen, wie sie wirklich ist. Dieser Prozess schließt üblicherweise menschliche Hilfe ein (siehe Joh 15,26-27).«[15]

Christi Dienst als Haupt seines Leibes, der Gemeinde

Die geistliche Beziehung, die durch das Wirken des Heiligen Geistes zwischen dem Herrn Jesus Christus und jedem begründet wird, der an ihn glaubt – seine Gemeinde –, wird biblisch auf unterschiedliche Weise beschrieben. Eine der bildhaftesten Beschreibungen ist die eines Leibes mit Christus als Haupt. Dies Bild porträtiert nicht nur die Beziehung zwischen Christus, dem Haupt, und den Gliedern des Leibes, sondern auch die der Glieder untereinander. Indem Paulus die Parallele zu einem irdischen menschlichen Leib zog, erklärte er: »*Wie der Leib einer ist und viele Glieder hat, alle Glieder des Leibes aber, obgleich viele, ein Leib sind: so auch der Christus. Denn in einem Geist sind wir alle zu einem Leib getauft worden, es seien Juden oder Griechen, es seien Sklaven oder Freie, und sind alle mit einem Geist getränkt worden«* (1Kor 12,12-13). Als Folge der Gegenwart des Heiligen Geistes und seines Wirkens in den Gläubigen als Glieder am Leib Christi »*gibt* [es] *aber Verschiedenheiten von Gnadengaben, aber* [es ist] *derselbe Geist ... Jedem aber wird die Offenbarung des Geistes zum Nutzen gegeben ... Dies alles aber wirkt ein und derselbe Geist und teilt jedem besonders aus, wie er will«* (V. 4.7.11).

Paulus beschreibt sehr bildhaft die Wechselbeziehung und gegenseitige Abhängigkeit der Glieder des Leibes untereinander. Wenn alle Glieder nur die Funktion eines einzigen Gliedes hätten, wie sollten dann die anderen Aufgaben des Leibes ausgeübt werden (1Kor 12,14-20)? Andererseits kann kein Glied des Leibes zu einem anderen Glied sagen: »*Ich brauche dich nicht!*« Denn sie sind alle unverzichtbar, besonders die schwächeren (V. 21-26). Paulus vervollständigte diese Illustration durch den Zusatz: »*Ihr aber seid Christi Leib, und, einzeln genommen, Glieder*« (V. 27). An anderer Stelle schrieb Paulus: »*Denn wie wir in einem Leib viele Glieder haben, aber die Glieder nicht alle dieselbe Tätigkeit haben, so sind wir, die vielen, ein Leib in Christus, einzeln aber Glieder voneinander*« (Röm 12,4-5) und: »*Ein Leib und ein Geist*« (Eph 4,4).

Damit es nicht zu einer unausgewogenen Betonung des Heiligen Geistes und seines Dienstes kommt, müssen wir uns stets vergegenwärtigen, dass er als Repräsentant und anstelle des verherrlichten Christus handelt, der zur Rechten Gottes sitzt. Christus sagte über den Geist, ehe er die Apostel verließ: »*Er wird von mir zeugen*« (Joh 15,26), und: »*Er wird mich verherrlichen*« (Joh 16,14). Der verherrlichte Christus ist stets »*das Haupt des Leibes, der Gemeinde*« (Kol 1,18.24; Eph 4,15), und daher steuert er das Wachstum seines Leibes (Eph 4,16; Kol 2,19) und verleiht seinen Gliedern Gaben (Röm 12,6-8; 1Kor 12,12-31; Eph 4,7-8.11-13; Kol 3,15). Unser Herr verleiht die Gaben durch den Heiligen Geist (1Kor 12,4-11), aber er selbst ist das lenkende Haupt (Eph 4,4-7).

Der verherrlichte Christus ist um alle Dinge besorgt, die die Glieder seines Leibes, der Gemeinde, betreffen. Als sich die Mitglieder des Hohen Rates von den kühn vorgebrachten Beschuldigungen des Stephanus getroffen fühlten, »*wurden ihre Herzen durchbohrt, und sie knirschten mit den Zähnen gegen ihn*« (Apg 7,54). Er aber, da er »*fest zum Himmel schaute, sah er die Herrlichkeit Gottes und Jesus zur Rechten Gottes stehen*« (V. 55). Als er ihnen beschrieb, was er sah, *»schrien sie mit lauter Stimme, hielten ihre Ohren zu und stürzten einmütig auf ihn los. Und als sie ihn aus der Stadt hinausgestoßen hatten, steinigten sie ihn«* (V. 57-58). Als später Saulus von Tarsus auf dem Weg nach Damaskus war – er *»schnaubte immer noch Drohung und Mord gegen die Jünger des Herrn«* (Apg 9,1) – gebot ihm der verherrlichte Christus Einhalt auf dem Weg mit einem *»Licht aus dem Himmel«* (V. 3) und fragte ihn: *»Saul, Saul, was verfolgst du mich?«* (V. 4). Auf Sauls Rückfrage: *»Wer bist du, Herr?«*, antwortete Christus: *»Ich bin Jesus, den du verfolgst«* (V. 5). Einen Christen zu verfolgen und ihm Gewalt anzutun, bedeutet, unseren verherrlichten Herrn zu verfolgen und ihm Gewalt anzutun.

CHRISTI DIENST ALS DER GROSSE HOHEPRIESTER

Der verherrlichte Christus übt jetzt seinen priesterlichen Dienst als der große Hohepriester *»nach der Ordnung Melchisedeks«* (Ps 110,4; Hebr 5,6.10; 6,20; 7,11.17.21) zur Rechten Gottes aus. Die Heilige Schrift weist darauf hin, dass Christus *»allen, die ihm gehorchen, der Urheber ewigen Heils geworden«* ist und *»von Gott als Hoherpriester nach der Ordnung Melchisedeks«* eingesetzt wurde (Hebr 5,9-10). Sie sagt weiter: *»Dieser aber hat ein Schlachtopfer für Sünden dargebracht und sich für immer gesetzt zur Rechten Gottes«* (Hebr 10,12; siehe 7,27; 9,26). Das setzt voraus, dass er bei seiner Kreuzigung als Priester diente.

Wenn Jesus in seinem irdischen Dienst auch nicht buchstäblich als Priester tätig war, so bereitete er sich doch darauf vor, denn der Schreiber des Hebräerbriefes schreibt: *»Daher musste er in allem den Brüdern gleich werden, damit er barmherzig und ein treuer Hoherpriester vor Gott werde, um die Sünden des Volkes zu sühnen; denn worin er selbst gelitten hat, als er versucht worden ist, kann er denen helfen, die versucht werden«* (Hebr 2,17-18). An späterer

Stelle fügt der Schreiber hinzu: »*Da wir nun einen großen Hohenpriester haben, der durch die Himmel gegangen ist, Jesus, den Sohn Gottes, so lasst uns das Bekenntnis festhalten! Denn wir haben nicht einen Hohenpriester, der nicht Mitleid haben könnte mit unseren Schwachheiten, sondern der in allem in gleicher Weise wie wir versucht worden ist, doch ohne Sünde*« (Hebr 4,14-15). Vielleicht war Jesus wie die aaronitischen Priester auch ein Priester von Empfängnis und Geburt. Zumindest aber war er es durch seine Salbung mit dem Heiligen Geist und mit dem Beginn seines Dienstes bei seiner Taufe durch Johannes.

Der Fürbitter

Das höchste Werk Christi als der große Hohepriester ist natürlich die Aufhebung der Sünde durch sein Selbstopfer (Hebr 9,26; siehe auch 7,27). Ein weiterer wichtiger, gegenwärtiger Dienst ist die Entgegennahme der Gebete der Gläubigen und ihrer Bitten um »*Gnade, damit wir Barmherzigkeit empfangen und Gnade finden zur rechtzeitigen Hilfe*« (Hebr 4,16). Darüber hinaus »*kann er auch völlig erretten, die durch ihn Gott nahen, weil er immer lebt, um sich für sie zu verwenden*« (Hebr 7,25; siehe auch 9,24; Röm 8,34). Das klassische Beispiel dieser Fürbitte ist Jesu Gebet zu Gott, dem Vater, das in Johannes 17 wiedergegeben wird.

Jeder Gläubige hat einen stets freien Zugang zu unserem Herrn Jesus, der treu für uns bei Gott, dem Vater, eintritt. Das macht die Vermittlerrolle der Jungfrau Maria ebenso wie einer riesigen Menge von Heiligen nicht nur unnötig, sondern in Wirklichkeit zu einer Beleidigung für den Herrn und seinen Dienst. Jesus Christus ist der eine »*Mittler zwischen Gott und Menschen*« (1Tim 2,5), und er und der Heilige Geist (Röm 8,26-27) sind die alleinigen Fürsprecher. Christen haben das Vorrecht und auch die Pflicht, für andere wie für sich selbst zu beten. Aber alle unsere

Gebete müssen im Namen des Herrn Jesus an Gott, den Vater gerichtet werden (Joh 16,23-24).

Der Beistand

Zusätzlich zu der Aufgabe, himmlischer Fürsprecher jedes Gläubigen zu sein, ist der Herr Jesus Christus auch unser Anwalt bei Gott, dem Vater. Der Apostel Johannes schrieb: »*Meine Kinder, ich schreibe euch dies, damit ihr nicht sündigt; und wenn jemand sündigt – wir haben einen Beistand bei dem Vater: Jesus Christus, den Gerechten*« (1Jo 2,1). Der Ausdruck »*Beistand*« übersetzt das gleiche griechische Wort *parakletos*, das wir schon an früherer Stelle als Bezeichnung für den Heiligen Geist besprochen haben.

Als ich Lewis Sperry Chafer zum ersten Mal predigen hörte, sprach er über diese Passage und ihren Kontext. Er hob hervor, dass Christus nicht der typische Strafverteidiger ist, denn in der Ausübung seines Amtes trägt er den Titel »*der Gerechte*«. Jesus hat die vollkommene Verteidigung: »*Er ist die Sühnung für unsere Sünden, nicht allein aber für die unseren, sondern auch für die ganze Welt*« (1Jo 2,2). Als ich im ersten Semester am *Dallas Theological Seminary* war, beeindruckte mich diese Wahrheit zutiefst, denn gerade die Frage meiner eigenen Sünde, und wie damit umzugehen sei, trieb mich als Jugendlichen und noch unreifen Gläubigen immer wieder um. Aus dem Kontext führte Chafer aus, wie mit der Sünde umzugehen sei. »*Wenn wir sagen, dass wir keine Sünde haben, betrügen wir uns selbst*« (1Jo 1,8). »*Wenn wir sagen, dass wir nicht gesündigt haben, machen wir ihn zum Lügner*« (V. 10). Aber »*wenn wir unsere Sünden bekennen, ist er treu und gerecht, dass er uns die Sünden vergibt und uns reinigt von jeder Ungerechtigkeit*« (V. 9).

Weitere gegenwärtige Dienste und Beziehungen Christi

Während seines irdischen Dienstes nannte sich der Herr Jesus selbst einen Hirten, und dasselbe Bild wird auch in seinem gegenwärtigen Dienst auf ihn angewandt. Jesus erklärte den Pharisäern: »*Ich bin der gute Hirte; der gute Hirte lässt sein Leben für die Schafe*« (Joh 10,11). In demselben Gespräch erklärte er ihnen: »*Ich kenne die Meinen und bin gekannt von den Meinen*« (V. 14). Etwas später führte er aus: »*Meine Schafe hören meine Stimme, und ich kenne sie, und sie folgen mir; und ich gebe ihnen ewiges Leben, und sie gehen nicht verloren in Ewigkeit, und niemand wird sie aus meiner Hand rauben*« (V. 27-28). Das sind tröstende und ermutigende Worte für einen Christen. Im Verlauf derselben Diskussion bezeichnete Jesus sich selbst als »*die Tür der Schafe*« und fügte hinzu: »*... wenn jemand durch mich eingeht, so wird er errettet werden und wird ein- und ausgehen und Weide finden*« (V. 7.9).

Im Hebräerbrief wird Jesus »*der große Hirte der Schafe*« genannt (Hebr 13,20). Petrus beschreibt seine Leser, sie seien gewesen »*wie Schafe, aber ihr seid jetzt zurückgekehrt zu dem Hirten und Aufseher eurer Seelen*« (1Petr 2,25). Gleicherweise bestürmte er die Ältesten der Gemeinde, Hirten der »*Herde Gottes*« zu sein (1Petr 5,2-3). »*Wenn der Oberhirte offenbar geworden ist*«, dann werden sie – wenn sie diesen Pflichten genügt haben – »*den unverwelklichen Siegeskranz der Herrlichkeit empfangen*« (V. 4).

In den Evangelien bezieht sich Jesus gerne in der Weise auf sich selbst, dass er das Alte Testament zitiert: »*Der Stein, den die Bauleute verworfen haben, dieser ist zum Eckstein geworden; von dem Herrn her ist er dies geworden, und er ist wunderbar in unseren Augen*« (Mt 21,42; Mk 12,10-11; Ps 118,22-23; siehe Lk 20,17). Paulus skizzierte diese Beziehung zwischen Christus und seiner Gemeinde, als er schrieb: »*Ihr seid aufgebaut auf der Grundlage der Apostel und Propheten, wobei Christus Jesus selbst Eckstein ist. In ihm zusammengefügt, wächst der ganze Bau zu einem heiligen Tempel im Herrn, und in ihm werdet auch ihr mitaufgebaut zu einer Behausung Gottes im Geist«* (Eph 2,20-22). Petrus gebrauchte so ziemlich das gleiche Bild als er schrieb: *»Zu ihm kommend als zu einem lebendigen Stein, von Menschen zwar verworfen, bei Gott aber auserwählt, kostbar, lasst euch auch selbst als lebendige Steine aufbauen, als ein geistliches Haus, ein heiliges Priestertum«* (1Petr 2,4-5).

Eine weitere Beziehung zwischen Christus und seiner Gemeinde ist die von Braut und Bräutigam, ebenso wie die von Ehemann und Ehefrau. Als die Jünger Johannes' des Täufers diesem klagten, dass alle von ihm fort zu Jesus gingen (Joh 3,26), erklärte er ihnen: *»Der die Braut hat, ist der Bräutigam; der Freund des Bräutigams aber, der dasteht und ihn hört, ist hoch erfreut über die Stimme des Bräutigams; diese meine Freude ist nun erfüllt«* (V. 29). Paulus schrieb, die Beziehung zwischen Ehemann und Ehefrau sei wie die zwischen Christus und der Gemeinde – eine Beziehung, die sich auf Liebe und Unterordnung gründet (Eph 5,22-33). Wenn Christus bei seinem Kommen für die Seinen in die Luft kommt, wird er wie ein Bräutigam sein, der seine Braut (die Gemeinde) zu sich genommen hat und nun bei einem Hochzeitsmahl allen vorstellen wird. *»Denn die Hochzeit des Lammes ist gekommen, und sein Weib hat sich bereitgemacht«* (Offb 19,7). Ein Engel beauftragte Johannes zu schreiben: *»Glückselig, die geladen sind zum Hochzeitsmahl des Lammes«* (V. 9).

Und noch eine weitere Beziehung zwischen Christus und seiner Gemeinde, die mit seinem gegenwärtigen Dienst zur Rechten Gottes verbunden ist, ist die eines Weinstocks und seiner Reben. Jesus erklärte den Aposteln: *»Ich bin der Weinstock, ihr seid die Reben. Wer in mir bleibt und ich in ihm, der bringt viel Frucht, denn getrennt von mir könnt ihr nichts tun. … Hierin wird mein Vater verherrlicht, dass ihr viel Frucht bringt und meine Jünger werdet«* (Joh 15,5.8). Schon früher hatte er gesagt: *»Ich bin der wahre Weinstock, und mein Vater ist der Weingärtner«* (V. 1), und: *»Jede*

Rebe an mir, … die Frucht bringt, die reinigt er, dass sie mehr Frucht bringe« (V. 2). Er lehrte sie: *»Bleibt in mir und ich in euch. Wie die Rebe nicht von sich selbst Frucht bringen kann, sie bleibe denn am Weinstock, so auch ihr nicht, ihr bleibt denn in mir«* (V. 4). Wenn Gläubige in der Gemeinschaft mit Christus verharren, dann können sie wie die Reben an einem Weinstock Frucht tragen, das heißt, sie können die Eigenschaften eines frommen Charakters hervorbringen.

10. Kapitel

Christus nimmt seine Gemeinde zu sich in den Himmel

Jesus kündigte seinen Aposteln an, dass er sie verlassen müsse (Joh 13,33.36), und beunruhigte sie damit außerordentlich. Um ihre Aufregung zu besänftigen, erklärte er ihnen: »*Euer Herz werde nicht bestürzt … Im Hause meines Vaters sind viele Wohnungen. Wenn es nicht so wäre, würde ich euch dann gesagt haben: Ich gehe hin, euch eine Stätte zu bereiten? Und wenn ich hingehe und euch eine Stätte bereite, so komme ich wieder und werde euch zu mir nehmen, damit auch ihr seid, wo ich bin*« (Joh 14,1-3). Das ist kein Versprechen, Gläubige im Augenblick ihres Todes in den Himmel zu holen, wie manche lehren. Merrill Tenney schrieb dazu: » ›*So komme ich wieder*‹ ist eine der wenigen Anspielungen auf die Rückkehr Jesu in diesem Evangelium ... Seine Rückkehr ist so gewiss wie seine Abreise (seine Himmelfahrt), und er wird die Seinen mitnehmen in seines Vaters Haus.«[1] A. T. Robertson erklärt, das mit »ich komme wieder« übersetzte griechische Verb sei »ein auf die Zukunft verweisendes Mittelwort der Gegenwart; [ein] bindendes Versprechen des zweiten Kommens Christi.«[2]

Es ist allerdings sehr wichtig, die beiden künftigen Kommen Christi deutlich voneinander zu unterscheiden: Christus kommt, um seine Gemeinde zu sich in den Himmel zu holen, und er kommt zurück auf die Erde, um sein Reich und Königtum aufzurichten. Jenes Kommen, auf das sich Jesus in Johannes 14,3 bezieht, ist die Entrückung, bei der der verherrlichte Christus die gerechtfertigten Gläubigen zu sich nimmt, *»damit auch ihr seid, wo ich bin«*, das heißt: in den Himmel. In seinem gegenwärtigen Dienst bereitet er im Himmel die Stätte für die Seinen.

DIE ENTRÜCKUNG: AUFERSTEHUNG UND UMGESTALTUNG ALLER GLÄUBIGEN

Das Ereignis, das wir mit dem Begriff »Entrückung der Gemeinde« bezeichnen, schließt die Auferstehung aller bereits verstorbenen Gläubigen mit unsterblichen, geistlichen Leibern ein (1Kor 15,35-38.42-50) und auch die Umgestaltung aller lebenden Gläubigen mit solchen unsterblichen, geistlichen Leibern (V. 51-58). Beide Gruppen von Gläubigen werden bei diesem Ereignis durch Christus in den Himmel aufgenommen. Das im Englischen für die Entrückung verwendete Wort *rapture* kommt von dem lateinischen Verb *rapto*, was so viel wie »erfassen, zusammenraffen« bedeutet. Aber beide Wörter, sowohl das englische wie auch das deutsche, bezeichneten in der älteren Sprache »ein versetzt werden im Leib oder im Geist«. In der modernen Sprache wird es ebenfalls in beiden Sprachen oft gebraucht, um eine ekstatische Erfahrung zu kennzeichnen. Aber bei der Entrückung der Gemeinde wird diese physisch versetzt, damit sie sich im Himmel um den verherrlichten Christus versammelt.

Gläubige in Thessalonich waren besorgt um Gläubige, die bereits verstorben waren. Der Apostel Paulus schrieb ihnen: *»Wir wollen euch aber, Brüder, nicht in Unkenntnis lassen über die Entschlafenen, damit ihr nicht betrübt seid wie die übrigen, die keine Hoffnung haben«* (1Thes 4,13). Er erklärte ihnen: *»Wenn wir glauben, dass Jesus gestorben und auferstanden ist, wird auch Gott ebenso die Ent-*

schlafenen durch Jesus mit ihm bringen« (V. 14). Er fuhr fort: *»Dies sagen wir euch in einem Wort des Herrn, dass wir, die Lebenden, die übrig bleiben bis zur Ankunft des Herrn, den Entschlafenen keineswegs zuvorkommen werden«* (V. 15). Er führte weiter aus: *»Denn der Herr selbst wird beim Befehlsruf, bei der Stimme eines Erzengels und bei dem Schall der Posaune Gottes herabkommen vom Himmel, und die Toten in Christus werden zuerst auferstehen«* (V. 16). Jemand hat einmal scherzhaft gemeint, die entschlafenen Gläubigen müssten auferweckt werden, ehe der Herr die lebenden Gläubigen fortnimmt, denn sie hätten ja einen zwei Meter längeren Weg aus ihren Gräbern zurückzulegen. *»Danach werden wir, die Lebenden, die übrig bleiben, zugleich mit ihnen entrückt werden in Wolken dem Herrn entgegen in die Luft; und so werden wir allezeit beim Herrn sein«* (V. 17). Sein Schlusswort lautete: *»So ermuntert nun einander mit diesen Worten«* (V. 18). Es sind in der Tat ermutigende Worte und Grund genug für Paulus, das Kommen Christi zur Entrückung seiner Gemeinde *»die glückselige Hoffnung«* zu nennen – und *»die Erscheinung der Herrlichkeit unseres großen Gottes und Heilandes Jesus Christus«* (Tit 2,13).

Dieses Kommen Christi in die Luft der Erde wird allein für seine Gemeinde sein – Gläubige des gegenwärtigen Gemeindezeitalters. Einige Bibellehrer schließen allerdings die alttestamentlichen Gläubigen in die Gruppe derer mit ein, die zur Entrückung auferstehen werden. Einer der Gründe, warum sie das annehmen, ist Paulus' Hinweis auf die *»Stimme eines Erzengels«* und den *»Schall der Posaune Gottes«* (1Thes 4,16), die sie beide in Beziehung zum Volk Israel setzen; besonders den Erzengel Michael (Dan 10,13.21; 12,1; Jud 9; Offb 12,7). Im 1. Korintherbrief stellt Paulus andererseits fest: *»Wir werden nicht alle entschlafen, wir werden aber alle verwandelt werden, in einem Nu, in einem Augenblick, bei der letzten Posaune; denn posaunen wird es, und die Toten werden auferweckt werden unverweslich, und wir werden verwandelt werden«* (1Kor 15,51-52). Hier sind die Toten offenbar jene, die er in 1. Thessalonicher 4,16 *»die Toten in Christus«* nennt. Darüber hinaus führt Paulus diese Mitteilung im 1. Korintherbrief als *»ein Geheimnis«* ein (1Kor 15,51), das in früheren Zeitaltern verborgen war, nun aber geoffenbart worden ist. Es scheint daher wenig wahrscheinlich, dass die Auferweckung der jüdischen alttestamentlichen Gläubigen hierin mit eingeschlossen ist. Wenn Christus bei seinem zweiten Kommen zur Erde zurückkehrt, um sein Tausendjähriges Reich aufzurichten, wird sich eine weitere Phase der »ersten Auferstehung« ereignen. Das wird höchstwahrscheinlich der Zeitpunkt sein, zu dem die alttestamentlichen Gläubigen auferweckt werden (Offb 20,4-6).

Der herrliche, unverwesliche, kraftvolle, geistliche Leib, den alle Gläubigen erhalten werden (1Kor 15,42-44), wird sein wie der Leib, in dem der Herr Jesus aus dem Grab auferstand, in dem er seinen Jüngern vierzig Tage erschien und in dem er dann sichtbar aus ihrer Mitte in den Himmel auffuhr – dabei verhießen die Engel, dass er auf die gleiche Weise zurückkehren werde. Paulus erklärte dazu: *»Wie wir das Bild des Irdischen getragen haben, so werden wir auch das Bild des Himmlischen tragen«* (V. 49).

Unterschiedliche Auslegungen bestehen auch über den Zeitpunkt der Entrückung der Gläubigen im Hinblick auf andere künftige Ereignisse, die in der Heiligen Schrift vorausgesagt werden – im Besonderen die Zeit der großen Trübsal auf der Erde (Mt 24,21). In den beiden wichtigsten Textpassagen, in denen Paulus über die Entrückung spricht (1Kor 15,50-58; 1Thes 4,13-18), wird kein vorausgehendes Ereignis noch werden vorausweisende Zeichen erwähnt. Es ist das nächste besondere Ereignis im Ablauf von Gottes Heilsplan. Darum werden die Gläubigen ermahnt, ein heiliges, vorbildliches Leben zu führen, *»indem wir die glückselige Hoffnung und Erscheinung der Herrlichkeit unseres großen Gottes und Heilandes Jesus Christus erwarten«* (Tit 2,13). Christen müssen sich stets vor Augen führen, dass *»unser Bürgerrecht in den Himmeln ist, von woher wir auch den Herrn Jesus Christus als Heiland erwarten«* (Phil 3,20; 1Kor 1,7). Der Glaube, dass der verherrlichte Christus jeden Augenblick zur Entrückung seiner Gemeinde kommen könnte, nennt man »die unmittelbar bevorstehende Wiederkunft Christi«. Das ist der Glaube, dass kein weiteres vorausgesagtes biblisches Ereignis der Entrückung vorausgehen muss und dass diese Wiederkunft demzufolge in jedem Augenblick geschehen kann. Das ist seit den Tagen der Urgemeinde der Glaube vieler Christen gewesen. Darum sehen sich Christen auch ermahnt, das Kommen des Herrn zu erwarten (Phil 3,20); ihr nächster Schritt könnte sie himmelwärts führen, um dort ihrem Herrn und Heiland zu begegnen.

Diese Lehre ist auch unter der Bezeichnung »Vorentrückung« bekannt; der Glaube, dass sich die Entrückung der Gemeinde vor der großen Trübsal ereignen wird. Die Vertreter der Vorentrückungslehre verweisen auch darauf, dass *»Gott uns nicht zum Zorn bestimmt hat, sondern zum Erlangen des Heils durch unseren Herrn Jesus Christus«* (1Thes 5,9) und dass Jesus uns *»von dem kommenden Zorn«* errettet (1Thes 1,10). Die Trübsal ist die Ausgießung des Zornes Gottes über eine Welt, deren Menschheit Christus zurückweist, und sie erfüllt zumindest zu einem Teil den Zweck, das jüdische Volk zur Umkehr zu Gott zu bewegen (Dan 12,1; Joe 2,1-18). Daher hat diese Periode keinerlei Beziehung zur Gemeinde Jesu Christi. Die meisten anderen Sichtweisen hinsichtlich der Beziehung zwischen der Entrückung der Gemeinde und der Trübsal – Mittentrückungs-, Nachentrückungslehre – geben auf die eine oder andere Weise die biblische Lehre vom unmittelbar bevorstehenden Kommen Christi für seine Gemeinde und vom Wesen der Trübsal auf.

Eine weitere Sichtweise, die nicht im Einklang mit der Lehre der Bibel steht, ist der Standpunkt einer Teilentrückung. Es ist eine aus der Vorentrückungslehre entstandene, aber von ihr abweichende Ansicht. Sie geht davon aus, dass die Entrückung nur jene Gläubigen betrifft, »die wachsam Christi Rückkehr erwarten ... Dadurch werden die Personen und nicht der Zeitpunkt der

Entrückung die strittige Frage ... Die Entrückung wird hier als eine Belohnung betrachtet, nicht als ein Vorrecht.« Paul Lee Tan, ein Vertreter der Lehre von der Vorentrückung, erklärt, der Standpunkt der Teilentrückung vertrete die Ansicht, dass »während der Trübsal verschiedene Gruppen entrückt werden – je nach ihrem geistlichen Zustand.«[3] Die Schriftstellen, die zur Stützung dieser Sichtweise herangezogen werden, sind jedoch fehlinterpretiert. Zum Beispiel weist Paulus' Aussage, »*... jeder in seiner eigenen Ordnung*« (1Kor 15,23) nicht auf die Aufteilung der Gläubigen in Rangfolgen bei der Entrückung hin. Stattdessen wird das betont, was Paulus in dem gleichen Vers weiter darlegt: »*Der Erstling, Christus; sodann die, welche Christus gehören bei seiner Ankunft.*« Das heißt, auf die Auferstehung Christi folgt die der Seinen. Paulus bekräftigte besonders, dass Christus »*für uns gestorben ist, damit wir, ob wir wachen oder schlafen, zusammen mit ihm leben*« (1Thes 5,10).

Der Richterstuhl Christi zur Belohnung aller Gläubigen

Als der Apostel Paulus die Gläubigen in Korinth ermahnte, zum Wohlgefallen des Herrn zu leben (2Kor 5,9), erinnerte er sie: »*Wir müssen alle vor dem Richterstuhl Christi offenbar werden, damit jeder empfange, was er durch den Leib vollbracht, dementsprechend, was er getan hat, es sei Gutes oder Böses*« (V. 10). An anderer Stelle warnte Paulus die Korinther eindringlich davor, die Wichtigkeit Jesu Christi als Fundament für den Aufbau jedes christlichen Lebens nicht zu unterschätzen. »*Wenn aber jemand auf den Grund Gold, Silber, kostbare Steine, Holz, Heu, Stroh baut, so wird das Werk eines jeden offenbar werden, denn der Tag wird es klarmachen, weil er in Feuer geoffenbart wird. Und wie das Werk eines jeden beschaffen ist, wird das Feuer erweisen. Wenn jemandes Werk bleiben wird, das er darauf gebaut hat, so wird er Lohn empfangen; wenn jemandes Werk verbrennen wird, so wird er Schaden leiden, er selbst aber wird gerettet werden, doch so wie durchs Feuer«* (1Kor 3,12-15).

Das griechische Wort, das in 2. Korinther 5,10 mit *»Richterstuhl«* wiedergegeben wird, ist *bema*. In der graeco-römischen Welt war *bema* die Bezeichnung für den Sitz, von dem aus Richter ihre Entscheidungen verkündeten. Der Begriff wird auch für den Sitz des Pilatus verwendet, von dem aus er Jesus den Juden zur Kreuzigung überlieferte (Joh 19,13). Beim Richterstuhl Christi wird dieser hinsichtlich der Taten der Gläubigen seine Urteile fällen und die Entscheidungen verkünden. *Bema* war aber auch der Sitz, von dem aus die Preise für zahlreiche griechische Spiele und Wettbewerbe verliehen wurden. Paulus gebrauchte das Wort *bema* in diesem Sinn. Schon früher hatte er geschrieben: *»Der mich aber beurteilt, ist der Herr. So verurteilt nichts vor der Zeit, bis der Herr kommt, der auch das Verborgene der Finsternis ans Licht bringen und die Absichten der Herzen offenbaren wird; und dann wird jedem sein Lob werden von Gott«* (1Kor 4,4-5). Am Richterstuhl Christi werden keine Sünden zur Sprache kommen, weil mit dem Tod Jesu für sie bezahlt worden ist, aber der Dienst der Gläubigen wird auf der Grundlage ihrer Motivation abgewogen werden. Der letzte Satz in dem obigen Zitat verweist auf die Tatsache, dass am Richterstuhl Christi jeder Gläubige eine Belohnung vom Herrn empfangen wird.

Die Hochzeit Christi, des Lammes, und seiner Braut, der Gemeinde, im Himmel

Nachdem die Gemeinde in den Himmel entrückt worden ist, muss sie zunächst vor den Richterstuhl Christi, ehe ihre Hochzeit mit Christus, dem Bräutigam, stattfinden kann. Damit an dem Richterstuhl *»jeder empfange, was er durch den Leib vollbracht,* *dementsprechend, was er getan hat, es sei Gutes oder Böses«* (2Kor 5,10), und sich die Braut Christi zur Hochzeit selbst bereit mache, *»dass sie sich kleide in feine Leinwand, glänzend, rein; denn die feine Leinwand sind die gerechten Taten der Heiligen«* (Offb 19,7-8). Die geistliche Einheit zwischen Christus Jesus und den Gliedern seiner Gemeinde ist sowohl individuell als auch in ihrer Gesamtheit so innig vertraut, dass sie anhand des Bildes eines physischen Leibes und seines Hauptes dargestellt wird und als ein Modell für Ehemänner und Ehefrauen in einer christlichen Ehe dient (Eph 5,22-33). Diese Einheit wird allerdings erst vollendet, wenn die Gemeinde in den Himmel aufgenommen worden ist, vor dem Richterstuhl Christi war, und dann schließlich auf ewig mit Christus, ihrem verherrlichten Herrn, vereint ist.

Wenn man über die Hochzeit des Lammes spricht, ist es wichtig, sie sowohl hinsichtlich der Zeit als auch hinsichtlich des Ortes ihres »Hochzeitsmahls« zu unterscheiden. Der Engel erklärte Johannes: *»Schreibe: Glückselig, die geladen sind zum Hochzeitsmahl des Lammes«* (Offb 19,9). Jüdische Hochzeiten wurden üblicherweise in drei Stufen gefeiert. Nachdem die Eltern des Bräutigams den Brautpreis bezahlt hatten (Stufe eins), ging der Bräutigam zum Haus der Braut (zu einem späteren Zeitpunkt, der bis zu einem Jahr später liegen konnte), um sie zu holen und sie in sein Haus zu führen (Stufe zwei; siehe Mt 25,1-13). Dem folgte ein Hochzeitsfest (Stufe drei), das mehrere Tage andauern konnte (Joh 2,1-10). In Offenbarung 19,9 ist das Hochzeitsfest bei Stufe drei angelangt. Die Hochzeit Christi mit der Gemeinde (Stufe zwei) wird bereits vor dem Fest vollzogen worden sein. Wir sehen das daran, dass in Offenbarung 19,7 nicht das griechische Wort *nymphe*, »Braut«, verwendet wird (Joh 3,29; Offb 18,23), sondern das Wort *gyne*, das eine Ehefrau, eine verheiratete Frau bezeichnet. In Offenbarung 19,9 erhält Johannes die Anweisung, zu schreiben: »*Glückselig, die eingeladen sind zum Hochzeitsmahl des Lammes.*« Dieser Hinweis könnte sich auf ein zukünftiges Ereignis beziehen, das Christi triumphaler Rückkehr auf die Erde folgt, die in den Versen 11-19 beschrieben ist. Bei der Entrückung wird Christus seine Braut zu sich nehmen. Wenn er dann auf die Erde zurückkehrt, wird er diese Vereinigung bei einem Hochzeitsmahl feiern, zu dem Heilige anderer Zeitalter geladen sein werden. John Walvoord betrachtete es so: »Der Beginn des Tausendjährigen Reiches wird den Symbolismus des Hochzeitsmahles (*gamos*) erfüllen« und »das Hochzeitsfest ist ein irdisches Fest ... und daher wird es am Beginn des Tausendjährigen Reiches auf der Erde gefeiert werden.«[4]

Der verherrlichte Christus ermahnt alle Gläubigen: *»Ja, ich komme bald!«* Und alle Gläubigen sollten antworten: *»Amen, komm, Herr Jesus«* (Offb 22,20).

Teil 4

Der herrschende König Gottes

11. Kapitel

Die Einsetzung der irdischen Herrschaft des Königs

Als die Jünger des Herrn Jesus während seines irdischen Dienstes die Überzeugung gewannen, dass er der Messias war, da erwarteten sie, dass er jeden Moment sein messianisches Reich aufrichten werde. Schließlich predigten sowohl Johannes der Täufer als auch Jesus: *»Tut Buße, denn das Reich der Himmel ist nahe gekommen«* (Mt 3,2; 4,17), und dieses Reich wurde dem jüdischen Volk in der Tat angeboten. Die Erwartung der Jünger zeigt sich bei der Mutter der Söhne des Zebedäus, die Jesus darum bat, *»dass diese meine zwei Söhne einer zu deiner Rechten und einer zu deiner Linken sitzen mögen in deinem Reich«* (Mt 20,20-21; Mk 10,35-37). Als Jesus sich bei seiner letzten Reise mit seinen Jüngern von Jericho aus Jerusalem näherte, hatte er schon einige Male von seinem bevorstehenden Leiden und seinem Tod zu ihnen gesprochen. Aber noch immer *»meinten sie, dass das Reich Gottes sogleich erscheinen sollte«* (Lk 19,11).

In einem Versuch, seinen Jüngern deutlich zu machen, dass dies nicht der Fall war, erzählte Jesus ihnen das Gleichnis von den anvertrauten Pfunden; die Geschichte des Mannes von adliger Geburt, der *»in ein fernes Land zog, um ein Reich für sich zu empfangen und wiederzukommen«* (V. 12). Die Erfahrung des Herodes

Archelaus, des Sohnes Herodes des Großen, war dieser ähnlich. Archelaus ging nach Rom, um sich von Kaiser Augustus die Erlaubnis zu holen, als Mandatskönig über ein römisches Territorium zu herrschen.[1] Das Gleichnis Jesu beinhaltet natürlich die in seinem Fall vorliegende Notwendigkeit, zu leiden und zu sterben, auferweckt zu werden und zum Himmel aufzufahren. Dort dient er nun seinem Leib, der Gemeinde, bis Gott, der Vater, seine Feinde unter seine Füße legt und ihm das Reich gibt. Progressive Dispensationalisten, die ja die Ansicht vertreten, dass Jesus derzeit im Himmel als davidischer König herrscht, erkennen nicht die eigentliche Bedeutung dieses Gleichnisses, das sich offensichtlich auf Jesus in seinem gegenwärtigen Dienst im Himmel und auf seine Rückkehr auf die Erde bezieht, wo er als König herrschen wird.

Im Gleichnis Jesu wie auch im Fall von Herodes Archelaus hassten die Untertanen des adeligen Mannes ihren Herrn *»und schickten eine Gesandtschaft hinter ihm her und ließen sagen: Wir wollen nicht, dass dieser über uns König sei«* (V. 14). Dies ist eine Parallele zur Reaktion des jüdischen Mobs und ihrer Führer, als Pilatus ihnen Jesus als ihren König vorstellte. Sie wiesen nicht nur Jesus als König zurück, sondern drängten Pilatus, dass er ihn kreuzigen lasse. Nach seiner Auferstehung erwarteten die Jünger Jesu immer noch die Aufrichtung seines messianischen Reiches. Das zeigt sich an ihrer Frage: *»Herr, stellst du in dieser Zeit für Israel das Reich wieder her?«* (Apg 1,6). In seiner Erwiderung machte Jesus unmissverständlich deutlich, dass Gott, der Vater, selbst den Zeitplan des Reiches in Händen hält (V. 7; siehe auch Mt 24,36; Mk 13,32). Wenn Christus auf die Erde zurückkehrt, um sein messianisches Reich aufzurichten, wird er an seinen Feinden Rache nehmen (Offb 19,11-21) – gerade so, wie es auch Archelaus tat, als er nach Judäa zurückkehrte, um dort von 4 v.Chr. bis 6 n.Chr. zu herrschen.[2]

Die Gerichte der Trübsal über Israel und die Nationen

In dieser Darstellung der Trübsal wird die Aufmerksamkeit auf den verherrlichten Christus und sein Handeln in dieser Zeit gerichtet. Zunächst einmal ist es wichtig zu erkennen, dass die Gerichte der Trübsal – festgelegt in einem *»Buch, innen und auf der Rückseite beschrieben, mit sieben Siegeln versiegelt«* (Offb 5,1) – sich *»in der Rechten dessen, der auf dem Thron saß«* befinden. Zweitens ist die Ausführung dieser Gerichte gebunden an das *»Lamm wie geschlachtet«* (V. 6), das auch als *»der Löwe aus dem Stamm Juda, die Wurzel Davids«* (V. 5) identifiziert wird. Das ist der verherrlichte Christus, der *»kam und nahm* [das Buch] *aus der Rechten dessen, der auf dem Thron saß«* (V. 7). Das entspricht der Aussage, die Jesus während seines irdischen Dienstes traf: *»Der Vater richtet auch niemand, sondern das ganze Gericht hat er dem Sohn gegeben … und er hat ihm Vollmacht gegeben, Gericht zu halten, weil er des Menschen Sohn ist«* (Joh 5,22.27; siehe auch Vers 30).

Die Gerichte der Trübsal werden sich zwar ereignen, während der verherrlichte Christus noch im Himmel ist, aber wir werden sie hier im Zusammenhang mit seinem künftigen Dienst erörtern. Sie stehen nämlich im Zusammenhang mit der Vorbereitung seiner Rückkehr auf die Erde, um sein messianisches Reich aufzurichten. Die Verantwortung für diese Gerichte ruht auf Christus, denn er ist derjenige, der die Siegel der Schriftrolle brechen wird (Offb 5,5). Die Ausführung der Gerichte selbst wird dann in den Händen Bevollmächtigter aus dem Heer der Engel liegen. Diese Gerichte nehmen stetig in ihrer Schwere zu, aber sie sind dennoch die eine Ausgießung der Gerichte Gottes über eine Welt, die Christus verworfen hat. Der Text der Heiligen Schrift bietet keinerlei Grundlage dafür, irgendwo eine »Zwischenentrückung« oder eine so genannte »Entrückung der Gemeinde vor dem Zorn« einzuschieben, wie es manche Bibellehrer tun.

Beim Brechen des ersten Siegels wurde einem Reiter auf einem weißen Pferd *»ein Siegeskranz gegeben, und er zog aus, siegend und um zu siegen«* (Offb 6,2). Dieser Reiter mag der Antichrist sein, der danach trachtet, sich die Welt zu unterwerfen. Seinen Bemühungen wird widerstanden werden, und das Brechen des zweiten Siegels enthüllt ein rotes Pferd, dessen Reiter *»gegeben wurde, den Frieden von der Erde zu nehmen und* [die Menschen dahin zu bringen], *dass sie einander schlachteten«* (V. 4). Die unausweichliche Folge des weltweiten Konflikts war Hungersnot, dargestellt durch das schwarze Pferd beim Brechen des dritten Siegels; dessen Reiter *»hatte eine Waage in seiner Hand«* (V. 5). Diese Hungersnot wird beim Brechen des vierten Siegels Seuchen und Tod nach sich ziehen, dargestellt durch das »fahle« Pferd (V. 8).

Alle mit dem Brechen der ersten vier Siegel verbundenen Kriege und Wirrnisse werden den Tod vieler Menschen zur Folge haben, *»die geschlachtet worden waren um des Wortes Gottes und um des Zeugnisses willen, das sie hatten«* (V. 9). Diese werden beim Brechen des fünften Siegels offenbar – Menschen, die während der Trübsal für ihren Glauben an Gott und an Christus den Märtyrertod erleiden (Offb 7,14). Die Folgen der Öffnung der ersten fünf Siegel sind zwar das Ergebnis der Handlungen von Menschen im Kampf gegeneinander, aber sie stehen alle unter der Kontrolle Gottes und des verherrlichten Christus. Mit dem Brechen des sechsten Siegels werden die weiteren Gerichte allerdings direkt vom Herrn her kommen, durch Störungen der kosmischen Abläufe (Offb 6,12-14). Aber anstatt Buße zu tun und zu Gott umzukehren, werden sich die unerlösten Menschen in Höhlen verstecken und den Felsen und Bergen zurufen, dass sie über sie fallen und sie verbergen *»vor dem Angesicht dessen, der auf dem Thron sitzt, und vor dem Zorn des Lammes! Denn gekommen ist der große Tag ihres Zorns. Und wer vermag zu bestehen?«* (V. 16-17). Obwohl diese Gerichte über Juden und Heiden gleichermaßen kommen, werden *»144.000 Versiegelte aus jedem Stamm der Söh-*

ne Israels« (Offb 7,4-8) als Diener Gottes *»an ihren Stirnen versiegelt«* werden (V. 3).

Die Gläubigen in Thessalonich durchlebten *»Verfolgungen und Drangsale«* (2Thes 1,4). Diese Probleme, gekoppelt mit *»Geist, Wort, oder Brief, als seien sie von uns, als ob der Tag des Herrn da wäre«* (2Thes 2,2), erschreckten, ja erschütterten sie. Paulus wies sie allerdings darauf hin, dass *»dieser Tag nicht kommt, es sei denn, dass zuerst der Abfall gekommen und der Mensch der Gesetzlosigkeit geoffenbart worden ist, der Sohn des Verderbens; der sich widersetzt und sich überhebt über alles, was Gott heißt oder ein Gegenstand der Verehrung ist, so dass er sich in den Tempel Gottes setzt und sich ausweist, dass er Gott sei«* (V. 3-4). Der Tag des Herrn ist infolgedessen gekennzeichnet von besonderen Geschehnissen. Die Entrückung jedoch, bei der Christus kommt, um seine Gemeinde zu sich zu holen – Paulus erwähnt dies als eine Quelle der Ermutigung (1Thes 4,18) –, geht nicht mit weiteren gleichzeitig ablaufenden heilsgeschichtlichen Ereignissen einher. Daher muss der Tag des Herrn der Entrückung der Gemeinde folgen. Dieser »Tag«[3] beinhaltet die »sieben Jahre der Trübsal« und umfasst »die ganze Zeitperiode vom Beginn der Trübsal bis zum Ende des Tausendjährigen Reiches.«[4]

Das Brechen des siebten Siegels (Offb 8,1) führt ein in das Blasen von sieben Posaunen, ausgeführt von sieben Engeln (V. 6), das sind die *»sieben Engel, die die letzten sieben Plagen hatten«* (Offb 15,1), und die *»sieben Engel«* mit den *»sieben Schalen des Grimmes Gottes«* (Offb 16,1). All dies kennzeichnet die Erfüllung von Gottes Zorn (Offb 15,1), der mit der Vernichtung *»Babylons, der großen, der Mutter der Huren«* (Offb 17,5; siehe auch 18,2) vollendet wird – der Verkörperung der menschlichen Unabhängigkeit und des menschlichen Widerstrebens gegen Gott und Christus. Die Vernichtung Babylons beendet die Ausgießung des Zornes Gottes und vollendet die Vorbereitung der Erde auf die Rückkehr des verherrlichten Christus, um sein Reich aufzurichten.

DIE RÜCKKEHR DES KÖNIGS AUF DIE ERDE IM TRIUMPH ÜBER SEINE FEINDE

Der Apostel Johannes beschreibt den verherrlichten Christus als einen Reiter, sitzend *»auf einem weißen Pferd«*, der heißt *»Treu und Wahrhaftig«* (Offb 19,11). Er darf nicht mit dem früheren Reiter *»auf einem weißen Pferd«* (Offb 6,2) verwechselt werden, wie es manche Bibelleser tun. Zahlreiche Einzelheiten machen die Unterscheidung offensichtlich. Walvoord erklärt: »Das weiße Pferd ist ein Siegessymbol. Römische Generäle ritten nach einem Schlachtensieg auf einem weißen Pferd ihrem Triumphzug voraus, in dem ihnen ihre aneinander geketteten Gefangenen folgten.«[5] Dieser Reiter in Offenbarung 19,11 heißt auch *»das Wort Gottes«* (V. 13) und *»König der Könige und Herr der Herren«* (V. 16). Er wird *»viele Kronen«* tragen (V. 12), *»und aus seinem Mund geht ein scharfes Schwert hervor«* (V. 15; siehe auch 1,16), das vielleicht Gericht symbolisiert, *»und die Kriegsheere, die im Himmel sind, folgten ihm auf weißen Pferden, bekleidet mit weißer, reiner Leinwand«* (Offb 19,14). Er wird *»in Gerechtigkeit«* richten, er wird *»die Nationen schlagen«* und *»er tritt die Kelter des Weines des Grimmes des Zornes Gottes, des Allmächtigen«* (V. 11.15). Die Tatsache, dass Gott Liebe ist (1Jo 4,16), hebt nicht die Notwendigkeit seines Gerichts über seine Feinde auf – Feinde unter Engeln wie unter Menschen.

Das Gericht über das Tier und den Falschen Propheten

Wenn Christus auf die Erde zurückkehrt, werden sich ihm *»das Tier und die Könige der Erde und ihre Heere«* entgegenstellen (Offb 19,19). Das Tier wird in Offenbarung 13,1-8 beschrieben. Der Drache – *»die alte Schlange, der Teufel und Satan genannt wird«* (Offb 12,9) – wird dem Tier, dem Antichristen, seine Macht und seine Autorität verleihen (Offb 13,2). Das wird zur Folge haben, dass ihm während der dreieinhalb Jahre, die dem zweiten Kommen Christi vorausgehen, »*Macht gegeben ist über jeden Stamm und jedes Volk und jede Sprache und jede Nation*« (V. 7). Paulus nennt diesen Weltherrscher den »*Menschen der Gesetzlosigkeit*« (2Thes 2,3) und den »*Gesetzlosen*« (V. 8-9). »*Schon ist das Geheimnis der Gesetzlosigkeit wirksam*«, das dieser Mensch personifiziert; nur ist es jetzt eingeschränkt, bis »*der, welcher jetzt zurückhält, aus dem Weg ist*« (V. 7). Bei diesem, der »zurückhält«, handelt es sich höchstwahrscheinlich um den Heiligen Geist, der *in* den Gliedern am Leib Christi, der Gemeinde, und *durch* sie wirkt, denen er innewohnt und die er befähigt. Wenn der Heilige Geist bei der Entrückung mit der Gemeinde fortgeht, bietet das dem Gesetzlosen die Freiheit, sich selbst zu offenbaren. Zur Mitte der siebenjährigen Trübsal wird seine Identität dadurch offenkundig werden, »*dass er sich in den Tempel Gottes setzt und sich ausweist, dass er Gott sei*« (V. 4).

Der Apostel Johannes nannte diese Person den »Antichristen« – einen, der noch kommt (1Jo 2,18; siehe 4,3). Aber jeder, der »*den Vater und den Sohn leugnet*«, ist seiner Haltung nach »*der Antichrist*« (1Jo 2,22). Die Gottheit zu leugnen, ist »*der Geist des Antichristen*«, der »*schon in der Welt ist*« (1Jo 4,3). In der Folge schreibt Johannes: »*So sind auch jetzt viele Antichristen aufgetreten*« (1Jo 2,18; 2Jo 7). In seiner Ölbergrede warnte der Herr Jesus die Apostel gleicherweise: »*Viele werden unter meinem Namen kommen und sagen: Ich bin der Christus*« (Mt 24,5), und: »*Es werden falsche Christusse und falsche Propheten aufstehen und werden große Zeichen und Wunder tun*« (V. 24). Er sprach auch davon, dass der »*Gräuel der Verwüstung … an heiliger Stätte stehen*« wird (V. 15; Mk 13,14; siehe Dan 9,27; 11,31; 12,11). Das ist das Tier, der Gesetzlose, der Antichrist, »*den der Herr Jesus beseitigen wird durch den Hauch seines Mundes und vernichten durch die Erscheinung seiner Ankunft*« (2Thes 2,8).

Mit dem Tier, dem Antichristen, verbündet, ist »*ein anderes Tier, das aus der Erde aufsteigt.*« In Johannes' Vision hatte dieses Tier »*zwei Hörner gleich einem Lamm*«, aber »*es redete wie ein Drache*« (Offb 13,11). »*Die ganze Macht des ersten Tieres übt es vor ihm aus, und es veranlasst die Erde und die auf ihr wohnen, dass sie das erste Tier anbeten*« (V. 12; siehe Verse 14-15). Dieses zweite Tier wird »*der Falsche Prophet*« genannt (Offb 16,13). Er wird von dem triumphierenden Christus zusammen mit dem Tier besiegt und »*lebendig werden die zwei in den Feuersee geworfen, der mit Schwefel brennt*« (Offb 19,20). Die von ihnen angeführten Heere werden »*mit dem Schwert getötet, das aus dem Mund dessen hervorging, der auf dem Pferd saß*« (V. 21).

Das Gericht über die lebenden Juden und Heiden

Obwohl viele Juden und Gläubige aus den Heidennationen in der großen Trübsal unter der Herrschaft des Tieres den Märtyrertod sterben (Offb 12,17; 13,15), wird eine große Menge Menschen aus beiden Gruppen noch am Leben sein, wenn Christus auf die Erde zurückkehrt, um sein Reich aufzurichten. Er wird ihre Voraussetzung für sein Reich prüfen. Das Gericht über die lebenden Juden stellte Jesus in zwei Gleichnissen in seiner Ölbergrede vor. Das Erste war das Gleichnis von den »*zehn Jungfrauen, die ihre Lampen nahmen und ausgingen, dem Bräutigam entgegen*« (Mt 25,1). Die fünf törichten Jungfrauen, die kein Öl bei sich hatten (V. 3), waren nicht fähig, den Bräutigam zu empfangen, als er kam, oder mit ihm zum Hochzeitsmahl zu gehen (V. 10). Als sie um Zutritt baten, erwiderte der Bräutigam: »*Wahrlich, ich sage euch, ich kenne euch nicht*« (V. 12).

Das zweite Gleichnis war das von »*einem Menschen, der außer Landes reiste, seine eigenen Knechte rief und ihnen seine Habe übergab*« (V. 14). Als er zurückkehrte, forderte er sie zur Rechenschaft auf. Die treuen Diener wurden mit wachsender Verantwortung belohnt, der nutzlose Knecht aber wurde »*hinaus*[geworfen] *in die äußere Finsternis; da wird das Weinen und das Zähneknirschen sein*« (V. 30). Dieses Gericht über das jüdische Volk wird in Hesekiel 20,32-44 und in Sacharja 13,1 vorausgesagt.

Es werden auch viele Heiden am Leben sein, wenn der triumphierende Christus auf die Erde zurückkehrt, um sein Reich aufzurichten. Sie werden auf der Grundlage ihres Glaubens an Christus gerichtet, der sich in ihrem Umgang mit den verfolgten Juden während der Herrschaft des Tieres gezeigt hat. Gerade so, wie die ten Boom-Familie es tat, unterstützten und beschützten viele Christen und Nichtchristen während des Hitler-Regimes die Juden. Heiden, die während der Trübsal zum Glauben an Christus kommen und seine Rückkehr erwarten, werden bei der Unterstützung von Juden ihr Leben aufs Spiel setzen. Es wird ihnen gestattet sein, in das Reich einzugehen, wenn sie ihre Liebe zu Jesus durch ihren Umgang mit »*einem der geringsten dieser meiner Brüder*« bewiesen haben (Mt 25,40), die ja »genetisch-leiblich Brüder des Herrn« sind.[6] Diese Heiden werden geladen und aufgefordert sein: »*Erbt das Reich, das euch bereitet ist von Grundlegung der Welt an*« (V. 34). Ungläubige Heiden »*werden hingehen in die ewige Pein, die Gerechten aber in das ewige Leben*« (V. 46).

Die Bindung Satans

Nach seinem Sieg über Adam und Eva im Garten Eden wurde Satan – repräsentiert durch die Schlange – von Gott gesagt, der Same der Frau in der Person Jesu, des menschgewordenen Sohnes Gottes, »*wird dir den Kopf zermalmen*« (1Mo 3,15). Das ist eine Ankündigung seiner totalen Niederlage. Mit Jesu Opfertod und Auferstehung wurde das vollbracht, so dass der Heilige Geist nun überführt »*von Gericht, weil der Fürst dieser Welt gerichtet ist*« (Joh

16,11). Als die ausgesandten zweiundsiebzig Jünger Jesus berichteten: »*Herr, auch die Dämonen sind uns untertan in deinem Namen*«, erwiderte er ihnen: »*Ich schaute den Satan wie einen Blitz vom Himmel fallen*« (Lk 10,17-18). Die Erwiderung Jesu sah zweifellos auf Satans Absturz voraus: »*Geworfen wurde er auf die Erde, und seine Engel wurden mit ihm geworfen*« (Offb 12,9). Aber sie bezieht sich auch auf die Macht Satans, die durch den irdischen Dienst Jesu gebrochen worden ist, denn Satan ist ihm unterworfen worden. Paulus ermutigte die Christen in Rom, indem er schrieb: »*Der Gott des Friedens wird in kurzem den Satan unter euren Füßen zertreten*« (Röm 16,20). Zur Mitte der siebenjährigen Trübsal wird es einen »*Kampf im Himmel*« geben, und Michael und seine Engel werden gegen Satan, den Drachen, kämpfen, und er wird »*geworfen auf die Erde, und seine Engel werden mit ihm geworfen*« (Offb 12,7.9). Mit dem Beginn der messianischen Herrschaft Christi werden die Aktivitäten Satans auf der Erde für tausend Jahre enden. Wenn Christus auf die Erde zurückkommt, wird ein Engel vom Himmel herabkommen, »*der den Schlüssel des Abgrundes und eine große Kette in seiner Hand hat.*« Er wird Satan für tausend Jahre im Abgrund binden, und der Teufel wird nicht in der Lage sein, die Nationen weiterhin zu täuschen und zu betrügen, bis die tausend Jahre enden (Offb 20,1-3). Die Freiheit von dämonischem und satanischem Einfluss wird ein Kennzeichen des Tausendjährigen Reiches des Friedens und der Gerechtigkeit sein.

DIE AUFERSTEHUNG DER GLÄUBIGEN JUDEN UND HEIDEN

Viele alttestamentliche Gläubige – Israeliten, die für Gott im Glauben Großtaten vollbracht haben – sind gestorben und »*haben die Verheißung nicht erlangt*« (Hebr 11,39). Wir haben bereits die Gründe dafür erörtert, warum sie nicht mit den verstorbenen

Christen bei der Rückkehr Christi zur Entrückung der Gemeinde mit auferweckt werden. Stattdessen werden die alttestamentlichen Gläubigen beim Beginn des messianischen Tausendjährigen Reiches Jesu Christi auferweckt werden. In diese Auferstehung werden auch die jüdischen und die aus den Heidennationen kommenden Märtyrer der Trübsalszeit mit eingeschlossen sein. Johannes schrieb: *»Ich sah die Seelen derer, die um des Zeugnisses Jesu und um des Wortes Gottes willen enthauptet worden waren, und die, welche das Tier und sein Bild nicht angebetet und das Malzeichen nicht an ihre Stirn und an ihre Hand angenommen hatten, und sie wurden lebendig und herrschten mit dem Christus tausend Jahre«* (Offb 20,4). Wenn Christus auf die Erde zurückkommt, dann werden sich die Bewohner des messianischen Reiches folgendermaßen zusammensetzen: 1. die Gläubigen der Gemeinde, die in verherrlichten Leibern mit Christus vom Himmel her zurückkehren; 2. auferweckte Gläubige aus dem Alten Testament und aus der Trübsal, die ebenfalls verherrlichte Leiber haben werden und 3. erlöste Juden und Heiden, die in ihren sterblichen Leibern in das Tausendjährige Reich eingehen werden, weil sie Christus geglaubt haben. Alle Ungläubigen aber und Widerspenstigen werden weggetan sein, ebenso wie das Tier und der Falsche Prophet, und Satan wird in den Abgrund geworfen und mit einer großen Kette für die tausend Jahre, der Dauer des messianischen Reiches, gebunden worden sein.

Manche Bibellehrer glauben, dass ein guter Teil der tausend Jahre vom Gericht über die lebenden Juden und Heiden in Anspruch genommen wird. Aber göttliche Rechtsprechung und Justiz bewegt sich weder so langsam noch so unvollkommen wie die menschlichen Rechtssysteme. Das Gericht Christi mag vielleicht nur eine kurze Zeitperiode – eine Art Zwischenspiel – zwischen seiner Rückkehr auf die Erde und der Aufrichtung seines Reiches beanspruchen. Im Reich selbst wird es nur lebende und verherrlichte Gläubige des Herrn Jesus Christus geben.

12. Kapitel

Die tausendjährige Herrschaft des Königs auf der Erde

Es ist eine oft wiederholte und bestätigte Lehre in der Heiligen Schrift, dass der Herr Jesus vom Himmel herab zurückkommen wird, um sein messianisches Reich auf der Erde aufzurichten und damit Gottes Verheißungen an Abraham, David und das Volk Israel zu erfüllen. Der Herr selbst erklärte seinen Aposteln, dass der Trübsal kosmische Störungen gewaltigen Ausmaßes folgen werden – *»Dann werden sie den Sohn des Menschen kommen sehen in Wolken mit großer Macht und Herrlichkeit. Und dann wird er die Engel aussenden und seine Auserwählten versammeln von den vier Winden her, vom Ende der Erde bis zum Ende des Himmels«* (Mk 13,26-27; siehe Mt 24,30-31). Die Apostel fragten den auferstandenen Jesus, ob er *»in dieser Zeit für Israel das Reich wiederherstellen«* werde (Apg 1,6), und Petrus drängte die Juden: *»So tut nun Buße und bekehrt euch, dass eure Sünden ausgetilgt werden, damit Zeiten der Erquickung kommen vom Angesicht des Herrn und er den euch vorausbestimmten Jesus Christus sende. Den muss freilich der Himmel aufnehmen bis zu den Zeiten der Wiederherstellung aller Dinge, von denen Gott durch den Mund seiner heiligen Propheten von jeher geredet hat«* (Apg 3,19-21). Diesen Glauben, dass Christus auf die Erde zurückkehren wird, um für tausend Jahre auf dem Thron Davids sein messianisches Reich aufzurichten, nennen wir *Prämillennialismus*.

Zwei weitere Sichtweisen vom Tausendjährigen Reich sind der *Amillennialismus* und der *Postmillennialismus*. Den Amillennialismus kann man bis zu Augustinus, wenn nicht gar bis zu Origenes zurückverfolgen. Er vertritt die Ansicht, dass die Reichsverheißungen des Alten Testaments eher geistlich als wörtlich in der neutestamentlichen Gemeinde erfüllt worden seien. Er hält zwar daran fest, dass Christus im wörtlichen Sinne auf die Erde zurückkehren wird, aber er glaubt nicht an seine tausendjährige Herrschaft auf der Erde. Nach Ansicht der Amillennialisten ist »das Reich Gottes im Gemeindezeitalter gegenwärtig«, an dessen Ende »das zweite Kommen Christi den Ewigkeitszustand eröffnet.«[1]

In Mancherlei Hinsicht ist der Postmillennialismus eine Weiterentwicklung des Amillennialismus. Obwohl Elemente dieser Sichtweise bereits früher aufgetreten sind, wird seine systematische Entwicklung Daniel Whitby zugeschrieben (1638-1725) – einem Unitarier. Die Unitarier lehnen die Lehre von der Dreieinheit ab. Whitby lehrt, einfach gesagt, dass sich »die Rückkehr Christi auf die Erde am Ende des Tausendjährigen Reiches ereignen« wird.[2] Eine ältere Form des Postmillennialismus lehrte, dass die Ausbreitung des Evangeliums Christi das Weltsystem umformen und ein Zeitalter der Gerechtigkeit und des Friedens herbeiführen werde, an dessen Ende Christus wiederkomme und die Welt in den Ewigkeitszustand einführe. Diese Ansicht wurde während der in Bezug auf die Zukunft optimistischen Periode des sozialen und industriellen Fortschritts im achtzehnten, neunzehnten und frühen zwanzigsten Jahrhundert ziemlich dominant. Angesichts des weltweiten Aufruhrs, der mit dem beginnenden Ersten Weltkrieg einsetzte, begann man weithin, sich von dieser Auffassung abzuwenden. Eine eher zeitgenössische Variation kennen wir unter der Bezeichnung »theonomischer

Postmillennialismus«. Er wirbt für »Fortschritt durch die Verkündigung des Evangeliums durch die Gemeinde und die Anwendung des mosaischen Gesetzes« und vertritt »die völlige Umgestaltung unserer Kultur durch die konsequente Anwendung des biblischen Gesetzes.«[3]

Die Erfüllung der alttestamentlichen Verheissungen Israels

Der alles entscheidende Unterschied zwischen dem Prämillennialismus und den anderen Sichtweisen liegt in der konsequent wörtlichen Auslegung der Heiligen Schrift einschließlich der alttestamentlichen Prophetie. Der Prämillennialismus nimmt auch die sechs Erwähnungen eines tausend Jahre dauernden Zeitraums in Offenbarung 20,2-4.6-7 wörtlich, die sowohl vom Amillennialismus als auch vom Postmillennialismus vergeistlicht werden. Der Prämillennialismus legt die Bundesverheißungen, die Gott Abraham, David und dem israelitischen Volk gab, sowie alle Prophetien, die sich auf deren Erfüllung beziehen, als wörtliche Verheißungen und Voraussagen aus, die sich auf das Land Israel und die Wiederherstellung des Volkes Israel beziehen, sowie auf einen Erben, einen Thron und ein Reich.

Gottes Bund mit Abraham

Gottes Verheißungen an Abraham, der aus Gehorsam, sein Land, sein Volk und sein Vaterhaus verließ, um in ein Land zu ziehen, das Gott ihm zeigen würde (1Mo 12,2-3), wurde im wörtlichen Sinn erfüllt. Bei einem späteren Bundesschluss, der mit Tieropfern besiegelt wurde, sagte der Herr: *»Deinen Nachkommen habe ich dieses Land gegeben, vom Strom Ägyptens an bis zum großen*

Strom, dem Euphratstrom« (1Mo 15,18). Noch später bekräftigte Gott seinen Bund, änderte Abrams Namen in Abraham und erklärte: *»Ich werde meinen Bund aufrichten zwischen mir und dir und deinen Nachkommen nach dir durch alle ihre Generationen zu einem ewigen Bund ... ich werde dir ... das Land deiner Fremdlingschaft geben, das ganze Land Kanaan, zum ewigen Besitz, und ich werde ihnen Gott sein«* (1Mo 17,7-8). Als *»Zeichen des Bundes zwischen mir und euch«* wurde das Zeichen der Beschneidung gegeben (V. 11). Dieser Bund wurde später mit Isaak neu bekräftigt (1Mo 26,2-4) und auch mit Jakob (1Mo 28,13-15). Wie dieser Bund vom Volk Israel gesehen und begriffen wurde, finden wir in Psalm 105,8-11, und eine Bezugnahme darauf bei Elisabeth, der Mutter Johannes des Täufers (Lk 1,55).

Der Bund der Landverheißung

Die traditionelle Bezeichnung des Bündnisses, von dem in 5. Mose 29–30 die Rede ist, lautet »Palästinischer Bund«. Ein aus verschiedenen Gründen möglicherweise besserer Titel dafür wäre wohl »Bund der Landverheißung«, denn er befasst sich mit dem Land, das Abraham und seinen Nachkommen verheißen wurde.[4] Nachdem Fruchtenbaum »acht besondere Bestimmungen« dieses Bündnisses aufgelistet hat, kommt er zu dem Schluss: »Die besondere Wichtigkeit dieses Bundes besteht darin, dass er Israels Besitzanspruch auf das Land beurkundet. Obwohl sich Israel ungläubig und ungehorsam erweisen würde, sollte das Recht auf das Land nie von ihm genommen werden. Während der Genuss des Landbesitzes an Gehorsam gebunden ist, bleibt das Recht an diesem Land bedingungslos. Darüber hinaus zeigt der Bund der Landverheißung, dass der bedingte mosaische Bund den unbedingten abrahamitischen nicht beiseite setzt.«[5]

Israels Ungehorsam gegenüber dem Herrn durch seine Hinwendung zu den Götzen führte zum Gericht über das Land (5Mo 29,22-27) und zur Vertreibung und Zerstreuung des Volkes aus dem Land (5Mo 19,28; 28,64-65). Hesekiel beschrieb, wie Gott Israel erwählte, sein Kind zu sein (Hes 16,6-7), und wie er es später zur geliebten Frau nahm (V. 8-14). Israel allerdings benahm sich wie eine geistliche Hure; es verließ Gott, um Götzen zu verehren (V. 15-34). In der Folge strafte Gott Israel mit strengen Gerichten und weltweiter Zerstreuung – beides ereignete sich nach der Zerstörung des Tempels und der Stadt Jerusalem im Jahr 70 n.Chr. Allerdings sagte der Herr: »*Ich will an meinen Bund denken, den ich mit dir in den Tagen deiner Jugend geschlossen habe, und will dir einen ewigen Bund aufrichten … Und ich selbst werde meinen Bund mit dir aufrichten, und du wirst erkennen, dass ich der Herr bin*« (V. 59-60.62).

Im Blick auf Hesekiels Weissagung war dieser Bund der Landverheißung weder beim Einzug in das Land und bei seiner Eroberung, noch zur Zeit der größten Ausdehnung Israels unter der Regierung Salomos erfüllt. Doch der Bund der Landverheißung gibt Israel die Zusicherung – wenn es mit ganzem Herzen zu dem Herrn umkehrt und ihm gehorcht, »*dann wird der HERR, dein Gott, dein Geschick wenden und sich über dich erbarmen. Und er wird dich wieder sammeln aus all den Völkern, wohin der Herr, dein Gott, dich zerstreut hat* … [und er] *wird dich in das Land bringen, das deine Väter in Besitz genommen haben, und du wirst es in Besitz nehmen*« (5Mo 30,2-3.5). Die alttestamentlichen Propheten haben diese Wiederherstellung Israels in seinem Land mehrfach vorausgesagt (Jes 11,11-16; 43,5-7; Jer 16,14-15; 23,3.7-8; 31,7-11; Hes 11,16-17; 36,24.28; Am 9,14-15; Zeph 3,19-20; Sach 10,8-12). Der Herr Jesus bekräftigte die Erfüllung dieses Bundes der Landverheißung, als er den Aposteln erklärte, dass der Sohn des Menschen bei seiner Rückkehr »*seine Engel aussenden* [wird] *mit starkem Posaunenschall, und sie werden seine Auserwählten versammeln von den vier Winden her, von dem einen Ende der Himmel bis zu ihrem anderen Ende«* (Mt 24,31; siehe Mk 13,27). Dieser Vorgang hat anscheinend mit der Rückkehr der Juden in das Land der Verheißung und dem Wiedererstehen der Nation Israel begonnen. Aber nach den Prophetien steht die vollständige Erfüllung als Teil des zweiten Kommens Christi noch aus.

Gottes Bund mit David

Dieses Bündnis wurde David durch den Propheten Nathan angekündigt; es war die Reaktion auf Davids Wunsch, Gott in Jerusalem einen Tempel zu bauen (2Sam 7,1-3). Gott versprach David: *»Ich werde deinen Nachkommen, der aus deinem Leib kommt, nach dir aufstehen lassen und werde sein Königtum festigen«* (V. 12). Dieses Versprechen wurde in Salomo erfüllt, der Gott ein Haus baute (V. 13). Gott züchtigte Salomo für sein Fehlverhalten, aber er hätte niemals seine Liebe von ihm genommen, wie er sie von Saul nahm (V. 14-15). Gott versprach David: *»Dein Haus* [eigentlich: deine Blutslinie] *und dein Königtum sollen vor dir Bestand haben für ewig, dein Thron soll feststehen für ewig«* (V. 16). Wir finden den Bericht auch in 1. Chronik 17,1-15. David beschrieb dieses Bündnis als *»einen ewigen Bund, in allem geordnet und bewahrt«* (2Sam 23,5). Es wird darüber hinaus noch in Psalm 89,4.21-38 bekräftigt.

Alttestamentliche Prophetien sehen die Erfüllung dieses Bündnisses in einem künftigen Nachkommen Davids, im Messias Israels. Jesaja sprach von dem Kind, das geboren, von dem Sohn, der gegeben werden sollte – offenbar eine göttliche Person, die *»kein Ende haben wird auf dem Thron Davids und über seinem Königreich, es zu festigen und zu stützen durch Recht und Gerechtigkeit von nun an bis in Ewigkeit«* (Jes 9,6-7; siehe auch 11,1-5). Jeremia sprach davon, Gott *»werde dem David einen Spross der Gerechtigkeit hervorsprossen lassen«* (Jer 33,15) und wies darauf hin, dass Gottes Bund mit David ebenso sicher sei wie sein Bund mit Tag und Nacht (V. 17-22; siehe auch 23,5-6). Der Engel Gabriel bezeichnete Jesus, den vom Heiligen Geist gezeugten Sohn der Jungfrau Maria, als denjenigen, dem Gott *»den Thron seines Vaters David geben* [wird] *... und er wird über das Haus Jakobs herrschen in Ewigkeit, und seines Königtums wird kein Ende sein«* (Lk 1,32-33). Das wird sich erfüllen, wenn Christus in Macht und mit großer Herrlichkeit auf die Erde zurückkehren wird.

Verheißungen für das Volk Israel

Die Verheißungen für das Volk Israel hinsichtlich der Wiederherstellung der Gemeinschaft mit Gott im messianischen Reich stehen offenbar in Beziehung zur Erfüllung des abrahamitischen und davidischen Bundes sowie des Bundes der Landverheißung, aber es besteht auch eine direkte Verbindung zum Volk. Gott ließ Israel durch Mose sagen: *»Du bist dem Herrn, deinem Gott, ein heiliges Volk. Dich hat der Herr, dein Gott, erwählt, dass du ihm als Eigentumsvolk gehörst aus allen Völkern, die auf dem Erdboden sind«* (5Mo 7,6; 14,2; siehe Ps 135,4). Nachdem er sie *»Söhne Jakobs«* und Gottes *»Auserwählte«* genannt hatte (Ps 105,6), stellte der Psalmist fest, Gott *»gedenkt ewig seines Bundes – des Wortes, das er geboten hat auf tausend Geschlechter hin«* (V. 8).

Weil sich Israel in Ungehorsam und Auflehnung von Gott abgewandt hatte, musste der Herr sein auserwähltes Volk durch die Zerstreuung über die ganze Welt und mit ernsten Drangsalen und Prüfungen züchtigen. Aber er erklärte Israel: *»Ich habe dich erwählt und nicht verworfen. Fürchte dich nicht, denn ich bin mit dir! Habe keine Angst, denn ich bin dein Gott«* (Jes 41,9-10; siehe 43,1; 44,1-2). Der Apostel Paulus betonte die Dauerhaftigkeit der Erwählung Gottes im Hinblick auf Israel, als er schrieb: *»Hat Gott etwa sein Volk verstoßen? Das sei ferne! ... Gott hat sein Volk nicht* *verstoßen, das er vorher erkannt hat«* (Röm 11,1-2). Paulus belegte dies, indem er feststellte, dass Gott nun Israeliten wie ihn selbst segnete, indem er sie auf das Evangelium von Christus reagieren und Glieder an dessen Leib, der Gemeinde werden ließ. Außerdem sagte Gott zu, dass in dem künftigen messianischen Reich *»ganz Israel errettet werden wird«* (V. 26; siehe Dan 12,1). All dies ist wahr, denn *»die Gnadengaben und die Berufung* Gottes *sind unbereubar«* (Röm 11,29).

Die Bewohner des Tausendjährigen Reiches

Nachdem der Herr am Beginn des Tausendjährigen Reiches die Israeliten gerichtet hat, um die von ihnen auszuscheiden, *»die sich empörten und mit mir brachen«* (Hes 20,38), wird der gläubige Überrest Israels in das Reich aufgenommen (V. 37). Sie werden lebendige Bürger des messianischen Tausendjährigen Reiches des Herrn Jesus Christus sein. Darüber hinaus werden die Gläubigen des Alten Testaments auferweckt und Bürger des Reiches (Jes 26,19; Hes 37,12-14). Ebenso werden auch die Märtyrer der großen Trübsal, Juden wie solche aus den Heidennationen auferweckt, um als Bürger in das Tausendjährige Reich des Herrn einzugehen. Zu den Reichsbewohnern wird auch die Braut Christi gehören, seine vor der Trübsal entrückte und umgestaltete Gemeinde, die mit ihm auf die Erde zurückkehren wird. So wird am Beginn des messianischen Reiches jeder Einwohner eine erlöste, gläubige Person sein – vollkommen gemacht entweder durch Auferweckung oder die Verwandlung bei der Entrückung, oder ein lebender Gläubiger aus den Juden oder Heidennationen.

Da der Herr Jesus als Israels Messias auf dem Thron Davids herrschen wird, wird das Volk Israel *»das Haupt«* unter den Völkern sein und nicht *»der Schwanz«* (5Mo 28,13). Darüber hinaus wird Israel eine geeinte Nation sein und nicht aufgeteilt in Juda und Israel (Hes 37,15-28). Als der Ort, von dem aus Christus auf Davids Thron regiert, wird Jerusalem die Hauptstadt der Welt werden (Jer 33,14-18). Diese Stadt wird auch das geistliche Zentrum sein – mit einem wieder aufgebauten Tempel zur Verehrung Gottes (Jes 2,1-3; 62,1-7; Mi 4,1-3; Sach 14,10-11.16-17.20-21). Das erlöste Volk Israel wird *»Priester des Herrn genannt werden; Diener unseres Gottes«* (Jes 61,1).

Es war allgemeine Lehre des Alten Testaments (Ps 132,10-11; Jes, 9,5-6; Jer 33,17.20-21) und der Glaube der Juden, dass der Messias Gottes Verheißung an David erfüllen werde und einer von Davids Nachkommen sein Reich wiederherstellen und auf seinem Thron sitzen werde. Das war die Botschaft des Engels Gabriel an Maria, die Jesus betraf (Lk 1,31-33); es ist das, was Jesus lehrte (Mt 19,28) und es ist das, was die Jünger glaubten (Mt 20,21; Apg 1,6). Hier erhebt sich allerdings die Frage, welche Stellung der auferstandene David im Tausendjährigen Reich einnehmen wird – besonders im Licht einiger Weissagungen, die von ihm als von einem Herrscher des Tausendjährigen Reiches sprechen (Jer 30,9; Hes 34,23-24; 37,24-25; Hos 3,5). Einige Bibelgelehrte ziehen daraus den Schluss, dass David der tatsächliche Herrscher sein wird, aber die meisten anderen lehren m. E. richtig, dass er ein Mitregent des verherrlichten Herrn Jesus Christus sein wird. Diese Ansicht wird auch dadurch gestützt, dass Hesekiel ihn einen *»Fürsten«* nennt (Hes 34,24; 37,25).

Die weltweite Ausdehnung des Tausendjährigen Reiches

Israels verheißenes Land sollte sich *»vom Strom Ägyptens an bis zum großen Strom, dem Euphratstrom«* erstrecken – *»die Keniter und die Kenasiter und die Kadmoniter und die Hetiter und die Perisiter und die Refaiter und die Amoriter und die Kanaaniter und die Girgaschi-*

ter und die Jebusiter« (1Mo 15,18-21). Aber der Herrschaftsbereich des messianischen Reiches wird weltweit sein und alle Bewohner der Erde einschließen, wie Jesaja feststellt: »*Am Ende der Tage, da wird der Berg des Hauses des Herrn feststehen als Haupt der Berge und erhaben sein über die Hügel; und alle Nationen werden zu ihm strömen«* (Jes 2,2). Und die Nationen werden sich um den »*Wurzelspross Isais«* zusammenscharen (Jes 11,10; siehe 24,14-16; 42,10-13). Diese weltweite Herrschaft zeigt sich auch in der Macht des Herrn, »*die Vertriebenen Israels zusammenzubringen, und die Verstreuten Judas zu sammeln von den vier Enden der Erde«* (Jes 11,12; siehe Vers 11; 66,20; Mt 24,30-33), denn das wird nur dadurch möglich, dass sich seine Autorität über die ganze Welt erstreckt. Alle anderen Bemühungen der gesamten Menschheitsgeschichte, eine Weltregierung aufzurichten, haben versagt und werden versagen. Das schließt auch die Vereinten Nationen unserer Gegenwart und die Diktatur des Tieres während der Trübsal mit ein.

DAS WESEN DES TAUSENDJÄHRIGEN REICHES

Die Bibel zeigt, dass die tausendjährige Herrschaft Christi von der Verehrung Gottes gekennzeichnet sein wird, und von den Eigenschaften Friede, Recht und Gerechtigkeit. In dieser Zeit werden »*viele Völker hingehen und sagen: Kommt, lasst uns hinaufziehen zum Berg des Herrn, zum Haus des Gottes Jakobs, dass er uns auf Grund seiner Wege belehre und wir auf seinen Pfaden gehen! Denn von Zion wird Weisung ausgehen und das Wort des Herrn von Jerusalem«* (Jes 2,3; Mi 4,2; siehe Sach 14,16-21).

Wenn es eine Sache gibt, die die überlieferte Geschichte der Welt kennzeichnet, dann ist es das nahezu ununterbrochene Muster von Krieg, Blutvergießen und Tod. Im messianischen Reich allerdings »*werden sie ihre Schwerter zu Pflugscharen umschmieden und ihre Speere zu Winzermessern. Nicht mehr wird Nation gegen Nation das Schwert erheben, und sie werden den Krieg nicht mehr lernen«* (Jes 2,4; Mi 4,3). Jesaja schrieb auch: *»Man wird nichts Böses tun noch verderblich handeln auf meinem ganzen heiligen Berg. Denn das Land wird voll von Erkenntnis des Herrn sein, wie von Wassern, die das Meer bedecken«* (Jes 11,9). Diese Einstellung aller Konflikte und Beendigung aller Kriege wird kommen, weil der Messias *»zwischen den Nationen richten und für viele Völker Recht sprechen wird«* (Jes 2,4).

Die Urteile des Messias werden vollstreckt und seine Entscheidungen ausgeführt. Sie führen nicht nur deshalb zum Frieden, weil er die Macht hat, seine Entscheidungen durchzusetzen, sondern vor allem auch deshalb, weil sie gerecht und vernünftig zugleich sind. Seine *»Herrschaft … auf dem Thron Davids und über seinem Königreich«* werden davon gekennzeichnet sein, *»es zu festigen und zu stützen durch Recht und Gerechtigkeit von nun an bis in Ewigkeit«* (Jes 9,6). Es wird so geschehen, denn *»auf ihm wird ruhen der Geist des Herrn, der Geist der Weisheit und des Verstandes, der Geist des Rates und der Kraft, der Geist der Erkenntnis und Furcht des Herrn«* (Jes 11,2). *»Er wird nicht richten nach dem, was seine Augen sehen, und nicht zurechtweisen nach dem, was seine Ohren hören, sondern er wird die Geringen richten in Gerechtigkeit und die Elenden des Landes zurechtweisen in Geradheit«* (V. 3-4). Gerechtigkeit und Treue werden seine Herrschaft völlig durchdringen und den Menschen Sicherheit und Schutz geben (siehe Vers 5). Die Folge davon ist, dass weltweit jede Familie Frieden haben wird und Wohlergehen, denn jeder wird seinen eigenen Weinberg und seinen eigenen Feigenbaum haben (Mi 4,4; Sach 3,10).

Am Beginn des Tausendjährigen Reiches wird Satan gebunden und in den Abgrund geworfen werden (Offb 20,1-3), so dass seine gottlosen Einflüsse und die seiner dämonischen Mächte die lebenden Gläubigen nicht mehr beeinflussen können, die in das Reich eingehen. Aber diese Menschen ohne Auferstehungsleiber und die Kinder, die ihnen geboren werden, sind sterbliche Menschen mit einer adamitischen Natur und der Notwendigkeit, zum Glauben an den Herrn Jesus Christus als ihren Heiland zu kommen. Obgleich die Aussichten dieser Kinder, zum Glauben an den Herrn zu kommen und errettet zu werden, besser sein werden als heute, werden einige von ihnen ohne Zweifel unerrettet bleiben, besonders dann, wenn sich die tausend Jahre ihrem Ende nähern. Die Folge wird sein, dass sich einige gegen die Herrschaft des Messias auflehnen werden und dafür das Strafgericht des Herrn empfangen (Jes 11,4).

DIE UMGESTALTETE NATÜRLICHE WELT DES TAUSENDJÄHRIGEN REICHES

Als Adam und Eva der Versuchung der Schlange erlagen und sündigten, indem sie die Frucht vom Baum der Erkenntnis des Guten und Bösen aßen (1Mo 2,16-17; 3,1-7), verurteilte Gott die natürliche Schöpfungsordnung (V. 17-19) ebenso wie die Schlange (V. 14-15), Eva (V. 16) und Adam. Alles, was Gott geschaffen hatte, war ursprünglich *»sehr gut«* (1Mo 1,31), und der Garten Eden, in dem Adam und Eva als Verwalter eingesetzt wurden, war ein Paradies (1Mo 2,8-9.15.20-25). Aber ihre Sünde brachte ihn unter den Fluch. Paulus stellt fest: *»Wir wissen, dass die ganze Schöpfung zusammen seufzt und zusammen in Geburtswehen liegt bis jetzt«* (Röm 8,22). Daher ist es verständlich, dass die Erlösung der Menschheit im Tausendjährigen Reich zumindest teilweise die Wiederherstellung des ursprünglichen Zustands der übrigen Schöpfung einschließt. Paulus erklärt: *»Das sehnsüchtige Harren der Schöpfung wartet auf die Offenbarung der Söhne Gottes. Denn die Schöpfung ist der Nichtigkeit unterworfen worden – nicht freiwillig, sondern durch den, der sie unterworfen hat –, auf Hoffnung hin, dass auch selbst die Schöpfung von der*

Knechtschaft der Vergänglichkeit frei gemacht werden wird zur Freiheit der Herrlichkeit der Kinder Gottes« (V. 19-21). Obwohl die vollkommene Wiederherstellung der ursprünglichen Schöpfung Gottes nicht geschehen wird, ehe Gott *»neue Himmel und eine neue Erde«* erschafft (Jes 65,17; 66,22; 2Petr 3,13; Offb 21,2), sagt die Bibel voraus, dass im Tausendjährigen Reich des Messias große Verbesserungen an der durch den Fluch entstellten Erde vorgenommen werden.

Der erste Schritt zur Umgestaltung der natürlichen Welt wird getan, wenn Jesus Christus auf die Erde zurückkehrt. Gerade so, wie er vom Ölberg zur Rechten Gottes in den Himmel aufgefahren ist (Apg 1,11-12), so wird er an derselben Stelle auf die Erde zurückkehren. *»Der Ölberg wird sich von seiner Mitte aus nach Osten und nach Westen spalten zu einem sehr großen Tal, und die eine Hälfte des Berges wird nach Norden und seine andere Hälfte nach Süden weichen«* (Sach 14,4). *»An jenem Tag, da werden lebendige Wasser aus Jerusalem fließen, die eine Hälfte zum östlichen Meer und die andere Hälfte zum hinteren Meer; im Sommer wie im Winter wird es so geschehen«* (V. 8; siehe Hes 47,1-12).

Im Tausendjährigen Reich wird das Land Israel außerordentlich fruchtbar sein und die Früchte des Feldes im Überfluss ernten. Amos sagte voraus: *»Tage kommen … da rückt der Pflüger nahe an den Schnitter heran und der Traubentreter an den Sämann, und die Berge triefen von Most, und alle Hügel zerfließen«* (Am 9,13; siehe Jes 35,1-2.6-7; 51,3; 55,12-13; Hes 34,27; 36,29-30.34-35; Joe 4,13). Bis zu einem gewissen Grad wird dies das Ergebnis reichlichen Regens zur erforderlichen Zeit sein (Jes 30,23-26), aber auch die veränderte Topographie des Landes Israel am Beginn des Tausendjährigen Reiches wird dazu ihren Beitrag leisten: die Neubildung eines großen Tales (Sach 14,4), wenn sich der Ölberg teilt (siehe Jes 35,1-2.6-7; 41,18-20; 65,12-13). Die weitestgehende Beschreibung dieser Veränderungen finden wir in Hesekiel 47,1-12.

Eine weiterer bemerkenswerter Aspekt des Tausendjährigen

Reiches wird die außerordentlich verlängerte menschliche Lebensspanne sein. Jesaja schrieb: »*Es wird dort keinen Säugling mehr geben, der nur wenige Tage alt wird, und keinen Greis, der seine Tage nicht erfüllte. Denn der Jüngste wird im Alter von hundert Jahren sterben, und wer das Alter von hundert Jahren nicht erreicht, wird als verflucht gelten*« (Jes 65,20). »*Wie die Lebenszeit des Baumes wird die Lebenszeit meines Volkes sein, und meine Auserwählten werden das Werk ihrer Hände genießen*« (V. 22). Obwohl Jesaja diesen Abschnitt mit den Worten »*siehe, ich schaffe einen neuen Himmel und eine neue Erde*« eröffnet (V. 17), muss er dann vom Tausendjährigen Reich gesprochen haben, denn er schrieb vom Tod, und den wird es im ewigen Zustand nicht mehr geben (1Kor 15,21; Offb 21,4).

Ein letzter Beweis für die Umgestaltung der natürlichen Ordnung ist die Tatsache, dass die wilden Tiere nicht mehr Fleisch fressen werden oder nicht mehr giftig sind. Jesaja prophezeite: »*Der Wolf wird beim Lamm weilen und der Leopard beim Böckchen lagern. Das Kalb und der Junglöwe und das Mastvieh werden zusammen sein, und ein kleiner Junge wird sie treiben. Kuh und Bärin werden miteinander weiden, ihre Jungen werden zusammen lagern. Und der Löwe wird Stroh fressen wie das Rind. Der Säugling wird spielen an dem Loch der Viper und das entwöhnte Kind seine Hand ausstrecken nach der Höhle der Otter*« (Jes 11,6-8). Gott versprach, zu dieser Zeit »*werde ich einen Bund des Friedens mit ihnen schließen und werde die bösen Tiere aus dem Land austilgen*« (Hes 34,25; siehe Hos 2,20).

Die Erde wird wahrlich tausend Jahre Frieden, Schönheit und Ergiebigkeit genießen. Die Welt wird zumindest in teilweisem Umfang erlöst werden, wenn Jesus Christus, der Messias, als souveräner König im Tausendjährigen Reich über die Erde herrschen wird.

13. Kapitel

Die Vollendung der irdischen Herrschaft des Königs

Ziel dieses Buches war es, herauszuarbeiten, dass es der ewige Plan der dreieinen Gottheit ist, das ewige Wort, den Herrn Jesus Christus, zu verherrlichen. Der kam als Teil der Gottheit ins Fleisch, um Gottes Heils- und Erlösungsplan auszuführen (Kol 1,18). Diese Verherrlichung wird sich im messianischen Tausendjährigen Reich zeigen, aber sie wird nicht ihren Höhepunkt erreichen, ehe dieses Reich endet und Christus *»alle Herrschaft und alle Gewalt und Macht weggetan hat. Denn er muss herrschen, bis er alle Feinde unter seine Füße gelegt hat«* (1Kor 15,24-25). Wenn Gott, der Vater *»alles seinen* [Christi] *Füßen unterworfen hat«* (V. 27), dann wird Christus *»das Reich dem Gott und Vater übergeben«* (V. 24).

Die Tatsache, dass *»als letzter Feind der Tod weggetan wird«* (V. 26), zeigt, dass das Tausendjährige Reich selbst nicht die Vollendung von Gottes Plan ist, denn während es besteht, wird es noch den leiblichen Tod geben (Jes 65,20). Die lebenden Gläubigen, die aus der Trübsal in das Tausendjährige Reich einziehen, werden auf der Grundlage ihres Glaubens an Christus gerettet, aber sie werden noch nicht vollendet sein. Darum werden sie auch noch dem leiblichen Tod unterworfen sein. Darüber hinaus werden die Kinder, die ihnen im Verlauf der tausend Jahre geboren werden, der sündigen adamitischen Natur teilhaftig sein und müssen zum Glauben an den herrschenden Christus kommen. Zweifellos wird das bei vielen der Fall sein, aber jene, die das nicht wollen, werden mit dem Todesurteil gerichtet werden, denn Christus wird *»mit eisernem Stab«* herrschen (Offb 2,27; 12,5; 19,15). Daher wird der leibliche Tod während dieser tausend Jahre nicht aufhören; er wird erst am Ende dieser Zeit weggetan werden. Das muss so sein, denn das Tausendjährige Reich ist nur eine teilweise Wiederherstellung des ursprünglichen Zustands – sowohl der Menschheit als auch der natürlichen Ordnung –, der im Garten Eden vor dem Sündenfall Adams und Evas herrschte.

SATANS LETZTE AUFLEHNUNG UND SEIN URTEIL

Während des ganzen Tausendjährigen Reiches wird Satan gebunden und im Abgrund eingekerkert sein, *»damit er nicht mehr die Nationen verführe.«* Am Ende der tausend Jahre aber wird er für eine kurze Zeit *»aus seinem Gefängnis losgelassen werden und wird ausgehen, die Nationen zu verführen, die an den vier Ecken der Erde sind … um sie zum Krieg zu versammeln«* (Offb 20,3.7-8). Dieser Aufstand wird zwei Zielen dienen: Als Erstes wird er jene Menschen offenbar machen, die im Herzen unerneuert geblieben sind und sich nur äußerlich der Autorität des Messias untergeordnet haben. Immerhin wird die Menschheit niemals zuvor eine derartige Blüte erlebt haben, einen solchen Überfluss an Nahrung und die völlige Abwesenheit von Gewalt und Krieg. Aber Satans Täuschung wird sie dazu bringen, ihr wahres Wesen zu offenbaren. Als Zweites wird dieser Aufstand Satans unablässiges Begehren an den Tag bringen: *»Ich will hinaufsteigen auf Wolkenhöhen, dem Höchsten mich gleich machen«* (Jes 14,14; siehe

2Thes 2,4). Das allein ist der wahre Hintergrund der Versuchung Evas durch die Schlange, der Versuchung Jesu in der Wüste durch den Teufel und die Machtfülle und Triebkraft des *»Menschen der Gesetzlosigkeit«*, die dieser durch den Satan erhält (2Thes 2,3-4.9). Seine Freilassung aus dem Abgrund am Ende der tausend Jahre, um die Unerlösten in einen Aufstand gegen den Messias, gegen das Volk Gottes und gegen Jerusalem (die Stadt, die Gott liebt; Offb 20,9) zu führen, ist sein letzter Versuch, sein Ziel doch noch zu erreichen. Auch dieser Versuch ist zum Scheitern verurteilt wie alle vorangegangenen, denn seine menschliche Gefolgschaft wird vom Feuer verschlungen und er selbst wird *»in den Feuer- und Schwefelsee geworfen, wo sowohl das Tier als auch der falsche Prophet sind«* (V. 9-10; siehe 19,20-21); seine Komplizen aus der Trübsalszeit. *»Und sie werden Tag und Nacht gepeinigt werden in alle Ewigkeit«* (Offb 20,10).

Die Tatsache, dass das Tausendjährige Reich mit einer Revolte von Menschen endet, die nicht den rettenden Glauben an den Messias angenommen haben, beinhaltet eine Schrecken erregende Lehre für die politischen und gesellschaftlichen Führer der heutigen Zeit. So wichtig Erziehung, Milieu und Beispiel auch sein mögen, um junge Menschen zu leistungsfähigen, erfolgreichen Erwachsenen zu machen, so wenig sind diese Faktoren die höchsten Kriterien. Viel wichtiger ist, was im Herzen des Einzelnen heranwächst. Im Tausendjährigen Reich wird *»das Land voll von Erkenntnis des Herrn sein, wie von Wassern, die das Meer bedecken«* (Jes 11,9). Alle satanische und dämonische Verführung wird ausgemerzt werden, und Verbrechen und Gewalt wird es nicht geben. Das allgemeine Umfeld wird nahezu vollkommen sein, und Gutes wird es im Überfluss geben. Der Heiland selbst wird als Messias regieren, und vollendete wie noch in ihrem sterblichen Leib lebende Gläubige werden die Erde bevölkern. Doch ungeachtet all dieses Positiven werden große Menschenmengen im Herzen unerneuert bleiben und den Glauben an Christus zurückweisen, und sie werden Satan in den Aufstand gegen den Messias folgen.

Auferstehung und Gericht aller im Unglauben Verstorbenen vor dem grossen weissen Thron

»Da ja durch einen Menschen der Tod kam, so auch durch einen Menschen die Auferstehung der Toten« (1Kor 15,21). Das ist die leibliche Auferstehung zu leiblichem Leben – entweder als Geretteter in einem ewigen, geistlichen Leib (V. 42-45), oder als Unerlöster zum Gericht und zu ewiger Trennung von Gott in Qual und Pein (2Petr 3,7). Sowohl der leibliche als auch der geistliche Tod kamen als Folge der Sünde über die Menschheit – insbesondere aufgrund des Ungehorsams gegenüber der ausdrücklichen Anordnung Gottes, nicht die Frucht vom *»Baum der Erkenntnis des Guten und des Bösen«* zu essen (1Mo 2,16-17; 3,6). Den geistlichen Tod von Adam und Eva sehen wir daran, dass sie sich vor der Gegenwart Gottes im Garten verbargen (V. 8), und nach einiger Zeit starben sie auch körperlich. Paulus machte deutlich: *»Wie in Adam alle sterben, so werden auch in Christus alle lebendig gemacht werden«* (1Kor 15,22), das heißt: körperlich lebendig.

Paulus legte auch die Auferstehungsordnung dar: *»Der Erstling, Christus; sodann die, welche Christus gehören bei seiner Ankunft«* (V. 23). Diese *»erste Auferstehung«* (Offb 20,5-6) beinhaltet zwei Teile: zuerst die Auferstehung der verstorbenen gläubigen Christen bei der Entrückung des Leibes Christi, der Gemeinde, (1Thes 4,14-17); sodann die Auferstehung aller übrigen Gläubigen (Heilige des Alten Testaments und Märtyrer der Trübsalszeit), wenn Christus auf die Erde zurückkehrt, um sein Tausendjähriges Reich aufzurichten. Der letzte Schritt in der Auferstehungsordnung ist die zweite Auferstehung, wenn das Ende kommt (1Kor 15,24). Das ist die Auferstehung aller ungläubig Verstorbenen. Johannes berichtet: »*Das Meer gab die Toten, die in ihm waren, und der Tod und der Hades gaben die Toten, die in ihnen waren*« (Offb 20,13).

Diese Auferstehung geschieht zum Gericht. Johannes »*sah die Toten, die Großen und die Kleinen, vor dem Thron stehen*«, und »*die Toten wurden gerichtet nach dem, was in den Büchern geschrieben war, nach ihren Werken*« (V. 12). Das könnte zu der Vermutung führen, dass es verschiedene Grade ewiger Qual für die Ungläubigen geben könnte, aber es gibt kein Entkommen. Zusammen mit den Büchern, aufgrund deren Inhalt die Ungläubigen bei diesem Gericht vor dem großen weißen Thron gerichtet werden, wird noch »*ein anderes Buch aufgeschlagen, welches das des Lebens ist*« (V. 12). Anscheinend wird dieses Buch geöffnet, um zu beweisen, dass alle ungläubig Gestorbenen berechtigt vor diesem Richter stehen, denn »*wenn jemand nicht geschrieben gefunden wurde in dem Buch des Lebens, so wurde er in den Feuersee geworfen*« (V. 15). Im Buch des Lebens finden sich nur die Namen von Gläubigen (V. 27; 13,8; Phil 4,3).

Der Richter, der auf dem großen weißen Thron sitzt, um über die auferweckten Ungläubigen das Urteil zu sprechen, ist der Herr Jesus Christus. Jesus sagte zu den Juden: »*Der Vater richtet niemand, sondern das ganze Gericht hat er dem Sohn gegeben, damit alle den Sohn ehren, wie sie den Vater ehren*« (Joh 5,22-23). Gott »*hat ihm Vollmacht gegeben, Gericht zu halten, weil er des Menschen Sohn ist*« (V. 27). Jesus sagte auch: »*Mein Gericht ist gerecht, denn ich suche nicht meinen Willen, sondern den Willen dessen, der mich gesandt hat*« (V. 30). Wie viel Reue und Zerknirschung wird die Herzen der Ungläubigen erfüllen, die da vor dem stehen, dessen frei angebotenes Heil und ewiges Leben sie verschmäht hatten. Nun werden sie verurteilt zur ewigen Trennung von Gott und zum ewigen Aufenthalt im Feuersee.

DIE ÜBERGABE DER HERRSCHAFT AN GOTT, DEN VATER

Bei der Vollendung des Dienstes Christi in Auferweckung und Gericht der ungläubig Gestorbenen und der Verbannung von Tod und Hades in den Feuersee (Offb 20,14) wird Christus das Reich Gott, dem Vater übergeben (1Kor 15,24). Wenn das abgeschlossen ist, *»dann wird auch der Sohn selbst dem unterworfen sein* [Gott, dem Vater], *der ihm alles unterworfen hat, damit Gott* [der dreieine Gott] *alles in allem sei«* (V. 28). Das Ziel all dessen, was das ewige Wort bei der Ausführung des ewigen Planes Gottes mit der Menschheit und der Welt vollbracht hat, findet Ausdruck in dem einen Befehl des Engels an Johannes: *»Bete Gott an!«* (Offb 19,10; 22,9).

NEUER HIMMEL UND NEUE ERDE IN DER EWIGKEIT

Eine Reihe von Bibelstellen zeigt, dass die gegenwärtigen Himmel und die derzeitige Erde weggetan und neue Himmel und eine neue Erde geschaffen werden. In seiner Ölbergrede sagte der Herr Jesus: *»Der Himmel und die Erde werden vergehen, meine Worte aber sollen nicht vergehen«* (Mt 24,35). Der Psalmist schrieb: *»Du hast einst die Erde gegründet, und die Himmel sind deiner Hände Werk. Sie werden umkommen, du aber bleibst. Sie alle werden veralten wie ein Kleid; wie ein Gewand wechselst du sie, und sie werden verwandelt. Du aber bist derselbe, und deine Jahre enden nicht«* (Ps 102,26-28; siehe Hebr 1,10-12). Petrus sagte voraus: *»Es werden aber … die Himmel mit gewaltigem Geräusch vergehen, die Elemente aber werden im Brand aufgelöst und die Erde und die Werke auf ihr im Gericht erfunden werden«* (2Petr 3,10; siehe Verse 7.12). Petrus schrieb auch: *»Wir erwarten aber nach seiner Verheißung neue Himmel und eine neue Erde, in denen Gerechtigkeit wohnt«* (V. 13; siehe Jes 66,22). Das wird in Offenbarung 21,1–22,5 beschrieben. Einige Bibellehrer sagen zwar, die Himmel und die Erde würden erneuert werden, aber die Worte des Petrus scheinen anzuzeigen, dass sie vollkommen zerstört und dann durch neu geschaffene Himmel und Erde ersetzt werden.

In der Ewigkeit wird es eine neue Stadt Jerusalem für die erlösten Menschen geben (Offb 21,9-27). In diesem Ewigkeitszustand ist *»das Zelt Gottes bei den Menschen! Und er wird bei ihnen wohnen, und sie werden sein Volk sein, und Gott selbst wird bei ihnen sein«* (V. 3). In dem neuen Jerusalem wird es keinen Tempel geben, denn *»der Herr, Gott, der Allmächtige, ist ihr Tempel, und das Lamm«* (V. 22). Ihre Einwohner sind *»nur die, welche geschrieben sind im Buch des Lebens des Lammes«* (V. 27).

Zusammenfassung

Wie sollten wir als Christen im Blick auf all das reagieren, was der Herr Jesus getan hat, gegenwärtig tut, und zukünftig tun wird, wie es in der Heiligen Schrift berichtet ist und in diesem vorliegenden Buch erörtert wurde? Zu allererst sollten wir Gott für seine Gnade preisen, die er uns mit der Bereitstellung des Heils und des ewigen Lebens durch den Glauben an den stellvertretenden Opfertod des Herrn Jesus erwiesen hat. Dann sollten wir aufgrund unserer Stellung in Christus als Glieder seines Leibes, der Gemeinde *»auf das sinnen, was droben ist, nicht auf das, was auf der Erde ist«* (Kol 3,2), *»denn unser Bürgerrecht ist in den Himmeln«* (Phil 3,20). Drittens sollten wir ein heiliges Leben führen. Als Petrus rhetorisch fragte: *»Was für Leute müsst ihr sein?«* (2Petr 3,11), antwortete er selbst: lebt *»in heiligem Wandel und Gottseligkeit«*. Und er ermahnte die Gläubigen: *»Befleißigt euch, unbefleckt und tadellos von ihm im Frieden erfunden zu werden«* (V. 14). Und viertens sollten wir in der Hoffnung leben, dass unser Herr jeden Augenblick kommen kann, um uns in seine Gegenwart zu entrücken (1Thes 4,13-18), und dass er danach auf die Erde zurückkehrt, um sein messianisches Reich aufzurichten. Er selbst hat verheißen: »*Ja, ich komme bald!*«, und die Gläubigen sollten darauf erwidern: »*Amen, komm, Herr Jesus!*« (Offb 22,20).

Anmerkungen

1. Kapitel
Das Wort Gottes ist Teil der dreieinen Gottheit

1. G. W. Bromiley: »Word, Word of the Lord« in: *Zondervan Pictorial Encyclopedia of the Bible*, hrsg. von Merrill C. Tenney und Steven Barabas (Grand Rapids 1975, Zondervan), Bd. 5, S.959.
2. Gordon H. Clark: *Thales to Dewey* (Boston 1957, Houghton Mifflin Co.), S. 19.
3. Ibid., S. 161.
4. Philipp Schaff: *Apostolic Christianity A.D. 1-100*, Bd. 1 der Reihe: *History of the Christian Church* (New York 1882, Scribner's Sons), S. 553-554.
5. Marvin R. Vincent: *Word Studies in the New Testament* (New York 1871, Scribner's Sons), Bd. 1, S.458.
6. A.d.Hrsg.: Das Prädikatsnomen wird im Deutschen nach den Verben sein, werden, bleiben und heißen verwendet. Bsp: Ich heiße Sophie)
7. E. C. Colwell: »A Definite Rule for the Use of the Article in the Greek New Testament«, in: *Journal of Biblical Literature*, Nr. 52 (1933), S. 20.
8. A. T. Robertson: *A Grammar of the Greek New Testament in Light of Historical Research*, 5. Aufl. (New York 1923, Harper & Brothers), S. 417.
9. Merrill C. Tenney: »John«, in: *Zondervan NIV Bible Commentary*, hrsg. von Kenneth L. Barker und John Kohlenberger III. (Grand Rapids 1994, Zondervan), Bd. 2, S. 296.
10. A.d.Ü.: Diese Formulierung kommt bei den deutschen Ausgaben nur in einigen katholischen Übersetzungen vor, so Schlachter2000, Allioli und van Eß; bei Rösch und Stenzel/Kürzinger steht die Passage in eckigen Klammern, wird aber nicht besonders erläutert. Luther lässt in seiner Ausgabe letzter Hand von 1545/46 diese Passage bereits weg; aber in Luther'12 finden wir, ohne dass sie im Text erscheint, dazu eine Anmerkung: »Es wird allgemein angenommen, dass der Zusatz zu diesem Vers, den frühere Bibelausgaben haben: ›Drei sind, die da zeugen im Himmel: der Vater, das Wort und der Heilige Geist; und diese drei sind eins‹, durch die Manuskripte nicht gestützt wird und später hinzugefügt wurde.

11. Zitiert bei Charles Hodge: *Systematic Theology* (New York 1871, Scribner's; Reprint: Grand Rapids 1970, Baker), Bd. 1, S. 458.
12. Ralph L. Woods (Hrsg.): *The World Treasury of Religious Quotations* (New York 1966, Hawthorn), S. 1000.
13. Zitiert in: *Quotations for the Christian World*, hrsg. von Edythe Draper (Wheaton, Ill. 1992, Tyndale), S. 623.
14. A. T. Robertson: *Word Pictures in the New Testament* (New York 1930, Harper & Brothers), Bd. 4, S. 478-479.

2. Kapitel
Der Dienst des Wortes Gottes vor seiner Menschwerdung

1. A.d.Ü.: RevElberf übersetzt hier: »… ein Gott, …« – Der Grundtext der Biblia Hebraica Stuttgartensia liest: *»wattiqero jhwoh schem haddober `eläyho àttoh `el ro´iy«* = »Da rief sie den Namen Jahwes, des Redenden, ihm zu: Du, Gott, warst mich ersehend!«
2. A.d.Ü.: RevElberf übersetzt hier: »Ich bin Jahwe, das ist mein Name.« Der Grundtext liest: *»an*^{i} *jhwoh huw' schemiy »* = »Ich bin Jahwe, das ist mein Name.«
3. John F. Walvoord: *Jesus Christ Our Lord* (Chicago 1969, Moody), S. 52.
4. Ibid., S. 54.

3. Kapitel
Das Alte Testament redet von der Menschwerdung des Wortes Gottes

1. Allen P. Ross: »Die Psalmen«, in: *The Bible Knowledge Commentary, Old Testament*, hrsg. von John F. Walvoord und Roy B. Zuck (Wheaton, Ill. 1985, Victor Books), S. 792.
2. Ibid., S. 804 (Hervorhebung durch Ross).
3. Ibid., S. 809.
4. Ibid.
5. John F. Walvoord: *The Prophecy Knowledge Handbook* (Wheaton, Ill. 1990, Victor Books), S. 96.
6. A.d.Ü.: Andere leiten die Bedeutung des Namens aus Vers 29 ab: »… *du hast mit Gott und Menschen gekämpft*«, und übersetzen mit »Kämpfer Gottes« oder »Streiter Gottes«.

7. D. F. Payne: »Typology, Biblical«, in: *New International Dictionary of the Christian Church*, hrsg. von J. D. Douglas (Grand Rapids 1974, Zondervan), S. 990.
8. Wick Broomall: »Type, Typology«, in: *Baker's Dictionary of Theology*, hrsg. von Everett F. Harrison (Grand Rapids 1960, Baker), S. 534.
9. Robertson: *Word Pictures in the New Testament*, Bd. 6, S. 119-120.
10. Roger M. Raymer: »1 Peter«, in: *The Bible Knowledge Commentary, New Testament*, hrsg. von John F. Walvoord und Roy B. Zuck (Wheaton, Ill. 1983, Victor Books), S. 852.

4. Kapitel
Die Namen und Titel des Sohnes Gottes

1. A.d.Ü.: Nahezu alle deutschen Ausgaben übersetzen »Moses Diener«. Der Grundtext liest an dieser Stelle: *jehoschua nunbin masoret mosche* = »Josua, der Sohn Nuns, Amtsgehilfe [= Adjutant] Moses«.
2. A.d.Ü.: Im Babylonischen Talmud.
3. A.d.Ü.: So der Grundtext (*monogenous* = der Einziggeborene). Alle deutschen Übersetzungen lesen: der eingeborene Sohn.
4. Edwin C. Blum: »John«, in: *The Bible Knowledge Commentary, New Testament*, S. 303.
5. Ibid., S. 301.
6. G. Abbott-Smith: *A Manual Greek Lexicon of the New Testament* (Edinburgh 1937, Clark), S. 340 (Hervorhebung durch Abbott-Smith).
7. Roy B. Zuck: *Teaching as Jesus Taught* (Grand Rapids 1995, Baker), S. 42-43.
8. A.d.Ü.: Das griechische Wort im Grundtext ist *archegos* = Urheber oder Initiator. Fast alle deutschen Übersetzungen lesen aber Führer oder Fürst, so seltsamerweise auch Interlinear.
9. Abbott-Smith: *A Manual Greek Lexicon of the New Testament*, S. 62.

5. Kapitel
Die Ankündigung der Geburt des Sohnes Gottes

1. C. S. Lewis: *Mere Christianity*, überarbeitete und erweiterte Auflage (New York 1952, Macmillan), S. 36.
2. Luke Timothy Johnson: *The Real Jesus* (San Francisco 1996, Harper), S. 1.

3. A.d.Ü.: *Die fünf Evangelien: Auf der Suche nach den wahren Worten Jesu.*
4. Robert B. Strimple: *The Modern Search for the Real Jesus* (Phillipsburg, N.J. 1995, P & R), S. 9.
5. Robert W. Funk und Roy W. Hoover, Jesus Seminar, Hrsg.: *The Five Gospels: In Search of the Authentic Jesus* (New York 1993, MacMillan), S. 5.
6. Ibid., S. 16.
7. Ibid.
8. Ibid, S. 32.
9. A.d.Ü.: *Der wahre Jesus.*
10. Johnson: *The Real Jesus*, S. v.
11. Ibid., S. 18.
12. Ibid, S. 4.
13. Ibid., S. 6.
14. Ibid, S. 8.
15. Ibid., S. 141.
16. W. White jr.: »Star of the Magi«, in: *Zondervan Pictorial Encyclopedia of the Bible*, Bd. 5, S. 513.
17. Ibid.

6. Kapitel
Die Person des menschgewordenen Sohnes Gottes

1. Charles C. Ryrie: *Basic Theology* (Wheaton, Ill. 1986, Victor Books), S. 247.
2. A.d.Ü.: Die *hypostatische Union* (lat.: *unio hypostatica*) ist in der Theologie die aus der christologischen Diskussion der Alten Kirche erwachsene Bezeichnung für die Einheit der zwei Naturen (der menschlichen und der göttlichen) in Jesus Christus. Sie wird kirchendogmatisch als Glaubenssatz »zwei Naturen in einer Person« definiert.
3. John F. Walvoord: *Jesus Christ Our Lord* (Chicago 1969, Moody), S. 106.
4. A.d.Ü.: Mit *Kenose* bezeichnet man theologisch Christi freiwillige Entbehrung seiner göttlichen Eigenschaften während seines Menschseins.
5. A.d.Ü.: Eine Lehre, nach der Christus nur einen Scheinleib besaß und deshalb auch keinen persönlichen Kreuzestod erlitten hat.
6. Ryrie: *Basic Theology*, S. 252.
7. A.d.Ü.: Monotheismus = Eingottglaube. Trinitarianismus = Annahme

der Lehre von der göttlichen Dreieinheit aus Vater, Sohn und Heiligem Geist.

8. »Monarchianismus«, in: *Oxford Dictionary of the Christian Church*, hrsg. von F. L. Cross (London 1957, Oxford University Press), S. 914.
9. Ibid.
10. »Arianismus«, in: *Oxford Dictionary of the Christian Church*, S. 80.
11. Charles Taze Russell: *Studies in the Scriptures* (Brooklyn, N.Y. 1886, Watchtower Bible and Tract Society), Bd. 5, S. 84.
12. James E. Talmadge: *The Philosophical Basis of Mormonism* (Independence, Mo. 1915, Zion's Printing and Publishing), S. 7.
13. Hodge: *Systematic Theology*, Bd. 2, S. 457.
14. Ibid.
15. Ryrie: *Basic Theology*, S. 250.
16. Quelle unbekannt.
17. Quelle unbekannt.
18. Lewis Sperry Chafer: *Systematic Theology* (Dallas 1948, Dallas Seminary Press; Reprint [8 Bde. in 4]: Grand Rapids 1993, Kregel), Bd. 1, S. 369.

7. Kapitel
Erdenleben und Erdendienst des Sohnes Gottes

1. Robertson: *Word Pictures*, Bd. 2, S. 32.
2. Harold W. Hoehner: *Chronological Aspects of the Life of Christ* (Grand Rapids 1977, Zondervan), S. 37.
3. A.d.Ü.: Die Lehre von den Heilszeiten Gottes.
4. Chafer: *Systematic Theology*, Bd. 5, S. 101.
5. Charles C. Ryrie: *The Ryrie Study Bible [NASV]* (Chicago 1978, Moody), S. 1973.
6. Henry C. Thiessen: »An Outline of Lectures in Systematic Theology«, Aufsatz in 3. Auflage (Wheaton, Ill. 1942; unveröffentlichte Unterrichtsnotizen vom Wheaton College).
7. *The NIV Study Bible* (Grand Rapids 1985, Zondervan), S. 1621.

8. Kapitel
Christi Himmelfahrt hin zur Rechten Gottes des Vaters

1. Ryrie: *The Ryrie Study Bible*, S. 1932.
2. Ibid.

9. Kapitel
Christi gegenwärtiger Dienst zur Rechten Gottes des Vaters

1. A.d.Ü.: Dieses System unterscheidet sich von der traditionellen wörtlichen Auslegung der Bibel in mehreren Punkten: 1. Es ersetzt das Streben nach Objektivität durch die Konzentration auf das Vorverständnis des Auslegers. 2. Es lässt »ergänzende« Bedeutungen für den Text zu, die ihm Jahre und sogar Jahrzehnte später hinzugefügt wurden. 3. Es lässt später hinzugefügte Bedeutungen zu, die den ursprünglich vom Autor gewünschten Sinn des Textes verändern. 4. Es lässt zu, dass eine erweiterte Bedeutung über den ursprünglichen Sinn des Textes gestellt wird. 5. Es gibt nur schwerpunktmäßige Kommentare über einen Bibeltext, anstatt ihn durch und durch zu behandeln, und es vertritt einen vorgefassten, aber exegetisch unhaltbaren Standpunkt (vgl. dazu auch *Lexikon zur Endzeit* [Dillenburg 2004, Christliche Verlagsgesellschaft], S. 111-112).
2. Craig A. Blaising und Darrell L. Bock: *Progressive Dispensationalism* (Wheaton, Ill. 1993, Victor Books), S. 49 (Hervorhebung von Blaising und Bock).
3. Darrell L. Bock: »The Reign of the Lord Christ«, in: *Dispensationalism, Israel and the Church*, hrsg. von Craig A. Blaising und Darrell L. Bock (Grand Rapids 1992, Zondervan), S. 65.
4. Ibid.
5. Ibid., S. 50.
6. Craig A. Blaising und Darrell L. Bock: »Dispensationalism, Israel and the Church: Assessment and Dialogue«, in: *Dispensationalism, Israel and the Church*, S. 381.
7. Ibid. (Hervorhebung von Blaising und Bock).
8. Ibid., S. 65.
9. Blaising und Bock: *Progressiver Dispensationalismus*, S. 31.
10. Ibid., S. 152.
11. Ibid.
12. Elliott E. Johnson: »Hermeneutical Principles and the Interpretation of Psalm 110«, in: *Bibliotheca Sacra* 149 (Oktober-Dezember 1992), S. 433-434 (Hervorhebung durch Johnson).
13. Ibid., S. 436.
14. Abbott-Smith: *A Manual Greek Lexicon*, S. 340 (Hervorhebung durch Abbott-Smith).
15. Edwin A. Blum: »John«, in: *The Bible Knowledge Commentary, New Testament*, S. 328.

10. Kapitel
Christus nimmt seine Gemeinde zu sich in den Himmel

1. Merrill C. Tenney: »John«, in: *Zondervan NIV Bible Commentary*, S. 345.
2. Robertson: *Word Pictures*, Bd. 5, S. 249.
3. Paul Lee Tan: »Rapture, Partial«, in: *Dictionary of Premillennial Theology*, hrsg. von Mal Couch (Grand Rapids 1996, Kregel), S. 347-348 (Hervorhebung durch Tan); in Deutsch erschienen unter dem Titel: *Lexikon zur Endzeit* (Dillenburg 2004, Christliche Verlagsgesellschaft), S. 147-148.
4. John E. Walvoord: »Revelation«, in: *The Bible Knowledge Commentary, New Testament*, S. 975.

11. Kapitel
Die Einsetzung der irdischen Herrschaft des Königs

1. Walter L. Liefeld: »Luke«, in: *Zondervan NIV Bible Commentary, New Testament*, hrsg. von Kenneth L. Barker und John Kohlenberger III. (Grand Rapids 1994, Zondervan), S. 272.
2. Harold W. Hoehner: »Herod«, in: *Zondervan Pictorial Encyclopedia of the Bible*, Bd. 3, S. 138.
3. Arnold G. Fruchtenbaum: »Day of the Lord«, in: *Dictionary of Premillennial Theology*, S. 87; deutsch in: *Lexikon zur Endzeit*, S. 510.
4. Paul Enns: *The Moody Handbook of Theology* (Chicago 1986, Moody Press), S. 633; siehe auch S. 129.
5. John F. Walvoord: »Revelation«, in: *The Bible Knowledge Commentary, New Testament*, S. 947; siehe auch S. 976.
6. Louis A. Berbieri jr.: »Matthew«, in: *The Bible Knowledge Commentary, New Testament*, S. 81.

12. Kapitel
Die tausendjährige Herrschaft des Königs auf der Erde

1. Rick Baumen und Russell L. Tenney: »Amillennialismus«, in: *Dictionary of Premillennial Theology*, S. 37; deutsch in: *Lexikon zur Endzeit*, S. 35.
2. Thomas D. ICE: »Postmillennialismus«, in: *Dictionary of Premillennial Theology*, S. 307; deutsch in: *Lexikon zur Endzeit*, S. 430

3. Ibid.
4. Arnold G. Fruchtenbaum: »Palestinian Covenant«, in: *Dictionary of Premillennial Theology*, S. 291; deutsch in: *Lexikon zur Endzeit*, S. 74ff.
5. Ibid., S. 291-292; deutsch S. 74-75.

Bibliographie

Berkouwer, G. C.: *The Person of Christ* (Grand Rapids 1947, Wm. B. Eerdmans Publishing Co.).

Briner, Bob: *The Management Methods of Jesus* (Nashville 1996, Thomas Nelson).

Chafer, Lewis Sperry: *Systematic Theology* (Dallas 1948, Dallas Seminary Press); Reprint [8 Bde. in 4], (Grand Rapids 1993, Kregel Publications).

Couch, Mal (Hrsg.): *Dictionary of Premillennial Theology* (Grand Rapids 1996, Kregel Publications); in Deutsch erschienen unter dem Titel: *Lexikon zur Endzeit* (Dillenburg 2004, Christliche Verlagsgesellschaft).

Elwell, Walter A. (Hrsg.): *A Topical Analysis of the Bible* (Grand Rapids 1991, Baker Books).

Enns, Paul: *The Moody Handbook of Theology* (Chicago 1989, Moody Press).

Gariepy, Henry: *Hundred Portraits of Christ* (Wheaton, Ill. 1987, Victor Books).

Henry, Carl F. H.: *God, Revelation and Authority*, Bde. 2 und 3 (Waco, Tex. 1976 und 1979, Word Books).

Hodge, Charles: *Systematic Theology*, 3 Bde. (New York 1911, Charles Scribner's).

Hoehner, Harold W.: *Chronological Aspects of the Life of Christ* (Grand Rapids 1977, Zondervan Publishing House).

Ice, Thomas D. und Timothy Demy (Hrsg.): *When the Trumpet Sounds* (Eugene, Oreg. 1995, Harvest House Publications); in Deutsch erschienen unter dem Titel: *Wenn die Posaune erschallt* (Pfäffikon 2000, Verlag Mitternachtsruf).

Lucado, Max: *No Wonder They Call Him Savior* (Portland 1986, Multnomah Press).

Morgan, G. Campbell: *The Crises of the Christ* (Westwood, N.J. 1936, Fleming H. Revell Co.).

Pentecost, J. Dwight: *The Words and Works of Jesus Christ* (Grand Rapids 1961, Zondervan Publishing House).

Ryrie, Charles C.: *Basic Theology* (Wheaton, Ill. 1986, Victor Books); in Deutsch erschienen unter dem Titel: *Die Bibel verstehen* (Dillenburg 1996, Christliche Verlagsgesellschaft).

Schilder, Klass: *Christ in His Suffering*; übers. v. Henry Zylstra (Grand Rapids 1938, Wm. B. Eerdmans Publishing Co.).

Schilder, Klass: *Christ on Trial* (Grand Rapids 1939, Wm. B. Eerdmans Publishing Co.).

Schilder, Klass: *Christ on the Cross* (Grand Rapids 1940, Wm. B. Eerdmans Publishing Co.).

Showers, Renald E.: *There Really I a Difference: A Comparison of Covenant and Dispensational Theology* (Bellmawr, N.J. 1990, Friends of Israel Gospel Ministry).

Walvoord, John F.: *Jesus Christ Our Lord* (Chicago 1969, Moody Press).

Walvoord, John F. und Roy B. Zuck (Hrsg.): *The Bible Knowledge Commentary*, 2 Bde. (Wheaton, Ill. 1983 und 1985, Victor Books).

Walvoord, John F.: *The Prophecy Knowledge Handbook* (Wheaton, Ill. 1990, Victor Books).

Wells, David F.: *The Person of Christ* (Westchester, Ill. 1984, Crossway Books).

Zuck, Roy B.: *Vital Prophecy Issues* (Grand Rapids 1995, Kregel Publications).

Zuck, Roy B. (Hrsg.): *Vital Christology Issues* (Grand Rapids 1997, Kregel Publications).

Stichwortverzeichnis

Bibelstellenverzeichnis

Erwin W. Lutzer
Seine schwerste Stunde
Einblicke in das Herz Jesu am Kreuz

ISBN 3-89436-469-6

Vor dem Kreuz, an dem unser Erlöser starb, kann man nur mit geneigtem Kopf und zerbrochenem Geist stehen. Gottes eigene Wesenszüge sehen wir dort in ihrer überwältigenden Größe und Klarheit zur Schau gestellt. Der Autor fordert uns aber auch heraus, das Kreuz nicht nur als Zeichen unserer Erösung zu begreifen, sondern auch als unseren eigenen Lebensstil anzunehmen.

Gebunden, 160 Seiten
Eur (D) 12,90, Eur (A) 13,30, SFR 23,40

A. M. Hodgkin
Die Schriften geben Zeugnis von mir
Christus in den Büchern der Bibel

ISBN 978-3-89436-493-9

Der Autor zeigt uns, wie Jesus Christus die ganze Bibel durchdringt. Jedes Buch der Bibel wird untersucht, und es wird deutlich, dass die Bibel mehr ist als ein scheinbar unvollständiges Mosaik aus Büchern, die zusammenhanglos nebeneinander stehen: Sie ist ein geplantes, inspiriertes und irrtumsloses Ganzes, durch das sich wie ein roter Faden Gottes Erlösungsplan für die Menschen zieht.

Gebunden, 352 Seiten
Eur (D) 15,90, Eur (A) 16,40 SFR 29,30

BUCHEMPFEHLUNG

Manfred Paul
Jesus - Keiner ist wie Du!
Bildband, durchgehend farbig gestaltet

ISBN 3-89436-476-9

Für viele Menschen steht Jesus in einer Linie mit den großen religiösen Führern wie Buddha oder Mohammed. Wer aber ist Jesus wirklich? Was fasziniert an ihm? Der Autor wagt in diesem schön gestalteten Geschenkband eine sehr persönliche Annäherung an die Person Jesu. Seine Absicht: unser Herz für den Herrn und Erlöser zu erwärmen und zu erreichen, dass wir ihn ganz neu sehen als den, der mitten im Leben bei uns sein will.

Gebunden, farbig, 96 Seiten
Eur (D) 12,90, Eur (A) 13,30, SFR 23,40

Vom selben Autor:

Jesus - Du bist meine Zuversicht!	(ISBN 3-89436-481-5)
Jesus - Du bist meine Freude!	(ISBN 3-89436-482-3)
Jesus - Du bist mein Trost!	(ISBN 3-89436-480-7)
Jesus - Du bist stets bei mir!	(ISBN 3-89436-483-1)

Gebunden, farbig, je 48 Seiten
je Eur (D) 5,90 Eur (A) 6,10, SFR 11,30